诚信为本

坚持准则

操守为重

不做假账

——与学习会计的同学共勉

坚持准则 诚信为本

不做假账 操守为重

——为国家会计学院题写

“十二五”职业教育国家规划教材
经全国职业教育教材审定委员会审定
高等职业教育财务会计类专业“教学做”一体化系列教材

EXCEL ZAI KUAIJI ZHONG DE YINGYONG

Excel 在会计中的应用

（第二版）

伊 娜 主编

高等教育出版社·北京

内容提要

本书是“十二五”职业教育国家规划教材。

本书分为两大模块，模块一介绍 Excel 在会计凭证制作、会计账簿创建及会计报表编制三大会计处理流程中的应用；模块二选取薪酬管理、固定资产管理、往来账款管理及财务分析等范例介绍 Excel 在会计实务中的应用。本书将会计实务工作中常见的工作设计为工作项目和工作任务，详细介绍利用 Excel 解决会计实务问题的方法和步骤。学习者按照本书的操作步骤，可以高效率、高质量地完成工作任务，进而提高综合分析会计问题的能力，拓展解决会计问题的思路。

本书第一版出版于 2008 年，作为在这一领域最早出版的高职院校专用教材不但为高职院校的会计专业课程改革、教学改革作出了示范和尝试，更重要的是满足了众多高职院校一线教师教学和学生专业学习的需要。在本书第二版编写过程中，操作软件由 Excel 2003 升级为 Excel 2007，并补充了实训题目，增强了教材的实用性与可操作性。

本书提供教学课件、配套 Excel 数据文件等数字化教学资源，具体获取方式请见书后“郑重声明”页的资源服务提示。

图书在版编目（CIP）数据

Excel在会计中的应用 / 伊娜主编. -- 2版. -- 北京 : 高等教育出版社, 2014.8 (2018.12重印)
ISBN 978-7-04-039537-2

Ⅰ. ①E… Ⅱ. ①伊… Ⅲ. ①表处理软件－应用－会计－高等职业教育－教材 Ⅳ. ①F232

中国版本图书馆CIP数据核字(2014)第067368号

策划编辑 武君红 责任编辑 武君红 封面设计 杨立新 版式设计 余 杨
责任校对 殷 然 责任印制 毛斯璐

出版发行 高等教育出版社
社 址 北京市西城区德外大街4号
邮政编码 100120
印 刷 三河市骏杰印刷有限公司
开 本 787mm×1092mm 1/16
印 张 17.5
插 页 1
字 数 360 千字
购书热线 010-58581118
咨询电话 400-810-0598
网 址 http://www.hep.edu.cn
http://www.hep.com.cn
网上订购 http://www.landraco.com
http://www.landraco.com.cn
版 次 2008 年 12 月第 1 版
2014 年 8 月第 2 版
印 次 2018 年 12 月第 8 次印刷
定 价 39.80 元

物 料 号 39537-00

出版说明

教材是教学过程的重要载体，加强教材建设是深化职业教育教学改革的有效途径，推进人才培养模式改革的重要条件，也是推动中高职协调发展的基础性工程，对促进现代职业教育体系建设，切实提高职业教育人才培养质量具有十分重要的作用。

为了认真贯彻《教育部关于“十二五”职业教育教材建设的若干意见》（教职成〔2012〕9号），2012年12月，教育部职业教育与成人教育司启动了“十二五”职业教育国家规划教材（高等职业教育部分）的选题立项工作。作为全国最大的职业教育教材出版基地，我社按照“统筹规划，优化结构，锤炼精品，鼓励创新”的原则，完成了立项选题的论证遴选与申报工作。在教育部职业教育与成人教育司随后组织的选题评审中，由我社申报的1 338种选题被确定为“十二五”职业教育国家规划教材立项选题。现在，这批选题相继完成了编写工作，并由全国职业教育教材审定委员会审定通过后，陆续出版。

这批规划教材中，部分为修订版，其前身多为普通高等教育“十一五”国家级规划教材（高职高专）或普通高等教育“十五”国家级规划教材（高职高专），在高等职业教育教学改革进程中不断吐故纳新，在长期的教学实践中接受检验并修改完善，是“锤炼精品”的基础与传承创新的硕果；部分为新编教材，反映了近年来高职院校教学内容与课程体系改革的成果，并对接新的职业标准和新的产业需求，反映新知识、新技术、新工艺和新方法，具有鲜明的时代特色和职教特色。无论是修订版，还是新编版，我社都将发挥自身在数字化教学资源建设方面的优势，为规划教材开发配备数字化教学资源，实现教材的一体化服务。

这批规划教材立项之时，也是国家职业教育专业教学资源库建设项目及国家精品资源共享课建设项目深入开展之际，而专业、课程、教材之间的紧密联系，无疑为融通教改项目、整合优质资源、打造精品力作奠定了基础。我社作为国家专业教学资源库平台建设和资源运营机构及国家精品开放课程项目组织实施单位，将建设成果以系列教材的形式成功申报立项，并在审定通过后陆续推出。这两个系列的规划教材，具有作者队伍强大、教改基础深厚、示范效应显著、配套资源丰富、纸质教材与在线资源一体化设计的鲜明特点，将是职业教育信息化条件下，扩展教学手段和范围，推动教学方式方法变革的重要媒介与典型代表。

教学改革无止境，精品教材永追求。我社将在今后一到两年内，集中优势力量，全力以赴，出版好、推广好这批规划教材，力促优质教材进校园、精品资源进课堂，从而更好地服务于高等职业教育教学改革，更好地服务于现代职教体系建设，更好地服务于青年成才。

高等教育出版社
二〇一四年七月

高等职业教育财务会计类专业
“教学做”一体化系列教材编写委员会

第二版前言

21 世纪是人类走向信息社会的世纪，是网络的时代，是超高速信息公路建设取得实质性进展并进入应用的年代。计算机在其中扮演着越来越重要的角色，掌握一定的计算机知识是融入信息化社会的必备条件。然而计算机终究只是计算机，就计算机论计算机是基础研究的学者关心的事情，对于绝大多数的人而言，计算机是一种减轻劳动强度、提高工作效率的工具，一种解决特定问题的手段。

Excel 作为一个功能强大的数据处理软件，在数据处理与分析方面具有专门科技软件所没有的优势，它不仅提供了数据输入、输出等一般的数据处理功能，还提供了强大的数据计算分析功能，利用 Excel VBA 还能开发用户界面，使应用程序界面更加人性化。本书试图通过对在会计领域有哪些问题可以由计算机来解决及运用 Excel 的解决方案的论述，提高学习者综合分析会计问题的能力，拓展学习者解决会计问题的思路，为学习者利用 Excel 高效率、高质量地完成会计工作任务奠定基础。

本书第一版教材出版于 2008 年，作为在这一领域最早出版的高职院校专用教材不但为高职院校的会计专业课程改革、教学改革作出了示范和尝试，更重要的是满足了众多高职院校学生进行专业学习的需要。本教材的特色在于：

1. 体现教学改革成果、各学科间的渗透关系

本书将高职会计专业的传统理论教学体系进行了全面的整合，采用项目教学方法并应用于教学第一线。通过学习，学生将 Excel 强大的制表、绘图、运算、统计、分析功能运用于会计工作的各个方面，将所拥有的计算机知识与技能运用于自身的会计专业需求中，体现了会计学与计算机技术应用学科间的融合与渗透，大大提高了学生的动手能力和综合素质。

2. 新颖的教学内容，创新的编写思路

在编写思路设计上，本书采用线点结合的创新思路。“线”是指会计工作处理流程中凭证、账簿、报表顺序经过的三大环节，本书的第一模块就围绕这三大环节详细介绍利用 Excel 解决会计实务工作中的实际问题的方法与步骤，从而建立和开发自己的账务管理系统。“点”是指在模块二选取了薪酬、固定资产、往来账款、财务分析等四方面的具体范例，帮助学习者迅速掌握 Excel 解决问题的技巧与方法，从而提高分析和解决问题的综合能力。在对学生完成学习的

评价方式方面，力图改变过去通过书面试卷判分的评价方式，更注重学生在完成学习实践任务过程中的评价，从而体现出对学生专业技能和综合素质的培养。

3. 突出的编写特色、彰显高职动手能力的培养

本书编写特色如下:（1）演示性，每一个项目活动都从工作准备开始，按照工作任务的先后顺序依次进行，学生只要按照提示和引导一步一步进行操作即可。运用大量的表格和图来完成教材中的文字阐述，条理清晰。图文生动、通俗易懂、指导性强。（2）手册式，注重日后所从事职业的实际需求，力求体现使用手册功能，体现以人为本，引入理实一体化教学、任务驱动教学方式，培养学生的创新能力和自学能力。（3）一例到底，教材主体内容采用“一例到底”的编写方式，避免了其他教材不同章节不同例题、不同例题不同立场的弊端，使学生在完成操作的同时体会到成就感，保证各章节相互之间既具有操作上的“连贯性”和“统一性”，又使知识的阐述具有严格的“整体性”和“一致性”。

本书由从事多年教学工作的教师和具有丰富实践经验的行业专家共同编写，由伊娜担任主编，负责大纲的拟订、全书的总纂，并负责编写项目一、项目四、项目八；周毛毛负责编写项目二、项目三，高琼负责编写项目五、项目六、项目七。在本书的编写过程中，参考了一些相关著作和文献，在此向这些著作和文献的作者表示感谢。全国各地的使用者尤其是一些高职院校的教师在本书使用过程中也向编者提出了很好的问题和建议，在此向教学第一线的教师们表示感谢和致敬。在本次再版的编写过程中作出补充的部分，主要体现在实训题目的补充和教材相关操作步骤的 Excel 版操作文件，都会随同教材赠送。

虽然我们对本书的撰写作出了很多努力，但由于编写时间和水平有限，疏漏及不足之处在所难免，敬请各位读者指正。我们的邮箱是 1284861060@qq.com。

编 者

二〇一四年五月

第一版前言

21 世纪是人类走向信息社会、超高速信息公路建设取得实质性进展并广泛应用的时代，其中，计算机在其中扮演着越来越重要的角色，掌握一定的计算机知识是融入信息化社会的必备条件。然而，研究计算机硬件、软件是基础研究学者关心的事情，对于绝大多数人而言，计算机是一种减轻劳动强度、提高工作效率的工具，是一种解决特定问题的手段。

Excel 作为一个功能强大的数据处理软件，在数据处理与分析方面具有其他科技软件所没有的优势，它不仅提供了数据输入、输出等一般的数据处理功能，还提供了强大的数据计算、分析功能，利用 Excel VBA 还能开发用户界面，使应用程序界面更加人性化。本教材试图通过对 Excel 在会计领域应用范围及方法的论述，介绍学习者综合分析会计问题的能力，拓展学习者解决会计问题的思路，为学习者能够利用 Excel 高效率、高质量地完成会计工作任务奠定基础。

本教材采用项目化教学方法，分为两大模块，设计为八个项目。模块一介绍 Excel 在会计凭证制作、日记账和分类账创建及会计报表编制这三大会计处理流程中的运用；模块二主要选取薪酬管理、固定资产管理、往来账款管理及财务分析等范例介绍 Excel 的应用。全书以会计实务中常见的工作为任务，详细介绍利用 Excel 解决会计实务中一些实际问题的方法和步骤，学习者可以按照书中的操作步骤，对照范例文件进行实际操作，迅速掌握利用 Excel 解决会计实务问题的方法和诀窍，最终开发、建立自己的会计管理系统。

本教材由从事多年教学工作的教师和具有丰富实践经验的行业专家共同编写而成，由伊娜担任主编，负责大纲的拟订，并对全书进行总纂。本教材编写分工如下：伊娜负责编写项目一、项目四、项目八；周毛毛负责编写项目二、项目三；高琼负责编写项目五、项目六、项目七。在本教材的编写过程中，参考了一些相关著作和文献，在此一并向这些著作和文献的作者表示感谢。

由于作者水平有限，加之编写时间仓促，本教材有疏漏或不足之处在所难免，欢迎广大读者批评指正。我们的邮箱是：ExcelProject@136.com。

编 者

二〇〇八年十月

目 录

模块一

Excel在会计处理流程中的运用

项目一

01 会计凭证的制作

【工作目标】

制作会计凭证作为企业重要的日常会计工作之一，是整个会计处理流程中的第一环节，在手工处理的情况下，会计人员应对有关经济业务产生的原始凭证进行审核，并据以编制记账凭证。本项目的主要内容就是介绍利用 Excel 制作会计凭证的方法和步骤。

通过完成本项目的四个工作任务，使学习者能够进行会计凭证系统工作簿的制作，并从中学习掌握 Excel 插入对象图片和艺术字、输入数据、利用公式与函数及宏的基本操作方法。

【工作思路】

本项目的工作思路是建立会计凭证制作系统工作簿，完成该系统的页面设计；制作会计科目表，建立总账科目表和明细科目表；制作会计凭证表，完成本系统数据源的输入和建立；设计会计凭证的格式与结构，完成会计凭证的制作。项目一工作思路如图 1-1 所示。

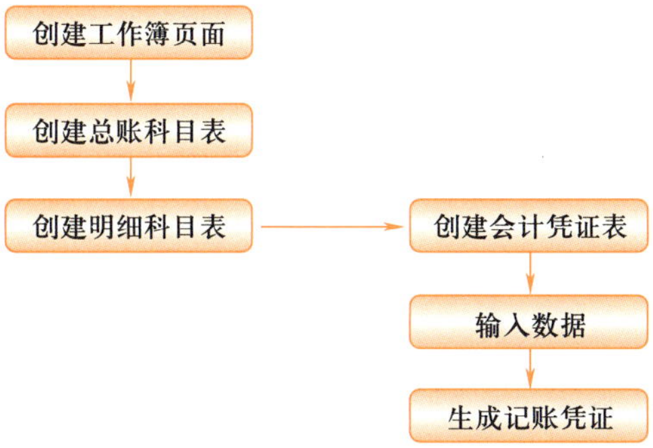

图 1-1　项目一工作思路图示

【背景资料】

【资料 1】凌嘉公司是一家产品制造企业，生产 A、B 两种产品。存货采用先进先出法核算，增值税税率 17%。2012 年 12 月 1 日，公司各总分类账户的期初余额如表 1–1 所示。

表 1–1　　总分类账户期初余额表　　单位：元

账户	借方余额	账户	贷方余额
库存现金	105	短期借款	90 000
银行存款	276 635	应付账款	69 000
应收账款	140 000	应交税费	59 100
原材料	158 000	累计折旧	1 379 000
生产成本	23 000	实收资本	3 301 000
库存商品	165 000	盈余公积	450 000
固定资产	4 680 000	利润分配	94 640
合计	5 442 740	合计	5 442 740

【资料 2】12 月 1 日，该公司有关明细分类账户期初余额如下：

（1）原材料——甲材料（借余）　108 000 元
（10 元 / 千克 ×10 800 千克）
——乙材料（借余）　50 000 元
（2 元 / 千克 ×25 000 千克）

（2）生产成本——B 产品（借余）　23 000 元
其中：直接材料　19 100 元
直接人工　1 110 元
制造费用　2 790 元

（3）库存商品——A 产品（借余）　165 000 元
（75 元 / 件 ×2 200 件）

（4）应收账款——光明公司（借余）　140 000 元

（5）应付账款——万建公司（贷余）　69 000 元

（6）应交税费——应交增值税（贷余）　26 900 元
——应交所得税（贷余）　32 200 元

（7）利润分配——未分配利润（贷余）　94 640 元

【资料3】2012年12月公司发生经济业务如下：

（1）1日，从银行提取现金300元。

（2）2日，向新民公司购入甲材料4 000千克，发票价格每千克10元。买价40 000元，另加增值税6 800元，共计46 800元尚未支付。

（3）2日，以银行存款支付上项甲材料的运输费200元。

（4）2日，结转验收入库的上项甲材料实际采购成本。

（5）5日，以银行存款偿还万建公司货款69 000元和新民公司货款46 800元。

（6）6日，向万建公司购入下列材料（见表1-2），货款尚未支付。

表1-2　材料采购明细表

	数量（千克）	单价（元/千克）	买价（元）	增值税（元）
甲材料	2 500	9.90	24 750	4 207.50
乙材料	25 000	1.98	49 500	8 415.00
合计	27 500	—	74 250	12 622.50

（7）6日，以银行存款支付从万建公司购入材料的运输费440元（按购入甲、乙材料的重量比例分摊）。

（8）6日，从万建公司购入的材料已验收入库存，结转从万建公司购入材料的实际采购成本。

（9）8日，仓库发出材料如表1-3所示。

表1-3　发出材料明细表

用途	甲材料		乙材料		合计（元）
	数量（千克）	金额（元）	数量（千克）	金额（元）	
A产品生产	8 000	80 000	30 000	60 000	140 000
B产品生产	1 000	10 000	2 400	4 800	14 800
发出材料合计	9 000	90 000	32 400	64 800	154 800

（10）8日，收到光明公司还来货款140 000元，存入银行。

（11）9日，从银行提取现金15 775元。

（12）10日，以现金发放本月应付职工工资15 775元。

（13）13日，售给光明公司A产品2 200件，每件售价100元，当即收到货款220 000元，另加增值税34 700元存入银行。

（14）14日，以银行存款支付产品广告费700元。

（15）20 日，从银行提取现金 530 元。

（16）21 日，仓库发出材料如表 1–4 所示。

表 1–4　　　　　　　　　　　　　　发出材料明细表

用途	甲材料		乙材料		合计（元）
	数量（千克）	金额（元）	数量（千克）	金额（元）	
A产品生产	3 000	30 000	9 800	19 600	49 600
车间一般消耗	—	—	950	1 900	1 900
厂管理部门耗用	—	—	250	500	500
发出材料合计	3 000	30 000	11 000	22 000	52 000

（17）28 日，本月 A 产品生产工人工资 8 880 元，B 产品生产工人工资 2 220 元，车间管理人员工资 2 455 元，厂部管理人员工资 2 220 元。按工资支出用途记入有关费用账户。

（18）28 日，计提本月固定资产折旧 19 400 元。其中车间固定资产折旧 17 845 元，厂部固定资产折旧 1 555 元。

（19）28 日，以银行存款支付管理部门设备修理费 1 000 元。

（20）29 日，售给康益公司 A 产品 800 件，每件售价 100 元；B 产品 80 台，每台售价 625 元，另加增值税 22 100 元。货款未收。

（21）30 日，以银行存款支付两项销售产品发生的运输费 350 元。

（22）31 日，本月发生的制造费用按 A、B 两种产品的生产工人工资比例分摊。

（23）31 日，投产的 3 000 件 A 产品和 100 台 B 产品全部完工验收入库，分别结转其实际生产成本。

（24）31 日，结转本月售出产品的实际成本如表 1–5 所示。

表 1–5　　　　　　　　　　　本月售出产品实际成本结转表

产品名称	销售数量	单位生产成本	生产总成本（元）
A	2 200件	75元/件（上月生产）	165 000
A	800件	72.08件（本月生产）	57 664
B	80台	444.60元/台	35 568
合计	—	—	258 232

（25）31 日，将本月份的收入、费用结转“本年利润”账户。

（26）31 日，按实际利润的 25% 计算并结转应交所得税。

【工作准备】

首先建立一个名称为“项目一会计凭证的制作”的工作簿，在此工作簿中建立“页面”、“总账科目表”、“明细科目表”、“会计凭证表”、“记账凭证表”等工作表，各工作表分别完成相应的工作任务。下面分别介绍各工作表的创建方法和步骤。

工作任务一　页面的设计

项目活动一　页面背景的设计

本活动要给页面设置漂亮的背景，可以通过给“页面”工作表插入一个自己喜欢的图片作为页面背景。具体步骤如下：

（1）打开“项目一会计凭证的制作”工作簿，选择“页面”工作表。

（2）在【页面布局】选项卡上【页面设置】组中单击【背景】（如图 1–2 所示）。

弹出对话框（如图 1–3 所示）。

图 1–2 【页面设置】组

图 1–3 【工作表背景】对话框

（3）选择自己喜欢的图片，单击【插入】按钮。本书选择了一张渐变色的图片，工作表的背景就改变了（如图 1-4 所示）。

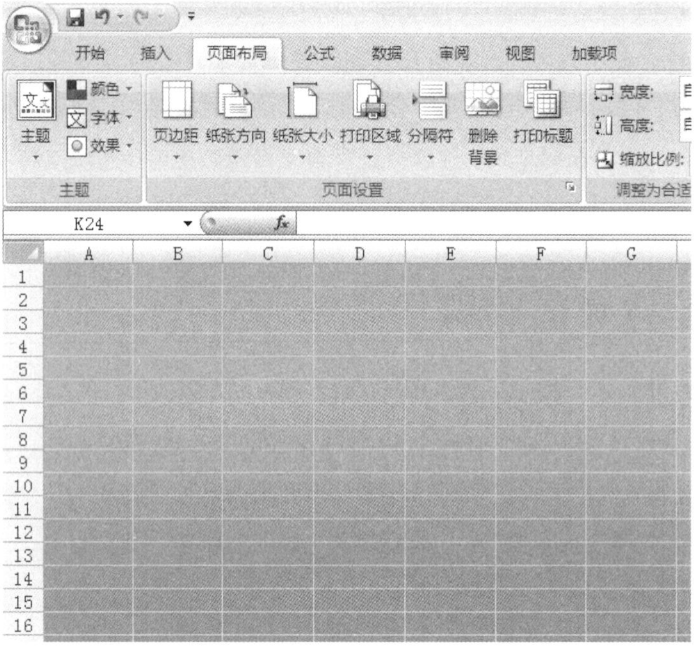

图 1-4 设置了背景的工作表

（4）取消【页面布局】选项卡上【工作表选项】组中“网格线”的“查看”选项（如图 1-5 所示）。

（5）工作表背景设置完成（如图 1-6 所示）。

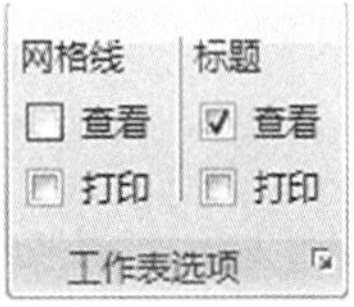

图 1-5 【工作表选项】选项卡

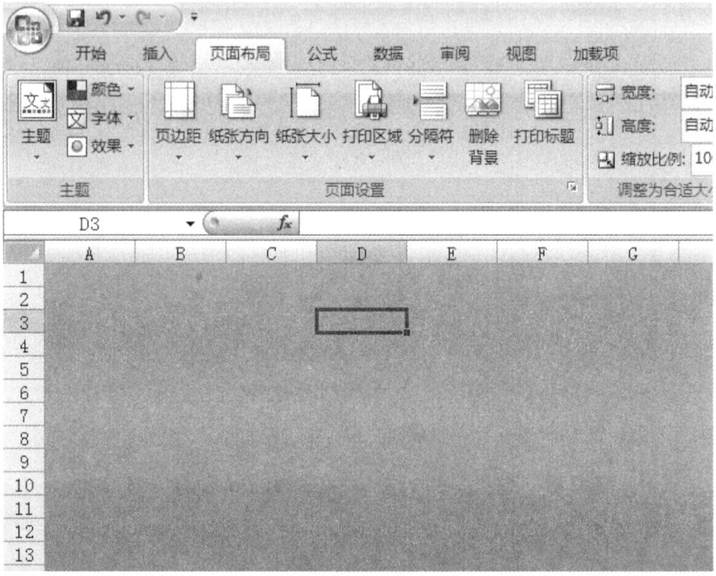

图 1-6 取消网格线的工作表

项目活动二　页面标题的设计

本活动要在页面上方插入标题“会计凭证系统”。为了使标题显得美观，可以通过插入艺术字来完成，具体步骤如下：

（1）打开“项目一会计凭证的制作”工作簿，选择“页面”工作表。

（2）在【插入】选项卡上【文本】组中单击【艺术字】，弹出【艺术字库】（如图 1–7 所示）。

（3）选择喜欢的艺术字样式单击（如图 1–8 所示）。

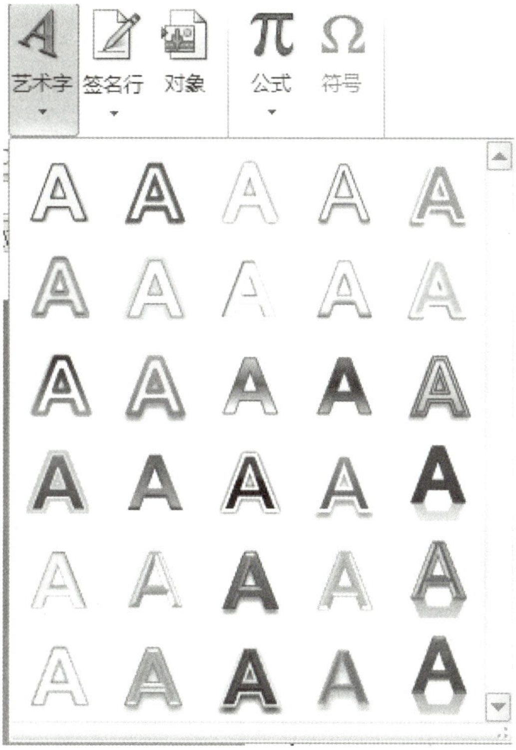

图 1–7 【艺术字库】

图 1–8 编辑“艺术字”文字

（4）输入文字“会计凭证系统”。

（5）单击“会计凭证系统”这一行艺术字，弹出【格式】选项卡，在【格式】选项卡上【形状样式】、【艺术字样式】、【大小】组中选择合适的样式及大小（如图 1–9 所示）。

（6）完成页面标题的设计（如图 1–10 所示）。

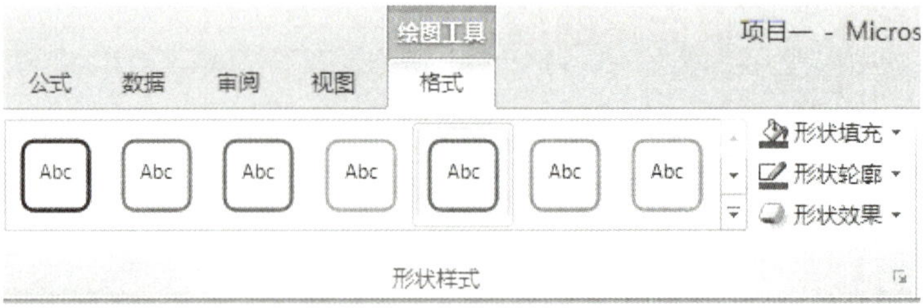

图 1-9 设置艺术字格式

图 1-10 插入的幻灯片对象及艺术字

项目活动三 设置页面到各个工作表的链接

在页面中需要列出“会计凭证系统”中的各子项目名称，并能通过单击子项目的名称链接到各个工作表。可以采用插入自选图形的方法达到以上目的，具体步骤如下：

（1）在【插入】选项卡上【插图】组中单击【形状】按钮（如图 1-11 所示）。

（2）单击选择喜欢的图形，此处选择了“基本形状”中的“立方体”（如图 1-12 所示）。

图 1-11 【形状】工具

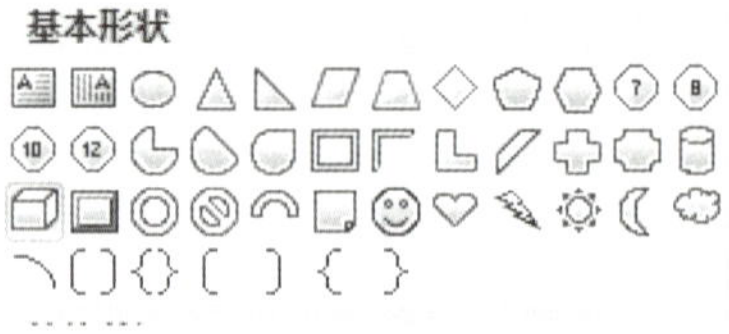

图 1-12 选择自选图形

（3）将鼠标移到前面插入幻灯片的对象上，按住鼠标左键不放，拖曳鼠标指针，画出大小合适的图形（如图 1-13 所示）。

（4）选中自选图形，单击鼠标右键，在弹出的快捷键菜单中单击【编辑文字】命令，则在该自选图形中出现输入文字的光标，此时可以输入相关文字。这里输入“总账科目表”（如图 1-14 所示）。

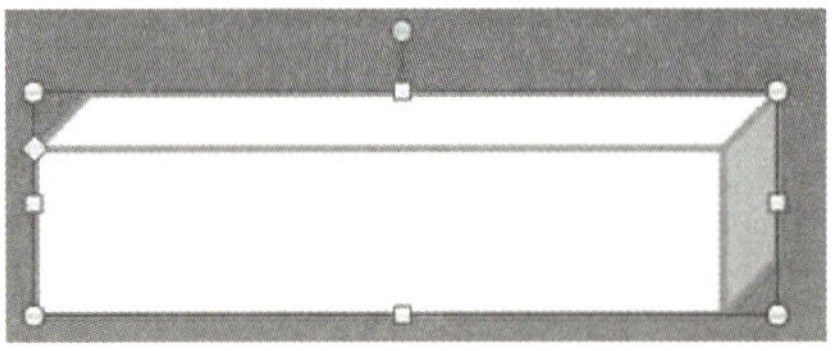

图 1-13 插入自选图形

图 1-14 在自选图形中输入文字

（5）选中自选图形，单击鼠标右键，在弹出的快捷键菜单中单击【设置形状格式】命令，打开【设置形状格式】对话框（如图 1–15 所示）。单击【填充】选项卡，在对话框右边任意选择各种配色方案；单击【文本框】选项卡，在“垂直对齐方式”选择“中部居中”；单击【关闭】按钮，关闭【设置形状格式】对话框。

图 1–15　设置形状格式

（6）在【开始】选项卡上，在【字体】组中将文本字体设置为“幼圆”，将【字型】设置为“倾斜加粗”，字号设置为 22 号并设置字体颜色（如图 1–16 所示）。最后将光标移至图形内部文字中，调整字间距。

（7）制作完毕的自选图形对象如图 1–17 所示。

（8）将制作好的第一个自选图形对象进行复制粘贴，然后修改复制的自选图形对象中的文字，分别为“明细科目表”、“会计凭证表”、“记账凭证表”。

图 1–16　设置字体

图 1–17　制作好的一个自选图形对象

（9）制作好的页面如图 1-18 所示，最后在 PowerPoint 背景对象的右下角插入一个文本框，输入制作者的有关信息等。

（10）选择“总账科目表”图形对象，单击鼠标右键，在弹出的快捷键菜单中选择【超链接】命令，打开【插入超链接】对话框（如图 1-19 所示）。

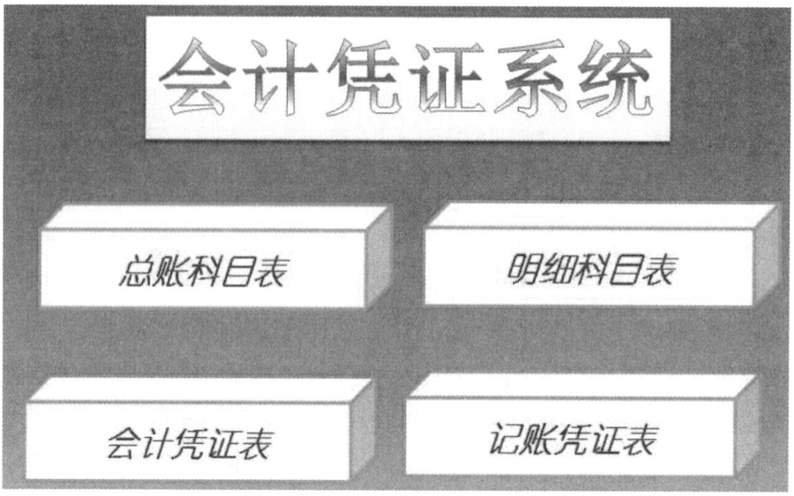

图 1-18　制作好的会计凭证系统页面

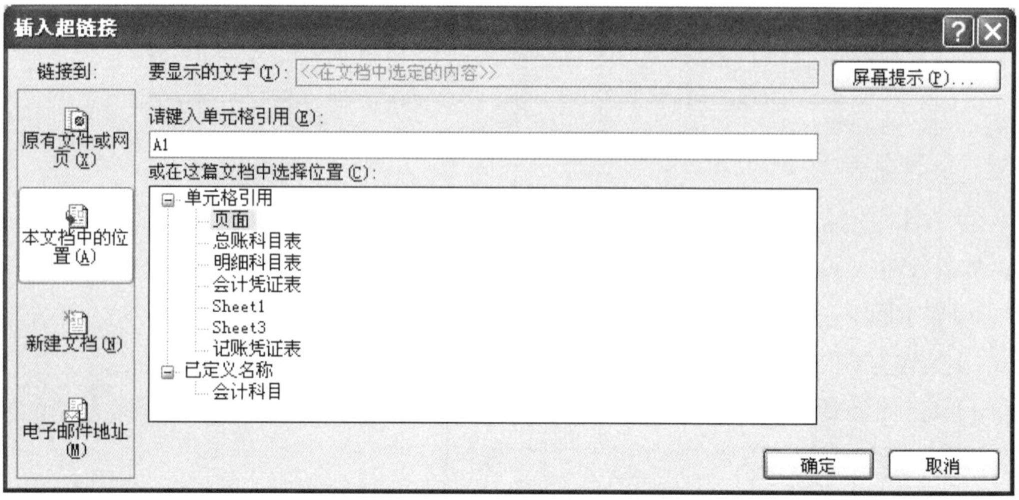

图 1-19【插入超链接】对话框

（11）在“链接到”区域所显示的几个项目中单击【本文档中的位置】按钮图标，在“或在这篇文档中选择位置”所示列表中选择“总账科目表”。单击【屏幕提示】按钮，打开【设置超链接屏幕提示】对话框，在“屏幕提示文字”栏目中输入提示文字“单击打开总账科目表”（如图 1-20 所示）。

（12）单击【确定】按钮，关闭【设置超链接屏幕提示】对话框，再单击【确定】按钮，关闭【插入超链接】对话框，返回 Excel 工作表。从而为“总账科目表”自选图形对象建立了指向“总账科目表”工作表的超链接，使其具备导航的功能。

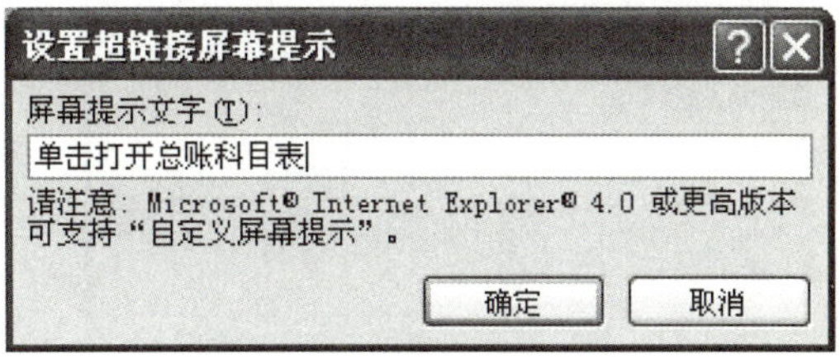

图 1-20 【设置超链接屏幕提示】对话框

（13）将其他几个自选图形对象用同样的方法建立指向相应工作表的超链接，使这几个自选图形均具有导航的功能。

项目活动四　页面的美化

由于“页面”工作表仍有工作表的网格线、行号和列标等信息，使其不太美观。下面对工作表视图进行美化，具体步骤如下：

（1）在【视图】选项卡上，【显示 / 隐藏】组中，取消“网络线”、“标题”两个复选框的选择，这时候“页面”工作表中则没有行号、列标以及网格线了（如图 1-21）。

（2）在“页面”工作表的视窗下还有各个工作表的标签，这是因为在图 1-21 中没有取消“工作表标签”复选框。为了使页面更加漂亮，应该进行此项操作，但由于在后面的设计工作中还要用到这些工作表，为了编辑方便，当前暂时不取消，待所有的工作完成后，就可以取消“工作表标签”复选框了。

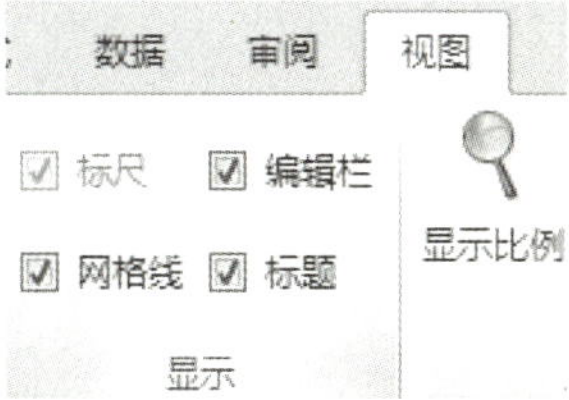

图 1-21 【视图】选项卡

项目活动五　保护工作表

为了避免工作者不小心移动或损坏页面工作表中的各个图形按钮及他人任意更改页面，应对工作表进行保护，具体步骤如下：

（1）在【审阅】选项卡上，【更改】组中单击【保护工作表】，打开【保护工作表】对话框（如图 1-22 所示）。

（2）在“取消工作表保护时使用的密码”文字框中输入工作表保护密码，单击【确定】按钮。

（3）在弹出的【确认密码】对话框中再次输入密码（如图 1-23 所示）。单击【确定】按钮，退出【确认密码】对话框。

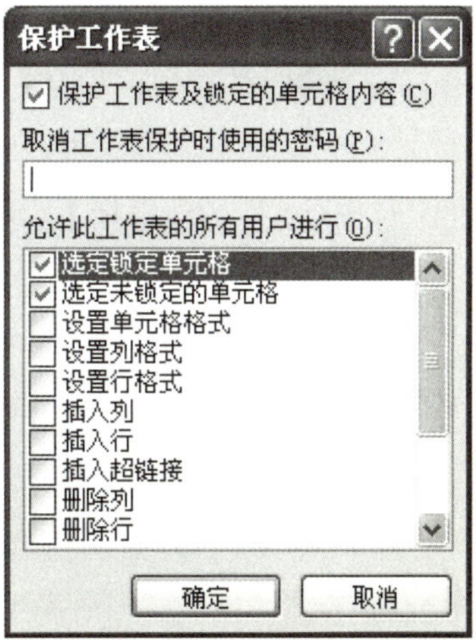

图 1-22 【保护工作表】对话框

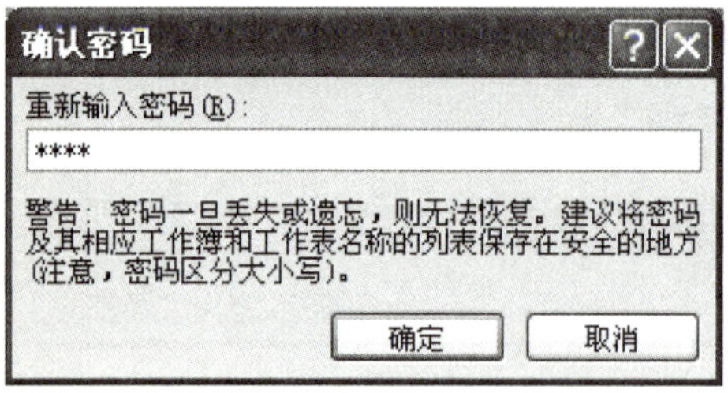

图 1-23 【确认密码】对话框

工作表保护密码应牢记，或放在一个安全的地方以备查阅。如果忘记了保护密码，就无法取消对工作表的保护，也就无法再对工作表进行修改。不过，目前有很多破解 Excel 工作簿密码的软件，即使忘记了密码，也可以利用这些软件将密码破解，不妨到互联网上搜索一下。

工作任务二　会计科目表的制作

会计科目是对会计要素的具体内容进一步分类的项目名称。设置会计科目是会计核算工作中极为重要的一项工作，它是填制会计凭证、设置账户、进行账务处理的依据，也是编制会计报表的基础。会计科目必须根据会计准则和国家统一会计制度的规定设置和使用，一般设有一级科目（即总账科目）、二级科目（即子科目）和明细科目。下面分别介绍总账科目表和明细科目表的设置方法。

项目活动一　建立总账科目表

总账科目（即一级科目）是指对会计内容进行总分类核算和监督、提供总括指标的会计科目。为了便于宏观经济管理，一级科目由财政部统一规定。建立总账会计科目表的具体方法和步骤如下：

（1）选择工作表“总账科目表”。

（2）在单元格 B1 中输入“总账科目”，将其设置为自己喜欢的字体和字号。

（3）选择单元格区域 B1 : C1，在【开始】选项卡上，【对齐方式】组中，单击【合并后居中】 合并后居中 按钮；“字体”组中，单击【边框】，选择“粗底框线”。

（4）选择单元格 B2 和 C2，分别输入“科目代号”和“科目名称”，选择单元格 B2 和 C2，在“对齐方式”组中选择【居中】按钮。

（5）在单元格 D1 中输入“科目总数量”，在单元格 E1 中输入公式“= COUNTA（B : B）– 2”，用来统计总账会计科目的个数。

COUNTA 函数的功能是计算单元格区域或数组中包含数据（即非空白单元格）的单元格个数。

（6）从第 3 行开始，在 B、C 两列分别顺序输入所有会计科目代号和会计科目名称如图 1–24 所示。

数据的录入方法有两种：一种方法是直接在对应的单元格中输入数据；另一种方法是在“记

录单”中录入数据。采用在“记录单”中录入数据方法便于新建、删除及查找会计科目。具体的操作步骤为：首先选定 B2 : C2 区域，单击【Office 按钮】-【Excel 选项】-【自定义】选项卡 -【常用命令】下拉 -“不在功能区的命令” - 找到“记录单”命令再添加到工具栏里，按【确定】按钮退出。此时在“快速访问工具栏”中就会出现“记录单”命令，单击打开【记录单】对话框，在“科目代号”和“科目名称”文本框中分别输入具体的科目代号和科目名称，每完成一个科目单击“新建”按钮（如图 1-25 所示）。完成全部记录的添加后，单击【关闭】按钮完成会计科目表的输入。

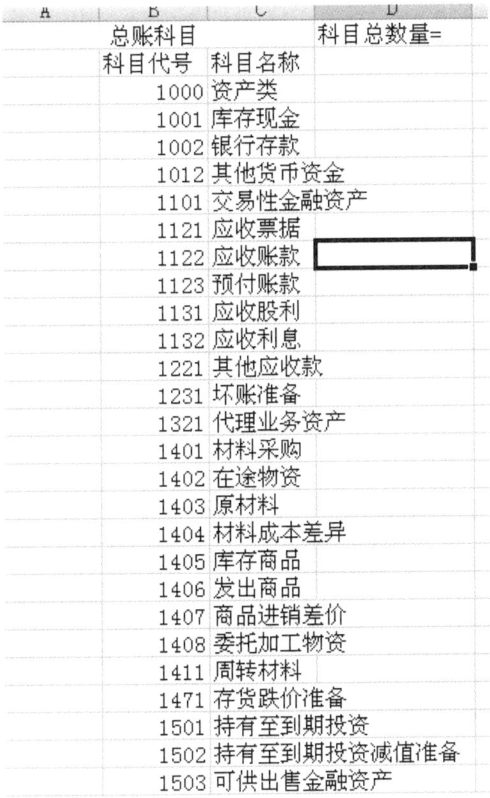

A	B	C	D
	总账科目		科目总数量=
	科目代号	科目名称	
	1000	资产类	
	1001	库存现金	
	1002	银行存款	
	1012	其他货币资金	
	1101	交易性金融资产	
	1121	应收票据	
	1122	应收账款	
	1123	预付账款	
	1131	应收股利	
	1132	应收利息	
	1221	其他应收款	
	1231	坏账准备	
	1321	代理业务资产	
	1401	材料采购	
	1402	在途物资	
	1403	原材料	
	1404	材料成本差异	
	1405	库存商品	
	1406	发出商品	
	1407	商品进销差价	
	1408	委托加工物资	
	1411	周转材料	
	1471	存货跌价准备	
	1501	持有至到期投资	
	1502	持有至到期投资减值准备	
	1503	可供出售金融资产	

图 1-24　输入数据后的会计科目表

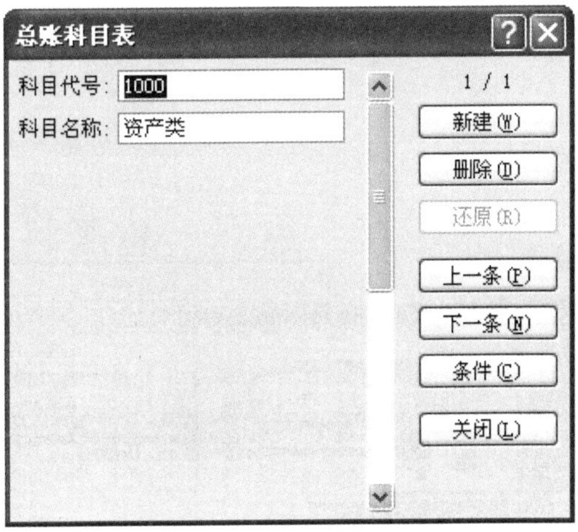

图 1-25　在记录单中输入数据

（7）将光标移至列标 B 和 C 中间，单击并拖动，将列 B 调整到合适的宽度，用同样方法将其他列也调整到合适的宽度。

（8）单击列 C 的列标，选中 C 列，在【开始】选项卡，单击【数字】组旁边的对话框启动器，打开【设置单元格格式】对话框，在“分类”中选取“文本”（如图 1-26 所示），单击【确定】按钮，关闭【设置单元格格式】对话框。

（9）在工作表的适当位置插入一个自选图形对象，在其内部插入汉字“返回”，设置图形对象的格式，为其建立指向“页面”工作表的超链接，从而单击图形对象按钮【返回】，就会返回到“页面”工作表（如图 1-27 所示）。

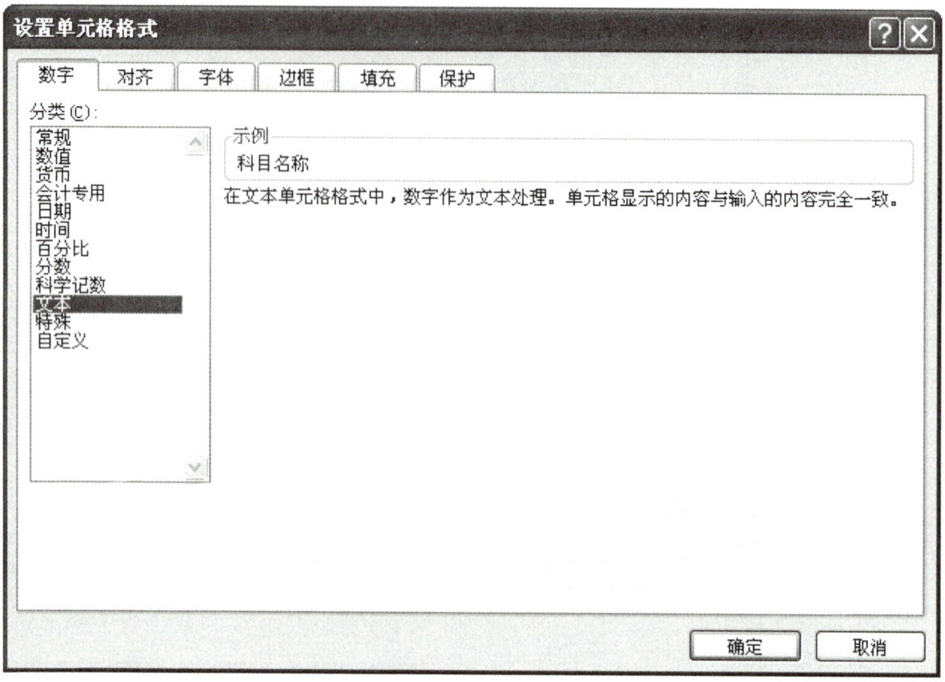

图 1-26 【设置单元格格式】对话框

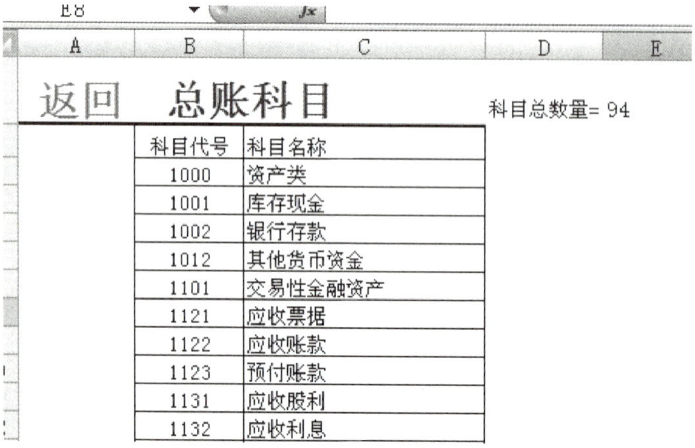

返回　总账科目　　科目总数量= 94

科目代号	科目名称
1000	资产类
1001	库存现金
1002	银行存款
1012	其他货币资金
1101	交易性金融资产
1121	应收票据
1122	应收账款
1123	预付账款
1131	应收股利
1132	应收利息

图 1-27　插入【返回】按钮的总账科目表

项目活动二　修改总账科目表

企业会计科目的设置应保持相对稳定，但并非一成不变，需要根据社会经济环境、会计准则与会计制度及本企业业务发展的需要，对会计科目进行修改、补充或删除。具体步骤如下：

（1）单击需要修改的会计科目所在的单元格，对科目代号或科目名称进行修改。

（2）选中需要添加科目的行，在【开始】选项卡上，【单元格】组中，单击【插入】，选择“插入工作表行”命令，在出现的空行中输入相应的科目代号和科目名称。

（3）选中要删除的科目所在的单元格，单击【单元格】组中【删除】，选择“删除工作表行”命令（如图 1-28 所示）。

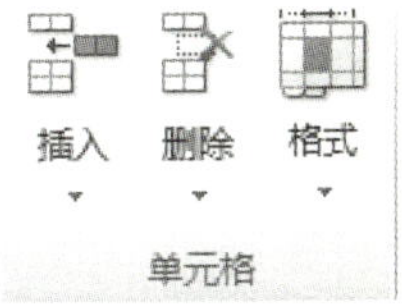

图 1-28　“单元格”组

项目活动三　美化总账科目表

前面完成了会计科目表的基本操作，接下来可以对总账科目表进行填充颜色、设置字体等操作。具体步骤如下：

（1）打开“总账科目表”，选取整张工作表。

（2）单击【字体】组中【填充颜色】按钮右侧的倒三角按钮，在调色板上选择“蓝色”，单击后整张工作表都填满了颜色。

（3）选择 B1 单元格，单击【字体】组中【字体颜色】按钮右侧的倒三角按钮，在调色板上选择“紫色”，单击后总账科目表标题字体颜色变成紫色。

（4）选择 B1 单元格，单击【字体】组中【加粗】按钮，则标题的字体变粗。

（5）选择 B3 : C3 单元格，按住 Ctrl 键，继续选取 B5 : C5 单元格及 B7 : C7 单元格。

（6）释放 Ctrl 键，此时前面选中的 6 个单元格同时被选定。

（7）单击【格式】工具栏上的【填充颜色】按钮右侧的倒三角按钮，在调色板上选择“淡绿”，单击后，表格中行与行之间颜色分明（如图 1-29 所示）。

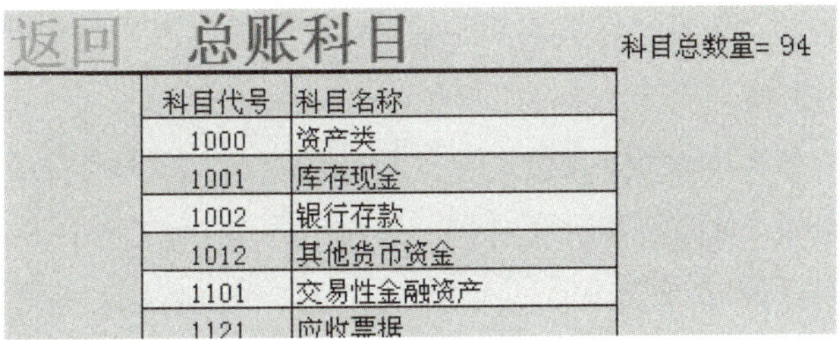

图 1-29　进行颜色设置的总账科目表

（8）选择 B3 : C8 单元格，单击【剪贴板】组中的【格式刷】按钮。

（9）按住鼠标左键拖动指针选取 B3 : C8 单元格以下的所有单元格，释放鼠标，整张总账科目表变成了一张行间色彩分明的工作表（如图 1-30 所示）。

返回　**总账科目**　　科目总数量= 94

科目代号	科目名称
1000	资产类
1001	库存现金
1002	银行存款
1012	其他货币资金
1101	交易性金融资产
1121	应收票据
1122	应收账款
1123	预付账款
1131	应收股利
1132	应收利息
1221	其他应收款
1231	坏账准备
1321	代理业务资产
1401	材料采购
1402	在途物资
1403	原材料
1404	材料成本差异
1405	库存商品
1406	发出商品
1407	商品进销差价
1408	委托加工物资
1411	周转材料
1471	存货跌价准备
1501	持有至到期投资
1502	持有至到期投资减值准备

图 1-30　完成美化的总账科目表

项目活动四　建立明细科目表

明细科目是指对总账科目所反映的经济内容进一步详细分类的会计科目，是对总账科目更为详细的补充说明。有些企业在总账科目和明细科目之间还设置二级科目，其设置方法可以比照明细科目，在此不做赘述。

明细科目是由企业依据国家统一规定的会计科目和要求，根据自身经营管理的需要自行设置的。建立明细科目表的具体方法和步骤如下：

（1）激活“明细科目表”。

（2）点击“总账科目表”工作表，点击左上角全选整张表，按鼠标右键选择“复制”。

（3）返回“明细科目表”，单击鼠标右键选择“粘贴”。

（4）在 B1 单元格，将标题改为“明细科目表”。

（5）在单元格 D2 中输入“明细科目代号”，在单元格 E2 中输入“明细科目名称”，并设置其格式。

（6）从第 3 行开始，在 D、E 列分别顺序输入所有总账科目所属的明细科目代号和明细科目名称。

（7）按照“总账科目表”进行格式设计，这里不再赘述。

（8）最终设计出“明细科目表”（如图 1-31 所示）。

返回　明细科目表　　科目总数量=　94

科目代号	科目名称	明细科目代号	明细科目名称
1000	资产类		
1001	库存现金		
1002	银行存款		
		100201	建行存款
		100202	工行存款
1012	其他货币资金		
		101201	银行汇票
		101202	外埠存款
1101	交易性金融资产		
1121	应收票据		
		112101	银行承兑汇票
		112102	商业承兑汇票
1122	应收账款		
		112201	光明公司
		112202	康益公司

图 1-31　制作完成的明细科目表

工作任务三　会计凭证表的制作

会计凭证表是将企业每日发生的或完成的经济业务，按时间的先后顺序逐笔完整登记的工作表。在会计处理和管理系统中，会计凭证表是一张非常重要的工作表，是形成会计凭证和各种账簿及报表的核心信息资料，即建立企业账务处理的源数据库。下面介绍利用 Excel 进行会计凭证表制作的具体方法和步骤。

项目活动一　会计凭证表的结构设计

会计凭证表的结构主要包括日期、序号、凭证编号、附件、摘要、科目代号、科目名称、借方、贷方、制单人、审核人等要素。具体的操作步骤如下：

（1）打开“项目一”工作簿的“会计凭证表”工作表。

（2）选取 B1 : P1 单元格，单击【对齐方式】组中的【合并后居中】按钮，在合并的单元格中输入“会计凭证表”标题。打开【设置单元格格式】对话框，单击【对齐】选项卡，将“文本对齐方式”的“水平对齐”和“垂直对齐”均设置为“居中”。单击【字体】选项卡，将“字体”设置为“隶书”，将“字号”设置为“22”，将颜色设置为“紫色”，将下划线设置为“会计用双下划线”，单击【确定】按钮，关闭【设置单元格格式】对话框。

（3）选取 B2 : P2 单元格，单击【合并后居中】按钮。打开【设置单元格格式】对话框，单击【对齐】选项卡，将“文本对齐方式”的“水平对齐”和“垂直对齐”均设置为“居中”。单击【字体】选项卡，将“字体”设置为“隶书”，将“字号”设置为“18”，其他设置保持默认值。单击【数字】选项卡，在“分类”表中选择“自定义”，在“类型”中选择“yyyy"年"m"月"”，单击【确定】按钮，关闭【设置单元格格式】对话框。

（4）分别选择 B3 至 P3 单元格，输入“年”、“月”、“日”、“序号”、“凭证号码”、“摘要”、“科目代号”、“总账科目”、“明细科目”、“方向”、“借方”、“贷方”、“制单人”、“审核人”、“附件”（如图 1-32 所示）。

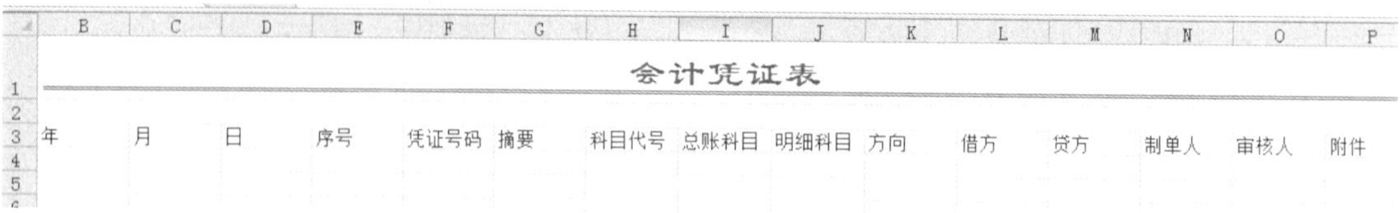

图 1-32　输入会计凭证表表头

（5）选取整个第三行，单击【对齐方式】组中的【居中】按钮，使单元格内容居中。

（6）调整各列的宽度至合适的数值。

（7）选取 L 列和 M 列整列单元格并单击右键，在弹出的快捷菜单中选择【设置单元格格式】命令，在对话框中打开【数字】选项卡，选择“会计专用”选项，在“小数位数”文本框中输入“2”（如图 1-33 所示），单击【确定】按钮，将“借方”和“贷方”设置为数值格式。

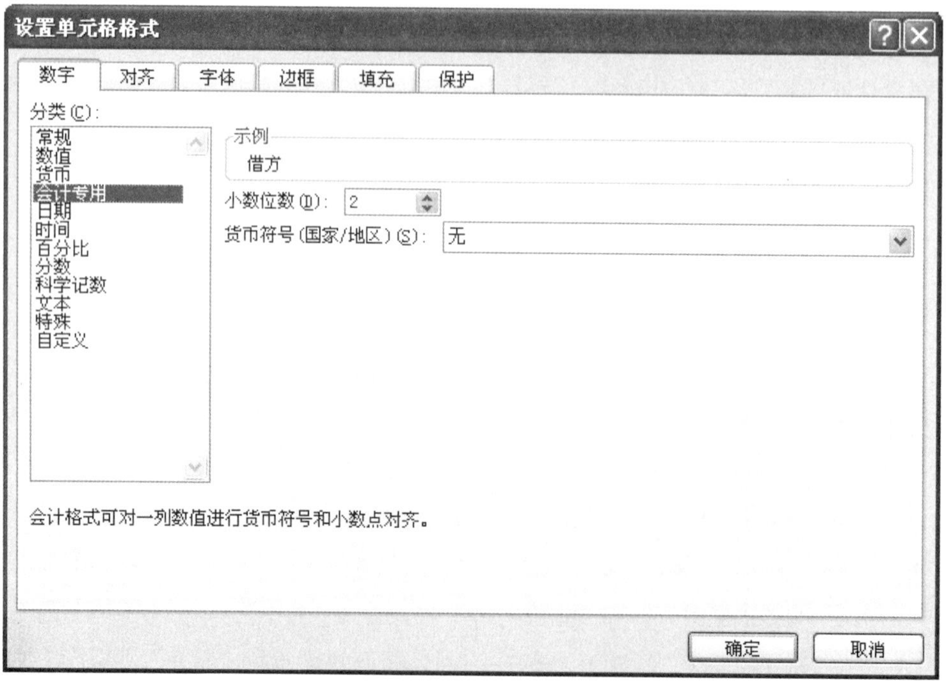

图 1-33 【数字】选项卡的设置

项目活动二　自动形成会计凭证编号的设置

会计凭证编号是会计人员在用会计凭证记录经济业务时，对每笔经济业务进行的编号，以便查找和以后的核对。用 Excel 进行会计凭证表编制时，可以利用 CONCATENATE 函数，以“年 + 月 + 日 + 当日顺序号”自动生成会计凭证的编号。具体操作步骤为：

（1）打开“项目一”工作簿的“会计凭证表”工作表。

（2）选取 B : E 整列并单击右键，在弹出的快捷菜单中选择【设置单元格格式】命令，在弹出的对话框中打开【数字】选项卡，选择“文本”选项，单击【确定】按钮。

（3）选取 F3 单元格，单击【函数库】左侧的【插入函数】按钮，执行“插入函数”命令，在“或选择类别”中选择“文本”类别函数，在“选择函数”列表框中选择 CONCATENATE 函数（如图 1–34 所示），单击【确定】按钮。

CONCATENATE 函数：将多个文本字符串合并成一个文本字符串。

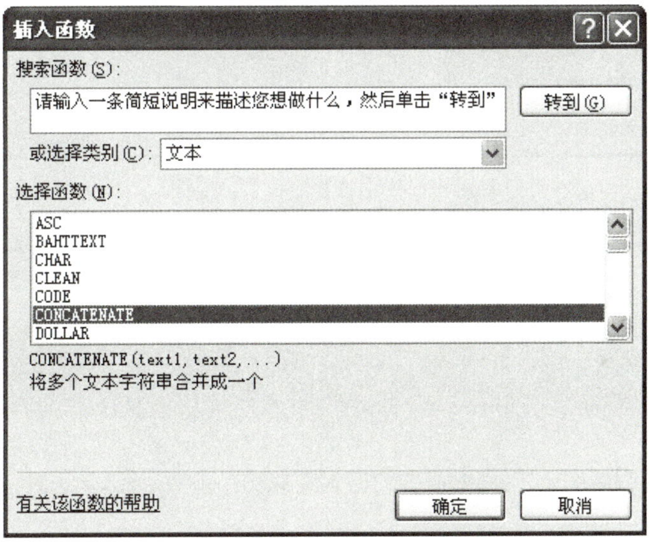

图 1–34 【插入函数】对话框

（4）在 CONCATENATE【函数参数】对话框分别输入参数“B3”、“C3”、“D3”、“E3”，即在“函数参数”界面内输入“年”、“月”、“日”、“序号”（如图 1–35 所示）。

相对引用　公式中的相对单元格引用（如 A1）是基于包含公式和单元格引用的单元格的相对位置。如果公式所在单元格的位置改变，引用也随之改变。如果多行或多列地复制公式，引用会自动调整。默认情况下，新公式使用相对引用。例如，如果将单元格 B2 中的相对引用复制到单元格 B3，将自动从“= A1”调整到“= A2”，如图 1–36 所示。

绝对引用　单元格中的绝对单元格引用（如 $A$1）总是在指定位置引用单元格。如果公式所在单元格的位置改变，绝对引用保持不变。如果多行或多列地复制公式，绝对引用将不作调整。默认情况下，新公式使用相对引用，需要将它们转换为绝对引用。例如，如果将单元格

B2 中的绝对引用复制到单元格 B3，则在两个单元格中一样，都是“= \$A\$1”，如图 1–37 所示。

混合引用 混合引用具有绝对列和相对行，或是绝对行和相对列。绝对引用列采用 \$A1、\$B1 等形式。绝对引用行采用 A\$1、B\$1 等形式。如果公式所在单元格的位置改变，则相对引用改变，而绝对引用不变。如果多行或多列地复制公式，相对引用自动调整，而绝对引用不作调整。例如，如果将一个混合引用从 A2 复制到 B3，它将从“= A\$1”调整到“= B\$1”，如图 1–38 所示。

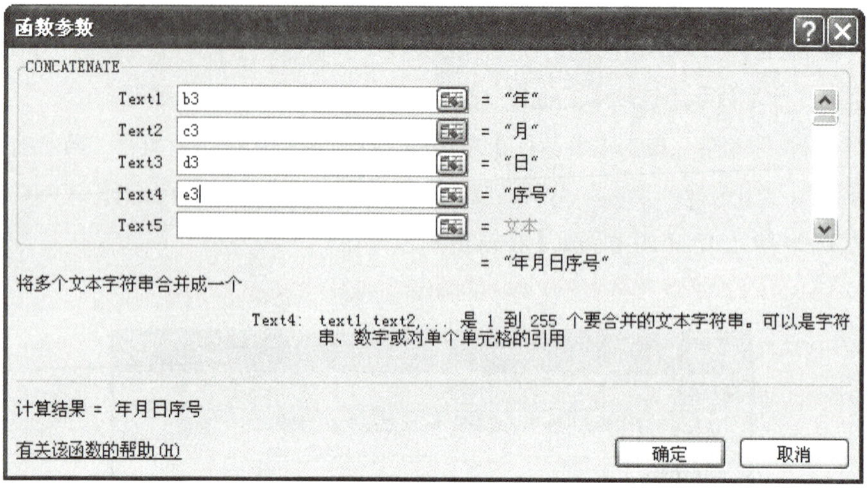

图 1–35 【函数参数】对话框

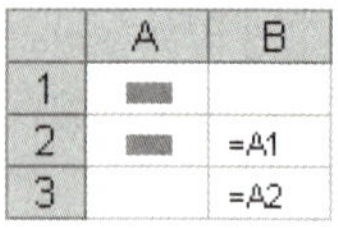

图 1–36 复制的公式具有相对引用

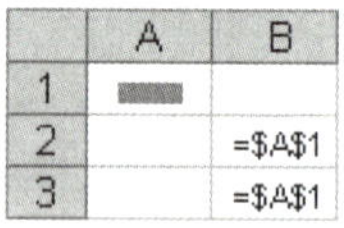

图 1–37 复制的公式具有绝对引用

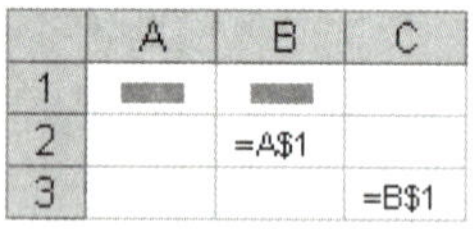

图 1–38 复制的公式具有混合引用

（5）单击【确定】按钮，得到所需要的格式（如图 1–39 所示）。

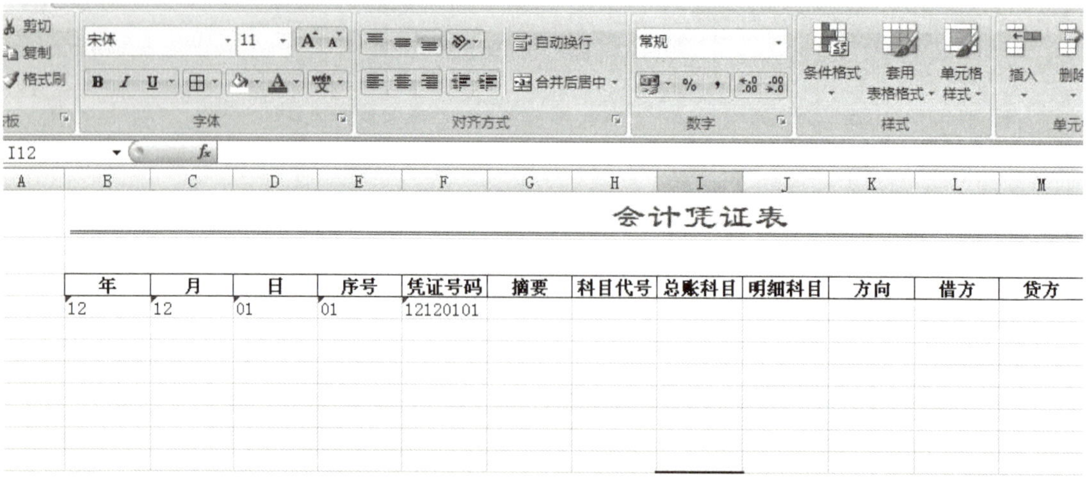

图 1–39 设置 CONCATENATE 函数后显示的结果

（6）选取 F4 单元格，单击【常用】工具栏上的【复制】按钮。

（7）选取 F5 : F30 单元格，单击【剪贴板】组中的【粘贴】按钮，这样 F5 : F30 将套用 F4 的函数。

项目活动三　范围名称的定义

“范围名称”在 Excel 中有着举足轻重的地位，在许多地方都可以应用。项目活动四要用 VLOOKUP 函数完成会计科目的自动显示，而 VLOOKUP 函数中引用的位置使用范围名称，故应先了解如何定义“范围名称”。定义范围名称的具体步骤如下：

（1）打开“项目一会计凭证的制作”工作簿的“会计凭证表”工作表。

（2）在【公式】选项卡上，【定义的名称】组中单击【定义名称】命令，打开【新建名称】对话框（如图 1-40 所示）。

（3）在打开的【新建名称】对话框中的“名称”项内输入“会计科目”（如图 1-41 所示）。

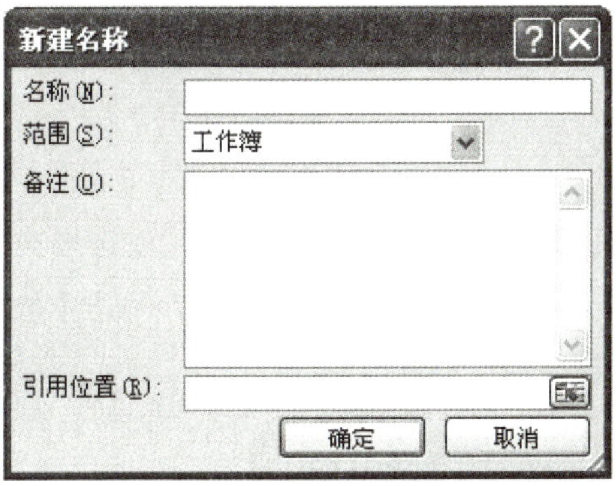

图 1-40　【新建名称】对话框

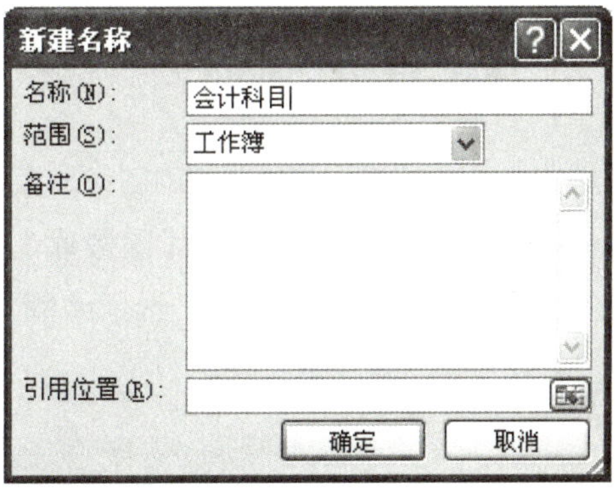

图 1-41　在【新建名称】对话框输入名称

（4）单击“引用位置”旁的折叠按钮。

（5）单击工作表“总账科目表”。

（6）选择 B3 : C99 单元格，【新建名称】对话框的“引用位置”随着变动（如图 1-42 所示）。

（7）单击【新建名称】对话框的折叠按钮，返回【新建名称】对话框，如图 1-43 所示“新建名称”的“引用位置”已确定。

图 1-42　新建名称 - 引用位置的设置

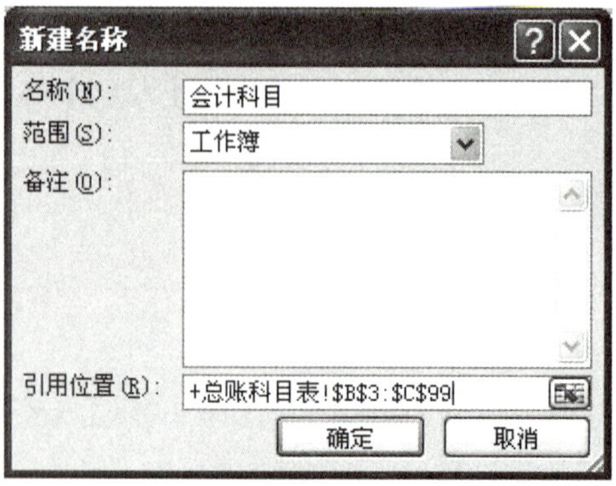

图 1-43　完成【引用位置】的设定

（8）单击【确定】按钮，完成范围名称的定义。

项目活动四　自动显示会计科目的设置

在输入经济业务时，为了节约时间，可以利用 VLOOKUP 函数，自动显示会计科目。现以总账科目的自动显示为例说明这一问题，明细账科目可以参照总账科目进行设置。具体操作步骤如下：

（1）打开“项目一会计凭证的制作”工作簿中的“会计凭证表”工作表。

（2）选择 I4 单元格，单击【函数库】左侧的【插入函数】 按钮。在“或选择类别”中选择“逻辑”类别函数，在“选择函数”中选择 IF 函数（如图 1-44 所示），单击【确定】按钮。

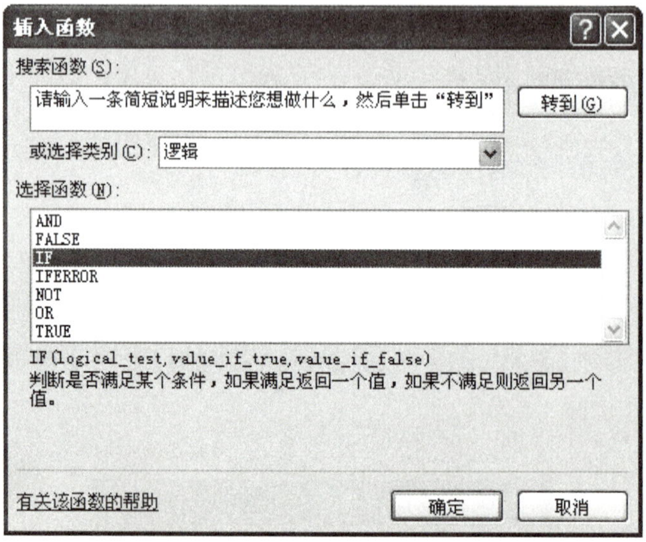

图 1-44　选择 IF 函数

（3）在 IF 函数的“Logical_test”参数位置输入“H4 = " "”（如图 1-45 所示）。

（4）在 IF 函数“Value_if_true”参数位置输入“" "”（如图 1-45 所示）。

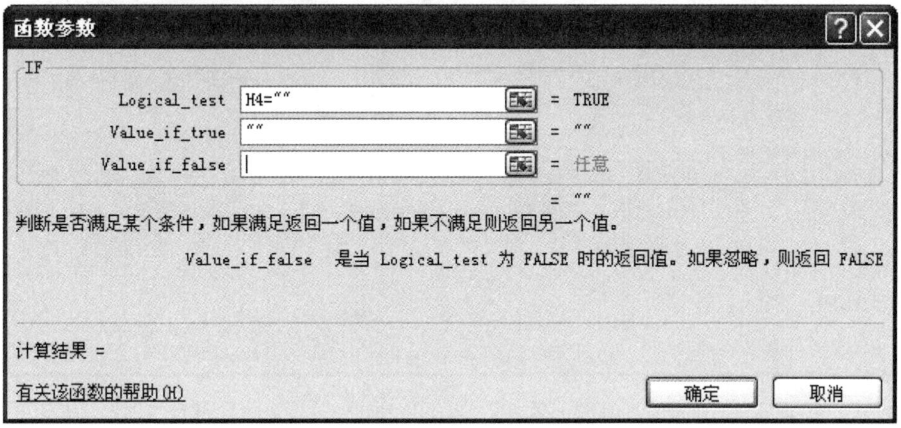

图 1-45　输入 IF 函数参数

（5）将光标移至在 IF 函数“Value_if_false”参数位置处，单击如图 1-46 所示的下拉菜单按钮，选择“其他函数…”选项，打开【插入函数】对话框，选择 VLOOKUP 函数。

（6）在 VLOOKUP 函数“Lookup_value”参数位置输入“H4”。

（7）将光标移至 VLOOKUP 函数“Table_array”位置的空白处。

（8）单击【公式】选项卡上，【定义的名称】组中的【用于公式】命令，选择“会计科目”选项（如图 1-47 所示）。

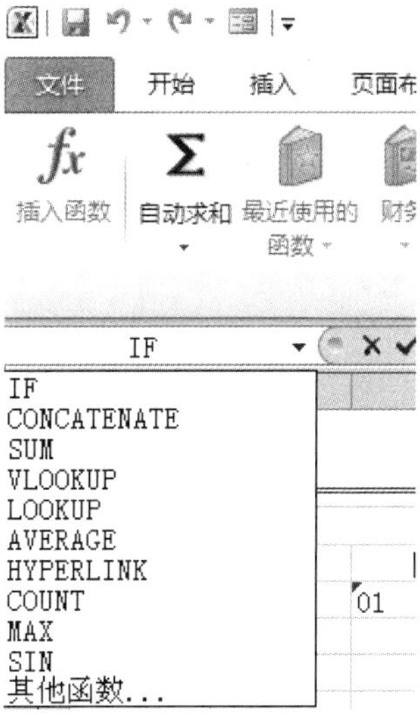

图 1-46　选择 VLOOKUP 函数

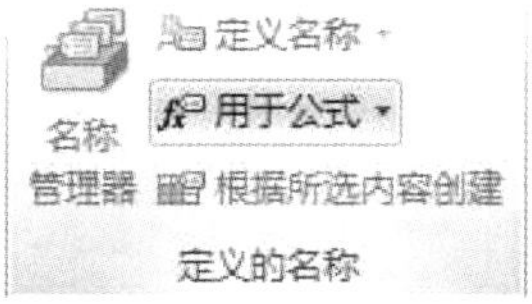

图 1-47　【用于公式】命令

（9）完成 VLOOKUP 函数“Table_array”参数的设置（如图 1-48 所示）。

（10）在 VLOOKUP 函数“Col_index_num”参数位置输入“2”，“Range_lookup”位置输入“1”（如图 1-49 所示）。

（11）单击【确定】按钮，完成函数设置。

（12）选取 I4 单元格并右击，单击【剪贴板】组中的【复制】按钮。

（13）选取 I5 单元格下拉至最后一行并右击，单击【剪贴板】组中的【粘贴】按钮。这样，整个“总账科目”下的单元格均自动套用公式。

（14）任意在“科目代号”单元格的位置下输入一个会计科目编码，则在其后的“总账科目”中将自动出现相应的科目名称（如图 1-50 所示）。

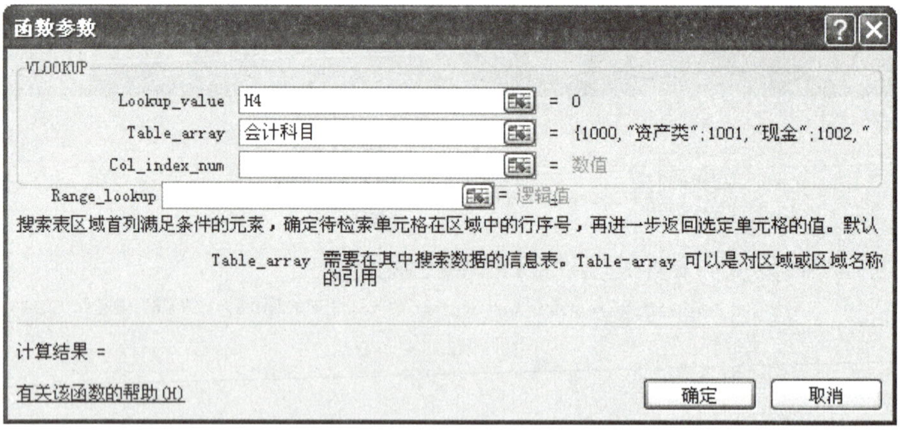

图 1-48　设置 VLOOKUP 函数的“Table_array”参数为“范围名称”

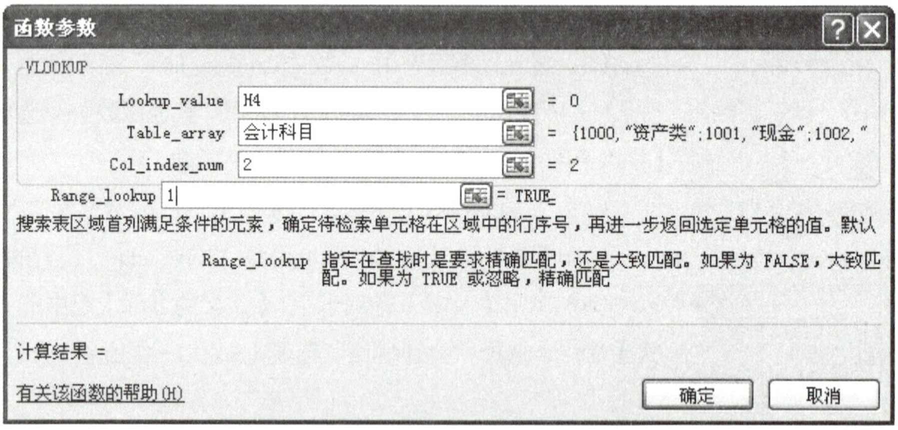

图 1-49　输入 VLOOKUP 函数参数

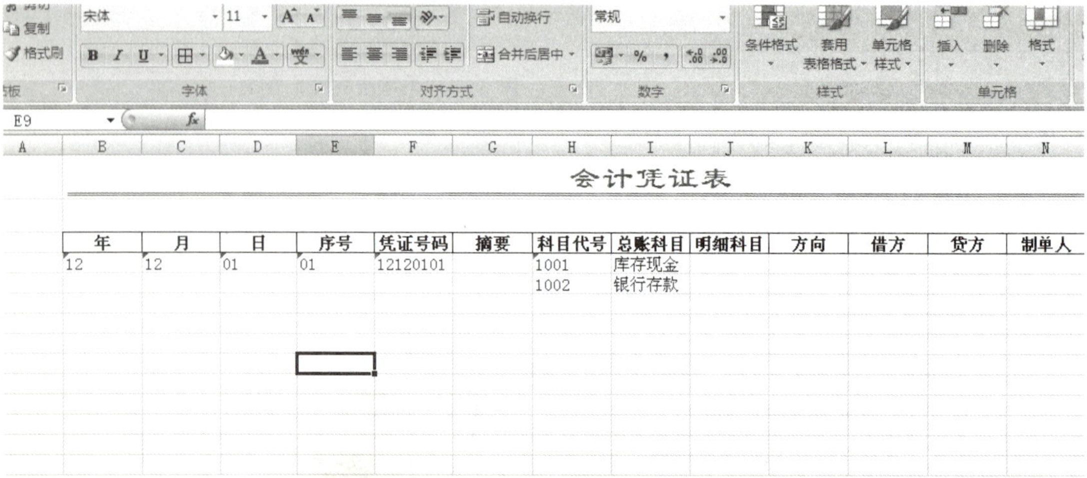

图 1-50　完成自动显示会计科目设置后的会计凭证表

项目活动五　单元格输入信息提示的设置

为了在用户输入数据时能够提示其输入数据的类型，可以对有些单元格的数据有效性进行设置，即设置有关的提示信息，具体操作步骤如下：

（1）选择 G 列，在【数据】选项卡上，【数据工具】组中单击【数据有效性】命令，打开【数据有效性】对话框，在【输入信息】选项卡的“输入信息”中输入“输入摘要”（如图 1-51 所示），单击【确定】按钮，关闭【数据有效性】对话框。当光标移动到 G 列的单元格时，在单元格的右下方将出现 输入摘要 的提示信息。

（2）选择 H 列，单击【数据有效性】命令，打开【数据有效性】对话框，在【输入信息】选项卡的“输入信息”中输入“输入科目代号”；在【输入法模式】选项卡中的“输入法模式”中选择“关闭（英文模式）”（如图 1-52 所示），单击【确定】按钮，关闭【数据有效性】对话框。当光标移动到 H 列的单元格时，在单元格的右下方出现 输入科目代号 提示信息的同时，将把输入法自动切换到英文状态，可以保证输入的文字为半角的英文。

（3）选择 L 列，设置【数据有效性】的“输入信息”为“输入借方金额”，设置“输入法模式”为“关闭（英文模式）”。

（4）选择 M 列，设置【数据有效性】的“输入信息”为“输入贷方金额”，设置“输入法模式”为“关闭（英文模式）”。

（5）选择 N 列，设置【数据有效性】的“输入信息”为“输入制单人”，设置“输入法模式”为“打开”。

（6）选择 O 列，设置【数据有效性】的“输入信息”为“输入审核人”，设置“输入法模式”为“打开”。

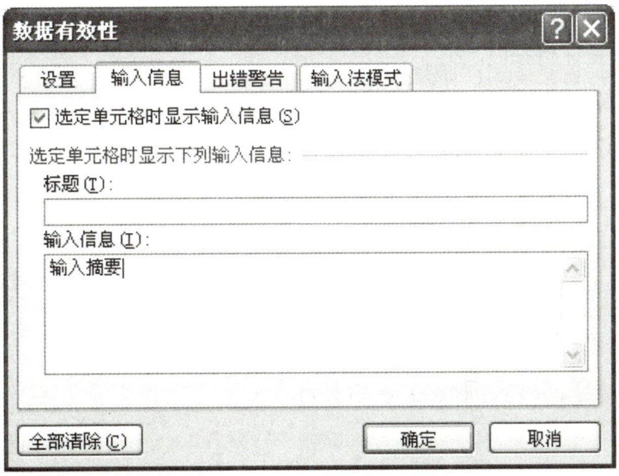

图 1-51　【数据有效性】对话框——“输入信息”设置

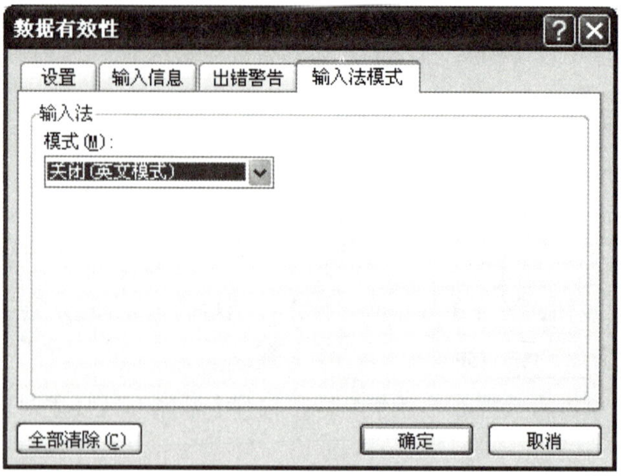

图 1-52 【数据有效性】对话框——“输入法模式”设置

（7）选择 P 列，设置【数据有效性】的“输入信息”为“输入附件张数”，设置“输入法模式”为“关闭（英文模式）”。

项目活动六　会计凭证表实例

会计科目表的结构与需要设计的公式及函数完成后，应结合背景资料中企业实务例子完成整个会计凭证表的输入，作为之后账表形成的基础性数据源。在会计凭证表中输入数据的操作步骤如下：

（1）在 B、C、D、E 列分别输入业务发生的年、月、日及序号。

（2）在 F 列自动形成会计凭证号码。

（3）在 G 列输入摘要。

（4）在 H 列输入会计科目代号。

（5）在 I 列自动显示总账科目名称。

（6）在 J 列输入明细科目或自动显示明细账科目名称。

（7）在 K 列输入记账方向。

（8）在 L 列和 M 列分别输入借、贷方金额。

（9）在 N 列和 O 列分别输入制单人和审核人名字。

（10）在 P 列输入附件张数。

输入数据后的会计凭证表数据如图 1-53 所示。

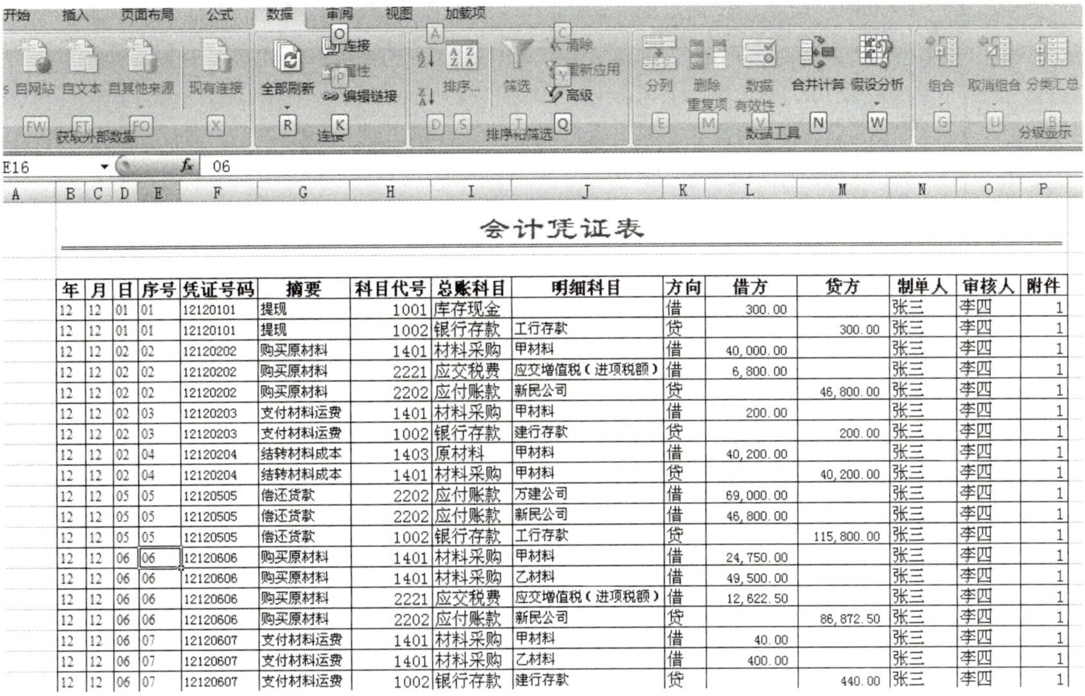

会计凭证表

年	月	日	序号	凭证号码	摘要	科目代号	总账科目	明细科目	方向	借方	贷方	制单人	审核人	附件
12	12	01	01	12120101	提现	1001	库存现金		借	300.00		张三	李四	1
12	12	01	01	12120101	提现	1002	银行存款	工行存款	贷		300.00	张三	李四	1
12	12	02	02	12120202	购买原材料	1401	材料采购	甲材料	借	40,000.00		张三	李四	1
12	12	02	02	12120202	购买原材料	2221	应交税费	应交增值税（进项税额）	借	6,800.00		张三	李四	1
12	12	02	02	12120202	购买原材料	2202	应付账款	新民公司	贷		46,800.00	张三	李四	1
12	12	02	03	12120203	支付材料运费	1401	材料采购	甲材料	借	200.00		张三	李四	1
12	12	02	03	12120203	支付材料运费	1002	银行存款	建行存款	贷		200.00	张三	李四	1
12	12	02	04	12120204	结转材料成本	1403	原材料	甲材料	借	40,200.00		张三	李四	1
12	12	02	04	12120204	结转材料成本	1401	材料采购	甲材料	贷		40,200.00	张三	李四	1
12	12	05	05	12120505	偿还货款	2202	应付账款	万建公司	借	69,000.00		张三	李四	1
12	12	05	05	12120505	偿还货款	2202	应付账款	新民公司	借	46,800.00		张三	李四	1
12	12	05	05	12120505	偿还货款	1002	银行存款	工行存款	贷		115,800.00	张三	李四	1
12	12	06	06	12120606	购买原材料	1401	材料采购	甲材料	借	24,750.00		张三	李四	1
12	12	06	06	12120606	购买原材料	1401	材料采购	乙材料	借	49,500.00		张三	李四	1
12	12	06	06	12120606	购买原材料	2221	应交税费	应交增值税（进项税额）	借	12,622.50		张三	李四	1
12	12	06	06	12120606	购买原材料	2202	应付账款	新民公司	贷		86,872.50	张三	李四	1
12	12	06	07	12120607	支付材料运费	1401	材料采购	甲材料	借	40.00		张三	李四	1
12	12	06	07	12120607	支付材料运费	1401	材料采购	乙材料	借	400.00		张三	李四	1
12	12	06	07	12120607	支付材料运费	1002	银行存款	建行存款	贷		440.00	张三	李四	1

图 1-53　会计凭证表实例

项目活动七　制作完成的会计凭证表的保护

由于工作表中有很多格式设置和计算公式，为防止破坏这些格式和计算公式，提高工作效率，可以对工作表进行保护，具体步骤如下：

（1）单击工作表左上角的全选按钮，选取整个工作表。

（2）打开【设置单元格格式】对话框，单击【保护】选项卡，取消“锁定”和“隐藏”两个复选框，单击【确定】按钮，关闭【设置单元格格式】对话框（如图 1-54 所示）。

（3）按【Ctrl+G】组合键，打开【定位】对话框（如图 1-55 所示），单击【定位条件】按钮，打开【定位条件】对话框，选取“公式”选项按钮，单击【确定】按钮，关闭【定位条件】对话框和【定位】对话框。

（4）打开【设置单元格格式】对话框，单击【保护】选项卡，选择“锁定”和“隐藏”两个复选框，单击【确定】按钮，关闭【设置单元格格式】对话框。

（5）在【审阅】选项卡上，【更改】组中单击【保护工作表】命令，打开【保护工作表】对话框，在“取消工作表保护时使用的密码”文字框中输入密码，在“允许此工作表的所有用户进行”列表中仅选取“选定未锁定的单元格”复选框（如图 1-56 所示），单击【确定】按钮，在弹出的【确认密码】对话框中再输入一遍密码，单击【确定】按钮，关闭【保护工作表】对话框。

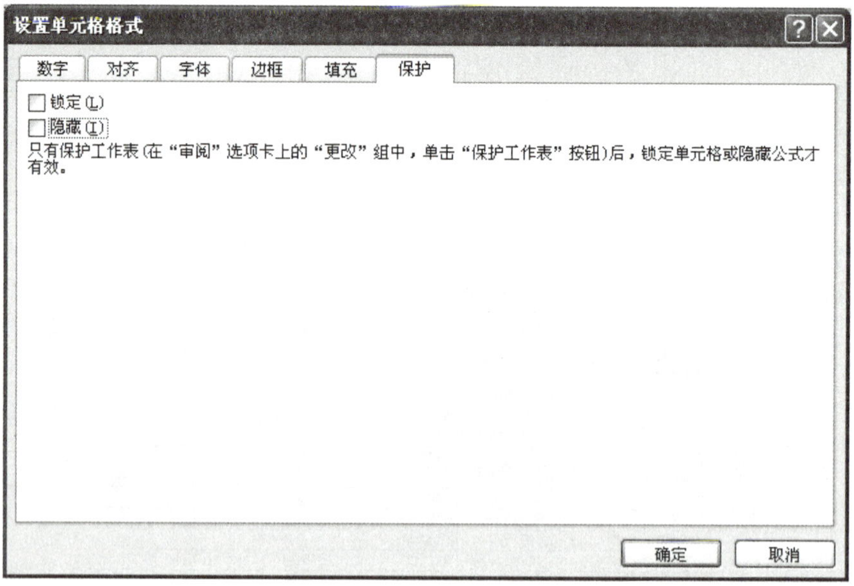

图 1-54 【设置单元格格式】对话框——【保护】选项卡

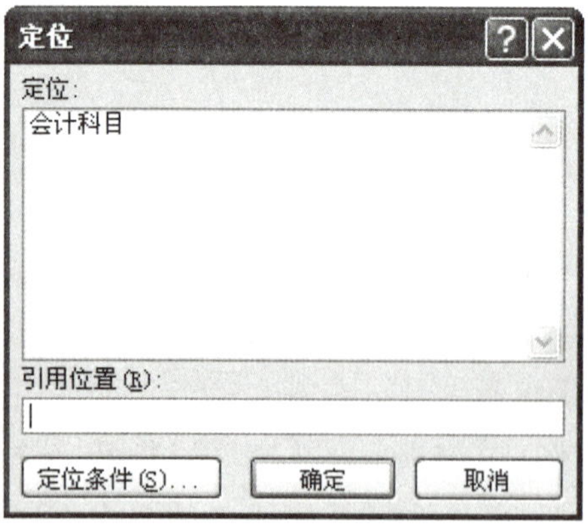

图 1-55 【定位】对话框

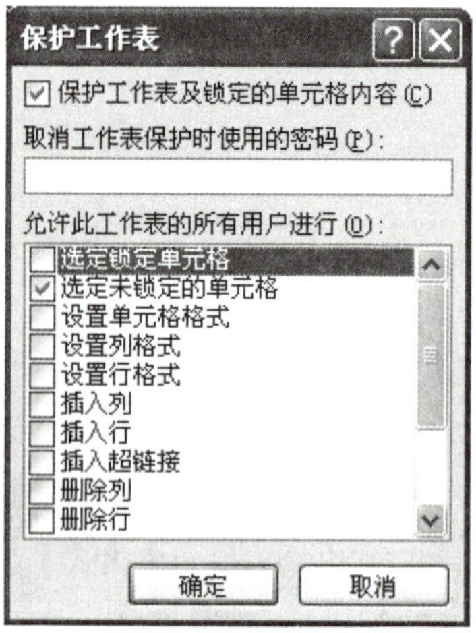

图 1-56 【保护工作表】对话框

项目活动八　会计凭证表的备份

在期末，应当将该期的会计凭证表进行备份，以便保存。备份数据的具体步骤如下：

（1）选择需要进行数据备份的单元格区域。

（2）按【Ctrl+C】组合键。

（3）打开一个新的工作簿。

（4）单击要复制数据的起始单元格。

（5）单击右键选择【选择性粘贴】命令，打开【选择性粘贴】对话框，选择【值和数字格式】选项按钮（如图 1-57 所示）。

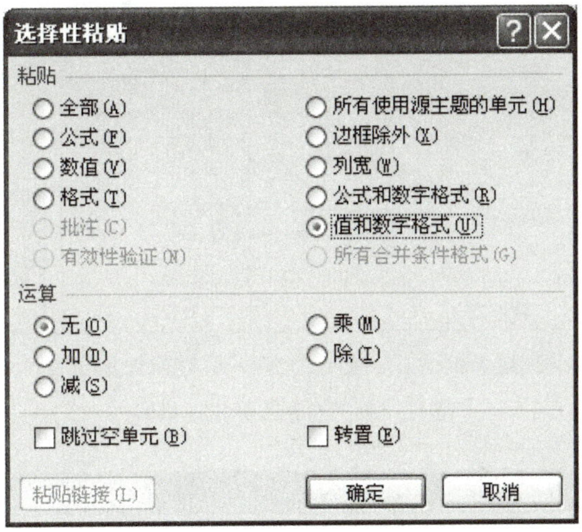

图 1-57 【选择性粘贴】对话框

（6）单击【确定】按钮，则将数据和数字格式全部进行了复制。

（7）将新的工作簿以一个直观的名字命名，进行保存，便于以后的查考。

工作任务四　记账凭证的制作

记账凭证是会计人员依据审核无误的原始凭证或原始凭证汇总表进行归类和整理，并确定会计分录而编制的直接作为记账依据的一种凭证。在本项目的工作任务三中制作的会计凭证表可以说就是记账凭证的汇总表，在本工作任务中要进行的记账凭证制作是基于记账凭证打印的需求而设计的。记账凭证按照用途及使用范围的不同，可以分为专用记账凭证和通用记账凭证。在此以通用记账凭证为例进行介绍。

项目活动一　记账凭证的结构设计

通用记账凭证是既可以反映收付款业务，又可以反映转账业务的记账凭证，其格式如图 1-58 所示。其结构设计的具体步骤如下：

（1）选取单元格区域 A1∶AH17，设置填充颜色为茶色；

（2）选取单元格区域 B2∶AG16，设置填充颜色为白色；打开【设置单元格格式】对话框，单击【对齐】选项卡，在“文本控制”中选择“缩小字体填充”复选框（如图 1-59 所示），以便当某单元格内数据较长而无法显示时，自动缩小字体，使数据能够全部显示出来，单击【确定】按钮，关闭【设置单元格格式】对话框。

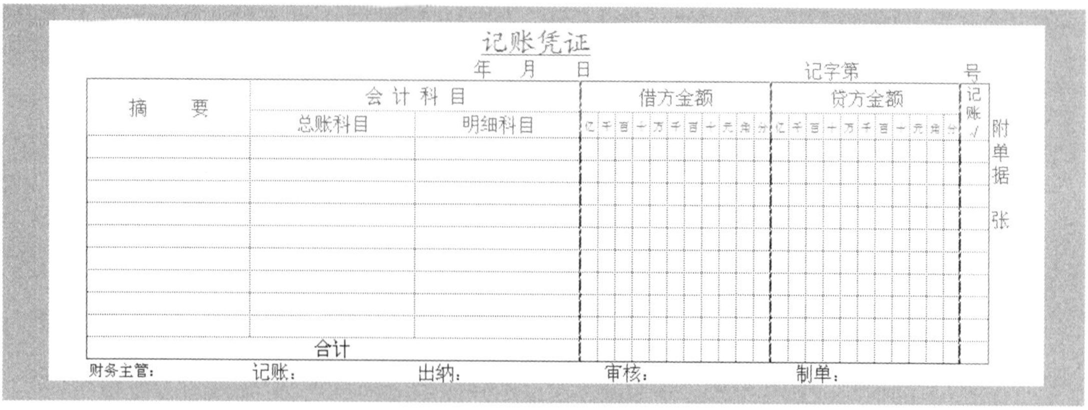

图 1-58 通用记账凭证格式

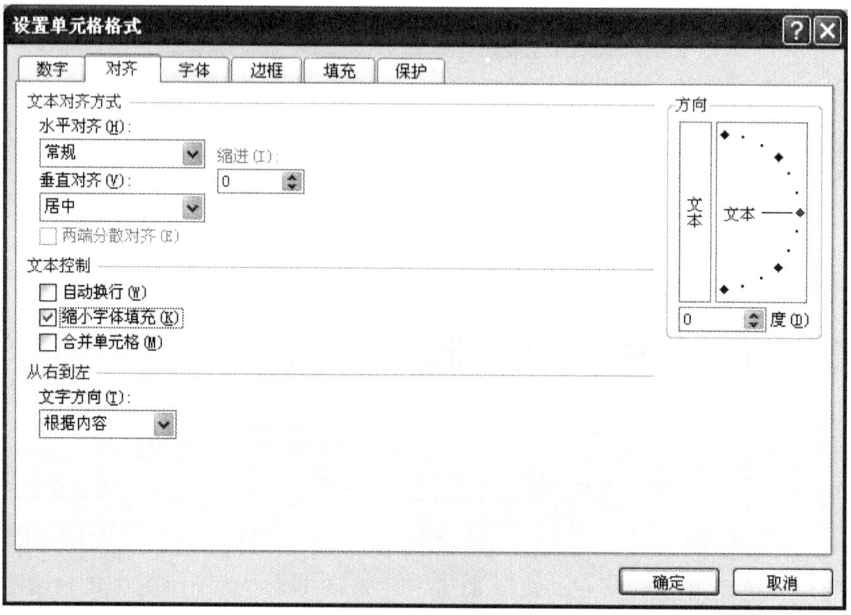

图 1-59 【设置单元格格式】对话框——设置缩小字体填充

（3）选取单元格区域 I : AD 列，单击【单元格】组中的【格式】，选择列宽，设置列宽为 1.25。

（4）选取单元格区域 C3 : AF16，打开【设置单元格格式】对话框，单击【字体】选项卡，在“字号”列表中选择“12”，在“颜色”配置框中选择“绿色”（如图 1-60 所示），最后单击【确定】按钮，关闭【设置单元格格式】对话框。

（5）选取单元格区域 C4 : AE15，打开【设置单元格格式】对话框，单击【边框】选项卡，先在“颜色”项目中选择“绿色”，再在“线条”的“样式”中选择“细实线”，单击“外边框”按钮；再在“线条”的“样式”中选择“细点线”，单击“内部”按钮；最后单击【确定】按钮，关闭【设置单元格格式】对话框；选取单元格区域 I4 : S15，打开【设置单元格格式】对话框，

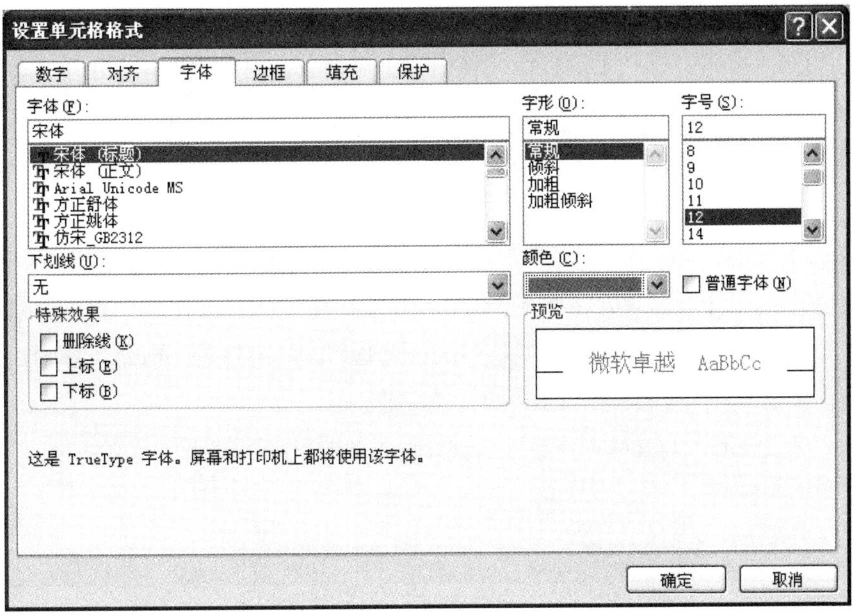

图 1-60 【设置单元格格式】对话框——设置字体

单击【边框】选项卡，先在“颜色”项目中选择“绿色”，再在“线条”的“样式”中选择“双点线”，单击“左边框”和“右边框”，最后单击【确定】按钮，关闭【设置单元格格式】对话框；选取单元格区域 T4 : AD15，打开【设置单元格格式】对话框，单击【边框】选项卡，先在“颜色”项目中选择“绿色”，再在“线条”的“样式”中选择“双点线”，单击“右边框”按钮（如图 1-61 所示），最后单击【确定】按钮，关闭【设置单元格格式】对话框。

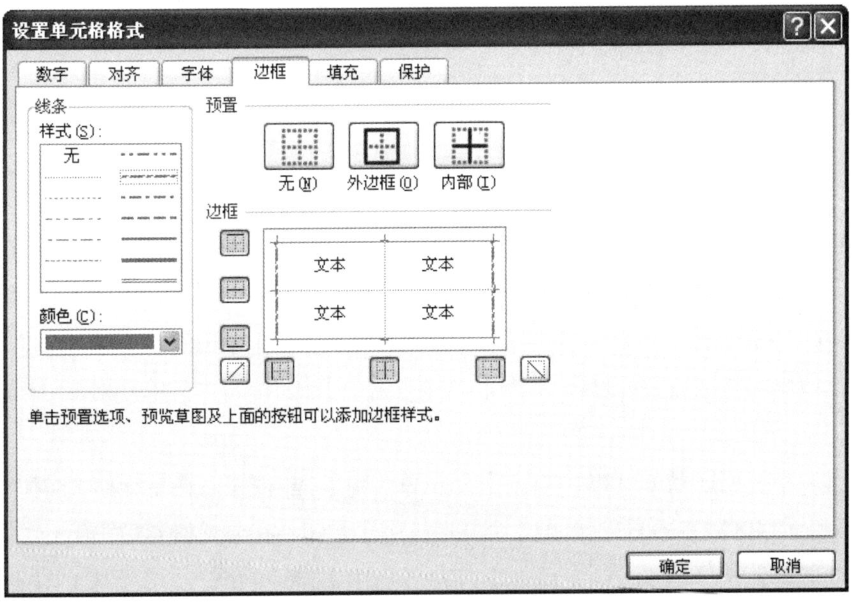

图 1-61 【设置单元格格式】对话框——设置边框

（6）在单元格 B2 中输入“记账凭证”，选取单元格区域 B2∶AF2，单击【对齐方式】组中【合并后居中】按钮，打开【设置单元格格式】对话框，单击【字体】选项卡，在“字体”列表中选择“楷体_GB2312”，在“字号”列表中选择“18”，在“下划线”列表中选择“单下划线”，在“颜色”配置框中选择“绿色”，单击【确定】按钮，关闭【设置单元格格式】对话框。

（7）选取单元格区域 G3∶L3，单击【合并后居中】按钮，在单元格 G3 中输入公式“=TODAY( )”，打开【设置单元格格式】对话框，单击【数字】选项卡（如图 1–62 所示），在“分类”列表中选择“日期”，在“类型”列表中选择“2001 年 3 月 14 日”（如图 1–62 所示），单击【确定】按钮，关闭【设置单元格格式】对话框。

TODAY 函数说明：TODAY 函数显示计算机当前的日期。每天打开文件时，在单元格 F3 中显示的是当天的日期。

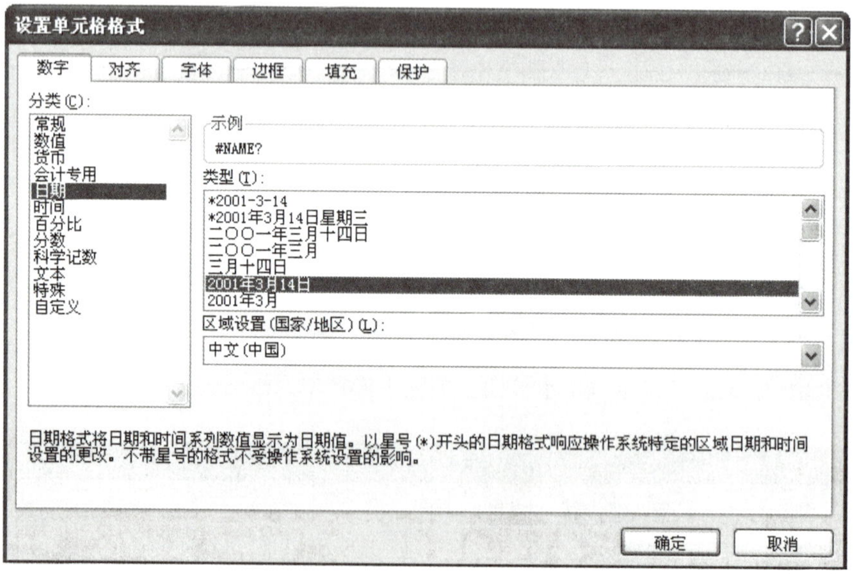

图 1–62 【设置单元格格式】对话框——设置日期格式

（8）选取单元格区域 U3∶Z3，单击【合并后居中】按钮，在单元格 U3 中输入公式“记字第”；选择单元格区域 AA3∶AD3，单击【合并后居中】按钮；在单元格 AE3 中输入“号”。

（9）选取单元格区域 C4∶D5，单击【合并后居中】按钮，在单元格 C4 中输入“摘要”。

（10）选取单元格区域 E4∶H4，单击【合并后居中】按钮，在单元格 E4 中输入“会计科目”。

（11）选取单元格区域 E5∶F5，单击【合并后居中】按钮，在单元格 E5 中输入“总账科目”；选取单元格区域 G5∶H5，单击【合并后居中】按钮，在单元格 G5 中输入“明细科目”。

（12）选取单元格区域 I4∶S4，单击【合并后居中】按钮，在单元格 I5 中输入“借方金额”；选取单元格区域 T4∶AD4，单击【合并后居中】按钮，在单元格 T4 中输入“贷方金额”。

（13）在 I5~S5 和 T5~AD5 中分别录入“亿”、“千”、“百”、“十”、“万”、“千”、“百”、“十”、“元”、“角”、“分”。

（14）选取单元格区域 AE4 : AE5，单击【合并后居中】按钮，在单元格 AE4 中输入“记账√”，打开【设置单元格格式】对话框，单击【对齐】选项卡，在“文本控制”中选择“自动换行”复选框（如图 1-63 所示）；设置 AE 列宽为 2.5。

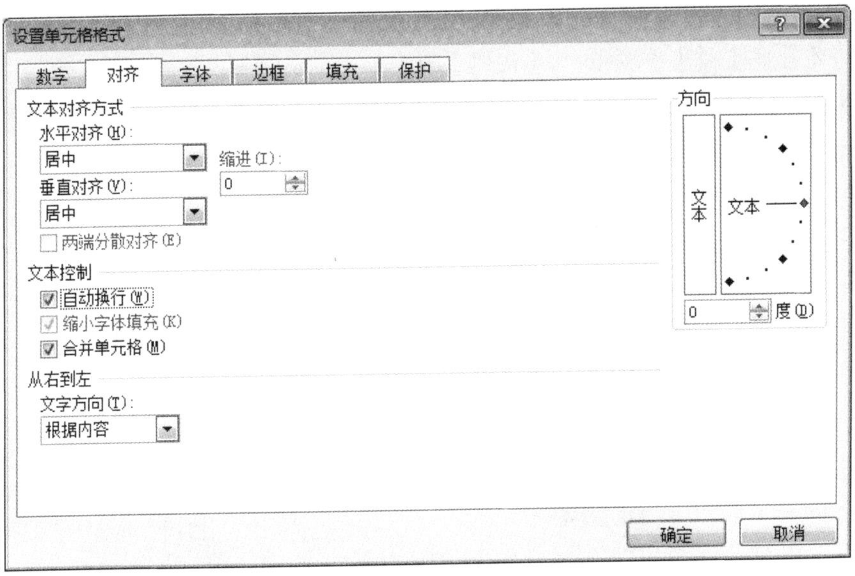

图 1-63 【设置单元格格式】对话框——设置自动换行

（15）选取单元格区域 C15 : H15，单击【合并后居中】按钮，在单元格 C15 中输入“合计”。

（16）在单元格 C16 输入“财务主管：”；在单元格 E16 输入“记账：”，在单元格 G16 输入“出纳：”；选取单元格区域 I16 : N16，单击【合并后居中】按钮，在单元格 I16 中输入“审核：”；选取单元格区域 O16 : T16，单击【合并后居中】按钮；选取单元格区域 U16 : X16，单击【合并后居中】按钮，在单元格 U16 中输入“制单：”；选取单元格区域 Y16 : AD16，单击【合并后居中】按钮。

（17）在单元格 AF5 输入“附”；在单元格 AF6 输入“单”，在单元格 AF7 输入“据”；在单元格 AF9 输入“张”。

（18）分别选取 C6 : D6、C7 : D7、C8 : D8、C9 : D9、C10 : D10、C11 : D11、C12 : D12、C13 : D13、C14 : D14、E6 : F6、E7 : F7、E8 : F8、E9 : F9、E10 : F10、E11 : F11、E12 : F12、E13 : F13、E14 : F14、G6 : H6、G7 : H7、G8 : H8、G9 : H9、G10 : H10、G11 : H11、G12 : H12、G13 : H13、G14 : H14，单击【合并后居中】按钮。

（19）选取 C6 : AE14、E15 : AE15、AF8、D16、F16、G16、O16、Y16 单元格，打开【设

置单元格格式】对话框，单击【字体】选项卡，在“颜色”配置框中选择“黑色”，单击【确定】按钮，关闭【设置单元格格式】对话框。

（20）最后调整一下各列的宽度，便完成记账凭证的结构设计。

每发生一笔业务就需要设计一张记账凭证，太浪费时间，完全可以在设计之初通过“录制宏”，把所有的操作记录下来，供以后使用。首先在【Office】选项卡上，单击【Excel选项】，然后单击【自定义】，在“自定义”类别的“常用命令”列表中，选中“开发工具”复选框，单击【确定】，这样表上就会显示【开发工具】选项卡。

（21）在【开发工具】选项卡上，【代码】组中单击“录制新宏”录制宏命令，在给宏取一个名字以后（如图1-64所示），单击【确定】按钮，“录制新宏”命令会变成“停止录制”停止录制命令，在操作完成时，单击停止，便告成功。

宏的代码可以通过按【Alt+F11】打开Visual Basic编辑器查看（如图1-65所示）。

也可以直接在宏编辑器里面录入以下代码来完成记账凭证的结构设计。

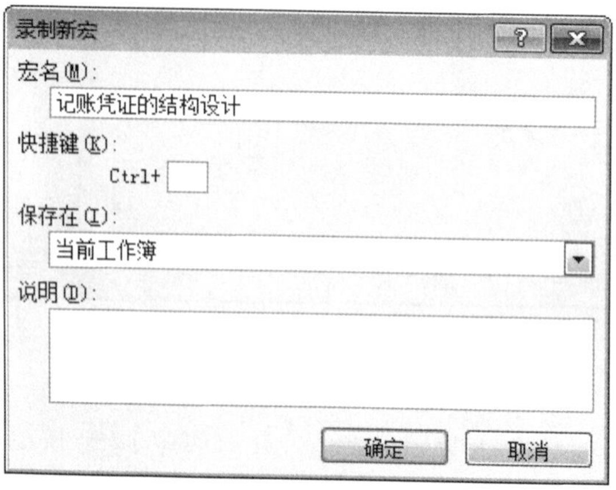

图1-64 【录制新宏】对话框

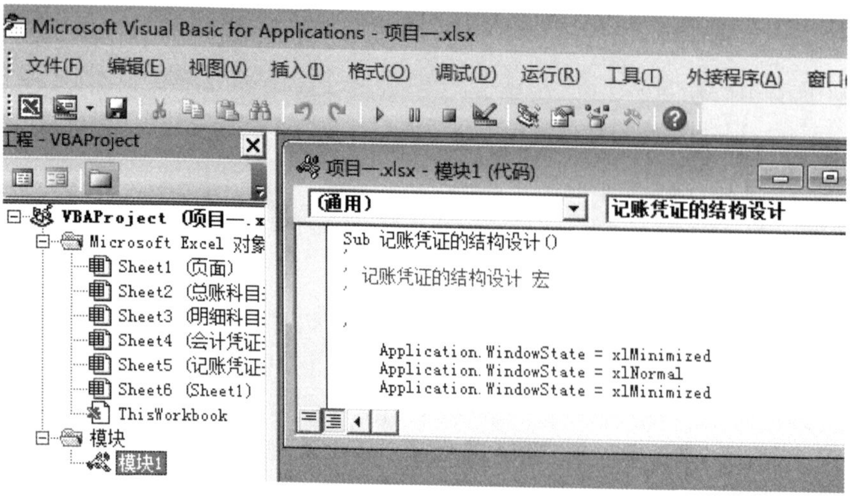

图1-65 【Visual Basic编辑器】对话框

```
Sub 记账凭证的结构设计 ( )
    Sheets (" 记账凭证 "). Select
    Cells. Select
    Selection. Delete Shift := xlUp

    Range ("A1:AH17"). Select
    With Selection. Interior
        .ColorIndex = 40
        .Pattern = xlSolid
    End With
    Range ("B2:AG16"). Select
    Selection. Interior. ColorIndex = 2
    With Selection
        .HorizontalAlignment = xlGeneral
        .VerticalAlignment = xlCenter
        .WrapText = False
        .Orientation = 0
        .AddIndent = False
        .IndentLevel = 0
        .ShrinkToFit = True
        .ReadingOrder = xlContext
        .MergeCells = False
    End With
    Columns ("I:AD"). Select
    Selection. ColumnWidth = 1.25
    Columns ("AE:AE"). Select
    Selection. ColumnWidth = 3
    Range ("C3:AF16"). Select
    With Selection. Font
        .Name = " 宋体 "
        .FontStyle = " 常规 "
        .Size = 12
        .Strikethrough = False
        .Superscript = False
        .Subscript = False
        .OutlineFont = False
        .Shadow = False
        .Underline = xlUnderlineStyleNone
        .ColorIndex = 10
    End With
    Range ("C4:AE15"). Select
```

```
Range ("AE15"). Activate
Selection.Borders (xlDiagonalDown). LineStyle = xlNone
Selection.Borders (xlDiagonalUp). LineStyle = xlNone
With Selection. Borders (xlEdgeLeft)
    .LineStyle = xlContinuous
    .Weight = xlThin
    .ColorIndex = 10
End With
With Selection. Borders (xlEdgeTop)
    .LineStyle = xlContinuous
    .Weight = xlThin
    .ColorIndex = 10
End With
With Selection. Borders (xlEdgeBottom)
    .LineStyle = xlContinuous
    .Weight = xlThin
    .ColorIndex = 10
End With
With Selection. Borders (xlEdgeRight)
    .LineStyle = xlContinuous
    .Weight = xlThin
    .ColorIndex = 10
End With
With Selection. Borders (xlInsideVertical)
    .LineStyle = xlContinuous
    .Weight = xlHairline
    .ColorIndex = 10
End With
With Selection. Borders (xlInsideHorizontal)
    .LineStyle = xlContinuous
    .Weight = xlHairline
    .ColorIndex = 10
End With


Range ("I4 : S15"). Select
Selection. Borders (xlDiagonalDown). LineStyle = xlNone
Selection. Borders (xlDiagonalUp). LineStyle = xlNone
With Selection. Borders (xlEdgeLeft)
    .LineStyle = xlSlantDashDot
    .Weight = xlMedium
```

```
        .ColorIndex = 10
    End With
    With Selection.Borders (xlEdgeTop)
        .LineStyle = xlContinuous
        .Weight = xlThin
        .ColorIndex = 10
    End With
    With Selection. Borders (xlEdgeBottom)
        .LineStyle = xlContinuous
        .Weight = xlThin
        .ColorIndex = 10
    End With
    With Selection. Borders (xlEdgeRight)
        .LineStyle = xlSlantDashDot
        .Weight = xlMedium
        .ColorIndex = 10
    End With
    With Selection. Borders (xlInsideHorizontal)
        .LineStyle = xlContinuous
        .Weight = xlHairline
        .ColorIndex = 10
    End With
    Range ("T4 : AD15"). Select
    Selection. Borders (xlDiagonalDown). LineStyle = xlNone
    Selection. Borders (xlDiagonalUp). LineStyle = xlNone
    With Selection. Borders (xlEdgeLeft)
        .LineStyle = xlSlantDashDot
        .Weight = xlMedium
        .ColorIndex = 10
    End With
    With Selection. Borders (xlEdgeTop)
        .LineStyle = xlContinuous
        .Weight = xlThin
        .ColorIndex = 10
    End With
    With Selection. Borders (xlEdgeBottom)
        .LineStyle = xlContinuous
        .Weight = xlThin
        .ColorIndex = 10
    End With
    With Selection. Borders (xlEdgeRight)
```

```
        .LineStyle = xlSlantDashDot
        .Weight = xlMedium
        .ColorIndex = 10
    End With
    With Selection. Borders (xlInsideHorizontal)
        .LineStyle = xlContinuous
        .Weight = xlHairline
        .ColorIndex = 10
    End With


    Range ("B2"). Select
    ActiveCell. FormulaR1C1 = " 记账凭证 "
    Range ("B2 : AF2"). Select
    With Selection
        .HorizontalAlignment = xlCenter
        .VerticalAlignment = xlCenter
        .WrapText = False
        .Orientation = 0
        .AddIndent = False
        .IndentLevel = 0
        .ShrinkToFit = True
        .ReadingOrder = xlContext
        .MergeCells = False
    End With
    Selection. Merge
    With Selection. Font
        .Name = " 楷体 _GB2312"
        .FontStyle = " 常规 "
        .Size = 18
        .Strikethrough = False
        .Superscript = False
        .Subscript = False
        .OutlineFont = False
        .Shadow = False
        .Underline = xlUnderlineStyleSingle
        .ColorIndex = 10
    End With

    Range ("G3 : L3"). Select
    With Selection
```

```
        .HorizontalAlignment = xlCenter
        .VerticalAlignment = xlCenter
        .WrapText = False
        .Orientation = 0
        .AddIndent = False
        .IndentLevel = 0
        .ShrinkToFit = True
        .ReadingOrder = xlContext
        .MergeCells = False
End With
Selection. Merge
Range ("G3 : L3"). Select
ActiveCell. FormulaR1C1 = "=TODAY ( )"
Range ("G3 : L3"). Select
Selection. NumberFormatLocal = "yyyy" " 年 " "m" " 月 " "d" " 日 " "; @"
Range ("U3 : Z3"). Select
With Selection
        .HorizontalAlignment = xlCenter
        .VerticalAlignment = xlCenter
        .WrapText = False
        .Orientation = 0
        .AddIndent = False
        .IndentLevel = 0
        .ShrinkToFit = True
        .ReadingOrder = xlContext
        .MergeCells = False
End With
Selection. Merge
ActiveCell. FormulaR1C1 = " 记字第 "
Range ("AA3 : AD3"). Select
With Selection
        .HorizontalAlignment = xlCenter
        .VerticalAlignment = xlCenter
        .WrapText = False
        .Orientation = 0
        .AddIndent = False
        .IndentLevel = 0
        .ShrinkToFit = True
        .ReadingOrder = xlContext
        .MergeCells = False
End With
```

```
Selection. Merge
Range ("AE3"). Select
ActiveCell. FormulaR1C1 = " 号 "
Range ("C4 : D5"). Select
With Selection
        .HorizontalAlignment = xlCenter
        .VerticalAlignment = xlCenter
        .WrapText = False
        .Orientation = 0
        .AddIndent = False
        .IndentLevel = 0
        .ShrinkToFit = True
        .ReadingOrder = xlContext
        .MergeCells = False
End With
Selection.Merge
Range ("C4 : D5"). Select
ActiveCell. FormulaR1C1 = " 摘要 "
Range ("E4 : H4"). Select
With Selection
        .HorizontalAlignment = xlCenter
        .VerticalAlignment = xlCenter
        .WrapText = False
        .Orientation = 0
        .AddIndent = False
        .IndentLevel = 0
        .ShrinkToFit = True
        .ReadingOrder = xlContext
        .MergeCells = False
End With
Selection. Merge
Range ("E4 : H4"). Select
ActiveCell. FormulaR1C1 = " 会计科目 "
Range ("E5 : F5"). Select
With Selection
        .HorizontalAlignment = xlCenter
        .VerticalAlignment = xlCenter
        .WrapText = False
        .Orientation = 0
        .AddIndent = False
        .IndentLevel = 0
```

```
        .ShrinkToFit = True
        .ReadingOrder = xlContext
        .MergeCells = False
End With
Selection. Merge
ActiveCell. FormulaR1C1 = " 总账科目 "
Range ("G5 : H5"). Select
With Selection
        .HorizontalAlignment = xlCenter
        .VerticalAlignment = xlCenter
        .WrapText = False
        .Orientation = 0
        .AddIndent = False
        .IndentLevel = 0
        .ShrinkToFit = True
        .ReadingOrder = xlContext
        .MergeCells = False
End With
Selection. Merge
ActiveCell. FormulaR1C1 = " 明细科目 "
Range ("I4 : S4"). Select
With Selection
        .HorizontalAlignment = xlCenter
        .VerticalAlignment = xlCenter
        .WrapText = False
        .Orientation = 0
        .AddIndent = False
        .IndentLevel = 0
        .ShrinkToFit = True
        .ReadingOrder = xlContext
        .MergeCells = False
End With
Selection. Merge
Range ("I4 : S4"). Select
ActiveCell. FormulaR1C1 = " 借方金额 "
Range ("T4 : AD4"). Select
With Selection
        .HorizontalAlignment = xlCenter
        .VerticalAlignment = xlCenter
        .WrapText = False
        .Orientation = 0
```

```
        .AddIndent = False
        .IndentLevel = 0
        .ShrinkToFit = True
        .ReadingOrder = xlContext
        .MergeCells = False
    End With
    Selection. Merge
    ActiveCell. FormulaR1C1 = " 贷方金额 "
    Range ("I5"). Select
    ActiveCell. FormulaR1C1 = " 亿 "
    Range ("J5"). Select
    ActiveCell. FormulaR1C1 = " 千 "
    Range ("K5"). Select
    ActiveCell. FormulaR1C1 = " 百 "
    Range ("L5"). Select
    ActiveCell. FormulaR1C1 = " 十 "
    Range ("M5"). Select
    ActiveCell. FormulaR1C1 = " 万 "
    Range ("N5"). Select
    ActiveCell. FormulaR1C1 = " 千 "
    Range ("O5"). Select
    ActiveCell. FormulaR1C1 = " 百 "
    Range ("P5"). Select
    ActiveCell. FormulaR1C1 = " 十 "
    Range ("Q5"). Select
    ActiveCell. FormulaR1C1 = " 元 "
    Range ("R5"). Select
    ActiveCell. FormulaR1C1 = " 角 "
    Range ("S5"). Select
    ActiveCell. FormulaR1C1 = " 分 "
    Range ("T5"). Select
    ActiveCell. FormulaR1C1 = " 亿 "
    Range ("U5"). Select
    ActiveCell. FormulaR1C1 = " 千 "
    Range ("V5"). Select
    ActiveCell. FormulaR1C1 = " 百 "
    Range ("W5"). Select
    ActiveCell. FormulaR1C1 = " 十 "
    Range ("X5"). Select
    ActiveCell. FormulaR1C1 = " 千 "
    Range ("Y5"). Select
```

```
ActiveCell. FormulaR1C1 = " 百 "
Range ("Z5"). Select
ActiveCell. FormulaR1C1 = " 十 "
Range ("X5"). Select
ActiveCell. FormulaR1C1 = " 万 "
Range ("Y5"). Select
ActiveCell. FormulaR1C1 = " 千 "
Range ("Z5"). Select
ActiveCell. FormulaR1C1 = " 百 "
Range ("AA5"). Select
ActiveCell. FormulaR1C1 = " 十 "
Range ("AB5"). Select
ActiveCell. FormulaR1C1 = " 元 "
Range ("AC5"). Select
ActiveCell. FormulaR1C1 = " 角 "
Range ("AD5"). Select
ActiveCell. FormulaR1C1 = " 分 "
Range ("AE4 : AE5"). Select
With Selection
    .HorizontalAlignment = xlCenter
    .VerticalAlignment = xlCenter
    .WrapText = True
    .Orientation = 0
    .AddIndent = False
    .IndentLevel = 0
    .ShrinkToFit = True
    .ReadingOrder = xlContext
    .MergeCells = False
    .Font. Size = 10

End With

Selection.Merge
Range ("AE4 : AE5"). Select
ActiveCell. FormulaR1C1 = " 记账√ "



Rows ("4 : 5"). Select
Selection. RowHeight = 18.75
```

```
Range ("C15 : H15"). Select
With Selection
    .HorizontalAlignment = xlCenter
    .VerticalAlignment = xlCenter
    .WrapText = False
    .Orientation = 0
    .AddIndent = False
    .IndentLevel = 0
    .ShrinkToFit = True
    .ReadingOrder = xlContext
    .MergeCells = False

End With

Selection. Merge
Range ("C15 : H15").Select
ActiveCell. FormulaR1C1 = " 合计 "
Range ("C16"). Select
ActiveCell. FormulaR1C1 = " 财务主管: "
Range ("E16"). Select
ActiveCell. FormulaR1C1 = " 记账: "
Range ("G16"). Select
ActiveCell. FormulaR1C1 = " 出纳: "
Range ("I16 : N16"). Select
With Selection
    .HorizontalAlignment = xlCenter
    .VerticalAlignment = xlCenter
    .WrapText = False
    .Orientation = 0
    .AddIndent = False
    .IndentLevel = 0
    .ShrinkToFit = True
    .ReadingOrder = xlContext
    .MergeCells = False
End With
Selection. Merge
ActiveCell. FormulaR1C1 = " 审核: "
Range ("O16 : T16"). Select
Range ("T16"). Activate
With Selection
```

```
        .HorizontalAlignment = xlCenter
        .VerticalAlignment = xlCenter
        .WrapText = False
        .Orientation = 0
        .AddIndent = False
        .IndentLevel = 0
        .ShrinkToFit = True
        .ReadingOrder = xlContext
        .MergeCells = False
    End With
    Selection. Merge
    Range ("U16 : X16"). Select
    With Selection
        .HorizontalAlignment = xlCenter
        .VerticalAlignment = xlCenter
        .WrapText = False
        .Orientation = 0
        .AddIndent = False
        .IndentLevel = 0
        .ShrinkToFit = True
        .ReadingOrder = xlContext
        .MergeCells = False
    End With
    Selection. Merge
    ActiveCell. FormulaR1C1 = " 制单: "
    Range ("Y16 : AD16"). Select
    With Selection
        .HorizontalAlignment = xlCenter
        .VerticalAlignment = xlCenter
        .WrapText = False
        .Orientation = 0
        .AddIndent = False
        .IndentLevel = 0
        .ShrinkToFit = True
        .ReadingOrder = xlContext
        .MergeCells = False
    End With
    Selection. Merge
    Range ("AF5"). Select
    ActiveCell. FormulaR1C1 = " 附 "
    Range ("AF6"). Select
```

```
ActiveCell. FormulaR1C1 = " 单 "
Range ("AF7"). Select
ActiveCell. FormulaR1C1 = " 据 "
Range ("AF9"). Select
ActiveCell. FormulaR1C1 = " 张 "

Range ("C6 : D6"). Select
Selection. Merge
Range ("C7 : D7"). Select
Selection. Merge
Range ("C8 : D8"). Select
Selection. Merge
Range ("C9 : D9"). Select
Selection. Merge
Range ("C10 : D10"). Select
Selection. Merge
Range ("C11 : D11"). Select
Selection. Merge
Range ("C12 : D12"). Select
Selection. Merge
Range ("C13 : D13").Select
Selection. Merge
Range ("C14 : D14"). Select
Selection. Merge


Range ("E6 : F6"). Select
Selection. Merge
Range ("E7 : F7"). Select
Selection. Merge
Range ("E8 : F8"). Select
Selection. Merge
Range ("E9 : F9"). Select
Selection. Merge
Range ("E10 : F10"). Select
Selection. Merge
Range ("E11 : F11"). Select
Selection. Merge
Range ("E12 : F12"). Select
Selection. Merge
Range ("E13 : F13"). Select
```

```
Selection. Merge
Range ("E14 : F14"). Select
Selection. Merge

Range ("G6 : H6"). Select
Selection. Merge
Range ("G7 : H7"). Select
Selection. Merge
Range ("G8 : H8"). Select
Selection. Merge
Range ("G9 : H9"). Select
Selection. Merge
Range ("G10 : H10"). Select
Selection. Merge
Range ("G11 : H11"). Select
Selection. Merge
Range ("G12 : H12"). Select
Selection. Merge
Range ("G13 : H13"). Select
Selection. Merge
Range ("G14 : H14"). Select
Selection. Merge

Range ("E15 : H15"). Select
Selection. Merge



Range ("C6 : AE14, I15 : AE15, AF8, Y16 : AD16, O16 : T16, H16, F16, D16"). Select
Range ("D16"). Activate
With Selection. Font
    .Name = " 宋体 "
    .FontStyle = " 常规 "
    .Size = 12
    .Strikethrough = False
    .Superscript = False
    .Subscript = False
    .OutlineFont = False
    .Shadow = False
    .Underline = xlUnderlineStyleNone
    .ColorIndex = xlAutomatic
```

```
    End With
    Range ("O30"). Select
    Columns ("B : B"). ColumnWidth = 3.13
    Columns ("AF : AF"). ColumnWidth = 3.38
    Columns ("AG : AG"). ColumnWidth = 1.38

End Sub
```

项目活动二　根据会计凭证表的内容填写记账凭证

记账凭证上要填写的内容都可以从会计凭证表表单中获取，下面以会计凭证表中第 4 行和第 5 行的内容为例子进行详细说明：

（1）按【Alt+F11】打开 Visual Basic 编辑器，选择“模块 1”里面，在右边的编辑框里面如图 1-66 所示的内容。

（2）获取摘要。录入下图选中的内容（如图 1-67 所示）。

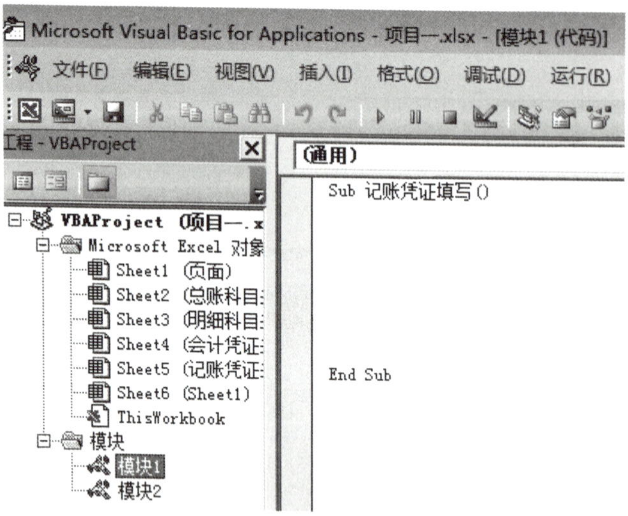

图 1-66 【Visual Basic 编辑器】对话框

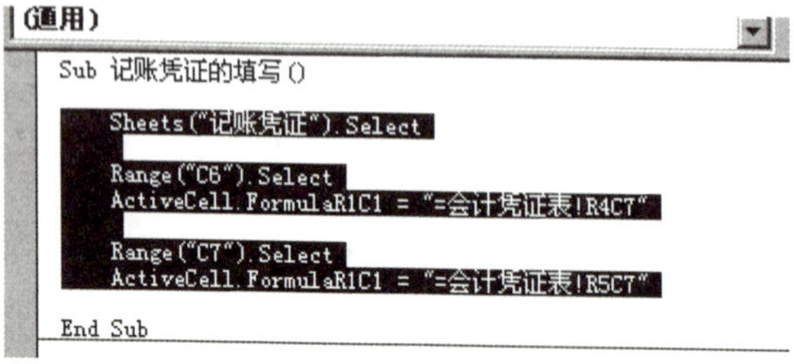

图 1-67 【Visual Basic 编辑器】对话框

按【F5】运行宏完成摘要的获取。

说明：

“Sheets (" 记账凭证 "). Select”表示选取表单“记账凭证”；

“Range ("C6"). Select”表示选中单元格 C6；

“ActiveCell. FormulaR1C1 = " = 会计凭证表 ! R4C7" ”表示当前单元格的内容等于表单“会计凭证表”第 4 行第 7 列的内容。

（3）以同样的办法获取总账科目、明细账科目、单据的数量、审核人和制单人等数据。

```
'总账科目
Range ("E6"). Select
ActiveCell. FormulaR1C1 = " = 会计凭证表 ! R4C9"

Range ("E7"). Select
ActiveCell. FormulaR1C1 = " = 会计凭证表 ! R5C9"

'明细科目
Range ("G6"). Select
ActiveCell. FormulaR1C1 = " = 会计凭证表 ! R4C10"

Range ("G7"). Select
ActiveCell. FormulaR1C1 = " = 会计凭证表 ! R5C10"

'单据数量
Range ("AF8"). Select
ActiveCell. FormulaR1C1 = " = 会计凭证表 ! R4C16"
With Selection
    . HorizontalAlignment = xlLeft
End With

'制单人
Range ("Y16"). Select
ActiveCell. FormulaR1C1 = " = 会计凭证表 ! R4C14"

'审核人
Range ("O16"). Select
ActiveCell. FormulaR1C1 = " = 会计凭证表 ! R4C15"
```

（4）获取金额的数据。表中的会计凭证格式，需要将金额的数字拆开并分别填入不同的单元格中。

下面的代码是将表单“会计凭证表”单元格R4中所示的金额填入表单“记账凭证”单元格I6：S6，稍加修改便可将其他的金额填入记账凭证中。

```
    Sheets (" 会计凭证表 "). Select

    Amount = Range ("L4"). Value’ 把金额存入一个变量

    strAmount = Trim (Str (Amount * 100) ) ’乘以 100 并转换成字符串
    Length = Len (strAmount) ’将金额字符串的长度存入变量

    i = 11 ’定义一个计数器

    Sheets (" 记账凭证 "). Select
    ’将金额数字逐个填入单元格 I6 到 S6
    For Each c In Range ("I6 : S6")
        If i <= Length Then
          c. Value = Mid (strAmount, Length - i + 1, 1)
        End If
        i = i - 1
    Next c
```

整个宏完整的代码如下：

```
Sub 记账凭证的填写 ( )

    Sheets (" 记账凭证 "). Select
Cell 记账凭证的结构设计
    Range ("C6"). Select
    ActiveCell. FormulaR1C1 = " = 会计凭证表 ! R4C7"

    Range ("C7"). Select
    ActiveCell. FormulaR1C1 = " = 会计凭证表 ! R5C7"

    ’总账科目
    Range ("E6"). Select
    ActiveCell. FormulaR1C1 = " = 会计凭证表 !R4C9"

    Range ("E7"). Select
    ActiveCell. FormulaR1C1 = " = 会计凭证表 ! R5C9"
```

```
    '明细科目
    Range ("G6"). Select
    ActiveCell.FormulaR1C1 = " = 会计凭证表 ! R4C10"

    Range ("G7"). Select
    ActiveCell. FormulaR1C1 = " = 会计凭证表 ! R5C10"

    '单据数量
    Range ("AF8"). Select
    ActiveCell. FormulaR1C1 = " = 会计凭证表 ! R4C16"
    With Selection
        .HorizontalAlignment = xlLeft
    End With

    '制单人
    Range ("Y16"). Select
    ActiveCell. FormulaR1C1 = " = 会计凭证表 ! R4C14"

    '审核人
    Range ("O16"). Select
    ActiveCell. FormulaR1C1 = " = 会计凭证表 ! R4C15"


'第四行借方金额的填写

    Sheets (" 会计凭证表 "). Select

    Amount = Range ("L4"). Value  '把金额存入一个变量

    strAmount = Trim (Str (Amount * 100) )  '乘以 100 并转换成字符串
    Length = Len (strAmount)  '将金额字符串的长度存入变量

    i = 11  '定义一个计数器

    Sheets (" 记账凭证 "). Select
    '将金额数字逐个填入单元格 I6 到 S6
    For Each c In Range ("I6 : S6")
        If i <= Length Then
            c. Value = Mid (strAmount, Length - i + 1, 1)
        End If
```

```
        i=i-1
    Next c

    '合计金额的填写
    strAmount="￥" & strAmount  '加上货币符号
    Length=Length+1  '字符串加1

    i=11  '定义一个计数器



    '将金额数字逐个填入单元格I15到S15
    For Each c In Range ("I15 : S15")
        If i <= Length Then
            c. Value = Mid (strAmount, Length - i + 1, 1)
        End If
        i = i - 1
    Next c


'第五行贷方金额的填写
    Sheets (" 会计凭证表 "). Select

    Amount = Range ("M5"). Value '把金额存入一个变量

    strAmount = Trim (Str (Amount * 100) )  '乘以100并转换成字符串
    Length = Len (strAmount)  '将金额字符串的长度存入变量

    i = 11  '定义一个计数器

    Sheets (" 记账凭证 "). Select
    '将金额数字逐个填入单元格I5到S6
    For Each c In Range ("T7 : AD7")
        If i <= Length Then
            c.Value = Mid (strAmount, Length - i + 1, 1)
        End If
        i=i-1
    Next c


    '合计金额的填写
    strAmount="￥" & strAmount  '加上货币符号
```

```
        Length = Length + 1  '字符串加 1

        i = 11  '定义一个计数器


        '将金额数字逐个填入单元格 I15 到 S15
        For Each c In Range ("T15 : AD15")
            If i <= Length Then
              c. Value = Mid (strAmount, Length - i + 1, 1)
            End If
            i = i - 1
        Next c
End Sub
```

运行宏，便可生成如下所示的记账凭证（如图 1-68 所示）。

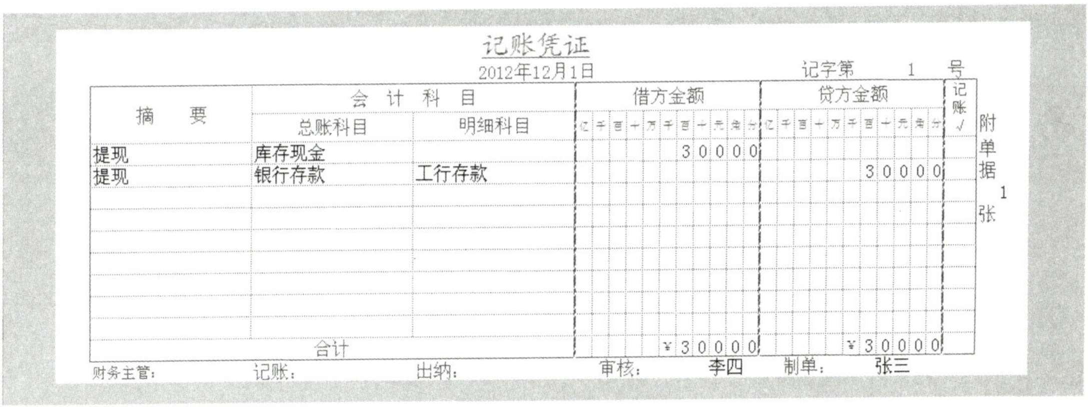

记账凭证

2012年12月1日　　记字第 1 号

摘要	会计科目 总账科目	明细科目	借方金额	贷方金额	记账√
提现	库存现金		30000		
提现	银行存款	工行存款		30000	
合计			¥30000	¥30000	

附单据 1 张

财务主管：　记账：　出纳：　审核：李四　制单：张三

图 1-68　自动生成的记账凭证

项目总结

经过本项目的学习要求学生从整体上掌握企业会计凭证管理系统的建立思路和方法，通过操作熟练掌握会计凭证制作系统工作簿页面、总账科目表、明细科目表、会计凭证表的创建方法；会计凭证表的数据输入方法；会计凭证的结构设计方法；运用宏的录制方法填制记账凭证的方法。培养学生的自我学习、信息处理和数字运用等方面的能力，并在学习过程中提高独立解决问题的能力和增强创新的意识。

综合技能强化训练

【实 训 一】

实训目标：通过完成本项目的综合实训，使学习者能够制作会计凭证制作系统工作簿，并从中学习 Excel、公式与函数及宏的基本操作方法。

实训资料：

【资料 1】天德公司是一家产品制造企业，生产 A、B 两种产品。存货采用先进先出法核算，增值税税率 17%。2013 年 12 月 1 日，公司各总分类账户及其所属明细分类账户的期末余额如下：

资产类账户	借方余额	权益类账户	贷方余额
库存现金	3 300	短期借款	140 000
银行存款	600 000	应付账款	93 500
应收账款	172 000	——韦丰公司	85 000
——裕华商场	32 000	——天通公司	8 500
——南洋公司	140 000	应付职工薪酬	11 000
原材料	240 000	长期借款	100 000
——甲材料	90 000（100吨，@900/件）		
——乙材料	150 000（250吨，@600/件）		
生产成本——A	52 500		
库存商品	270 000		
——A	140 000（2 800件，@50元/件）	实收资本	800 000
——B	130 000（1 300件，@100元/件）	盈余公积	55 000
长期债权投资	10 000	本年利润	200 000
固定资产	186 000	利润分配	
累计折旧	贷余94 300	——未分配利润	40 000
合计	1 439 500	合计	1 439 500

【资料 2】公司 2013 年 12 月发生经济业务如下：（注意：金额后有*符号为金额＋学号后两位数字）

（1）1 日，开出现金支票一张（支票号码 NO.560），从银行提取现金 4 000*元备用。

（2）1 日，职工王力预借差旅费 2 500*元，出纳用现金支付。

（3）2 日，用现金购买办公用品 500*元。

（4）2 日，从 A 公司购入甲、乙两种材料，发票账单已到达，货款用银行存款支付，材料已验收入库。其中，甲材料 10 吨，单价 900 元；乙材料 20 吨，单价 600 元。

（5）3 日，向燕兴公司销售 A 产品 2 500 件，每件售价 95 元。产品已发出，货款已收到并存入银行。

（6）4 日，以银行存款支付以前欠韦丰公司货款 85 000 元。

（7）5 日，生产 A 产品领用甲材料 15 吨，领用乙材料 8 吨。

（8）6 日，职工王力出差归来报销差旅费 2 300★元，现金余额退回。

（9）15 日，开出转账支票（NO.763）一张，支付车间设备修理费 1 170 元（价税合计）。

（10）17 日，向佳庭公司销售 B 产品 1 000 件，每件售价 130 元，货款尚未收到。

（11）22 日，用银行存款支付明年的财产保险费 2 900★元。

（12）22 日，用现金支付职工报销医药费 750★元。

（13）23 日，本月应付职工工资 150 000 元。其中，A、B 产品生产工人工资分别为 50 000 元和 50 000 元，厂部管理人员工资 50 000 元。

（14）24 日，通知银行转账 150 000 元，发放工资。

（15）26 日，用银行存款支付本月销售费用 15 000★元。

（16）31 日，计提本月固定资产折旧 20 000★元，其中生产车间负担 15 000 元，厂部负担 5 000★元。

（17）31 日，分摊并结转本月发生的制造费用（按 A、B 两种产品的生产工人工资的比例分摊）。

（18）31 日，本月 A 产品全部完工，结转其完工成本（包括上月未完工成本）。

（19）31 日，结转本月 A、B 产品的销售成本。其中，A 产品每件 50 元，B 产品每件 100 元。

（20）31 日，结转本月经营业务应交城市维护建设税、教育费附加。城市维护建设税税率 7%，教育费附加费率 3%。

（21）31 日，结转本月收支至“本年利润”账户。

（22）31 日，按当月利润总额计算所得税（所得税税率为 25%），并结转至本年利润。

（23）31 日，结转本年利润分配。

实训要求：根据以上资料建立天德公司会计凭证管理系统，具体要求包括：

（1）设计天德公司账务处理系统的页面；

（2）建立天德公司总账科目表及明细科目表；

（3）建立天德公司 12 月份会计凭证表；

（4）制作天德公司 12 月份相应业务的会计凭证。

学习评价

▲专业能力测评表

（在□中打√，A 掌握，B 基本掌握，C 未掌握）

业务能力	评价指标	自测结果	备注
账务处理系统页面的设计	1. 页面背景的设计 2. 页面标题的设计 3. 设置页面的链接 4. 页面的美化 5. 保护工作表	□A □B □C □A □B □C □A □B □C □A □B □C □A □B □C	
会计科目表的制作	1. 建立总账科目表 2. 修改总账科目表 3. 美化总账科目表 4. 建立明细科目表	□A □B □C □A □B □C □A □B □C □A □B □C	
会计凭证表的制作	1. 会计凭证表的结构设计 2. 自动形成会计凭证编号 3. 范围名称的定义 4. 自动显示会计科目 5. 单元格输入信息提示的设置 6. 保护及备份	□A □B □C □A □B □C □A □B □C □A □B □C □A □B □C □A □B □C	
记账凭证的制作	1. 记账凭证的结构设计 2. 记账凭证的填写	□A □B □C □A □B □C	
教师评语：			
成绩		教师签字	

02

项目二

日记账管理系统的建立

【工作目标】

设置和登记账簿，是企业会计核算处理流程的一项核心工作，是企业会计处理的一个重要环节。会计账簿是由具有专门格式、相互联系的账页组成，按照一定的程序排列或装订在一起，用以序时、分类、连续地记录和反映企业的各项经济业务的发生和完成情况的簿记。我们将账务管理系统分为日记账和分类账两部分，本项目的主要内容就是介绍利用 Excel 进行日记账管理的方法和步骤。

通过完成本项目的五个工作任务，学习者能够进行日记账系统工作簿的制作，并从中学习掌握 Excel、公式与函数及宏的基本操作方法。

【工作思路】

本项目的工作思路是建立日记账管理系统工作簿，完成该系统的首页页面的设计，制作或引用日记账账务处理数据源，建立现金日记账，创建现金日报表，建立银行存款日记账，创建银行存款余额调节表。项目二工作思路如图 2-1 所示。

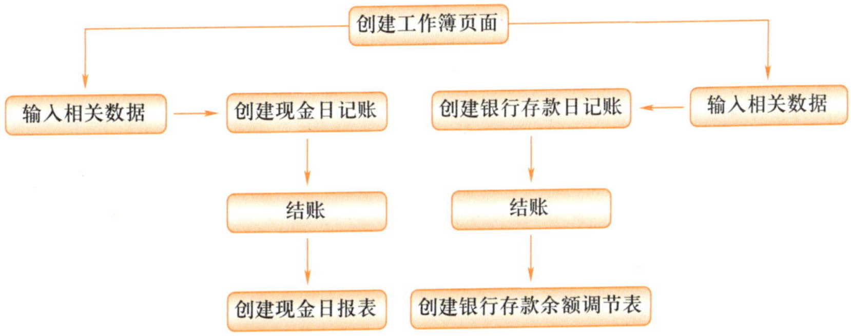

图 2-1　项目二工作思路图示

【背景资料】

【资料 1】某公司是一家商业销售企业，2012 年 1 月初“库存现金”的余额为 2 500 元，“银行存款”的余额为 168 900 元。

【资料 2】2012 年 1 月发生与现金有关的业务如下：

（1）1 月 3 日，收到销售商品的营业款 35 000 元。

（2）1 月 3 日，业务员张某报销通信费 300 元。

（3）1 月 3 日，退还供应商 A 的商品保证金 20 000 元。

（4）1 月 3 日，收到赊销款 25 000 元。

（5）1 月 3 日，从银行提取现金 50 000 元，用于发放工资。

（6）1 月 3 日，发放工资 50 000 元。

（7）1 月 3 日，将库存现金 40 000 元存入银行。

（8）1 月 3 日，收到李某个人还款 500 元。

（9）1 月 4 日，业务员王某报销差旅费 1 200 元。

（10）1 月 4 日，收到销售商品的营业款 20 000 元。

（11）1 月 4 日，赵总借款 5 000 元。

【资料 3】2012 年 1 月发生与银行存款有关的业务如下：

（1）1 月 3 日，从银行提取现金 50 000 元（现金支票 13329558#），用于发放工资。

（2）1 月 3 日，将库存现金 40 000 元存入银行。

（3）1 月 6 日，收到银行转来的资金汇划补充凭证，金额 200 000 元，为购货单位电汇来的货款。

（4）1 月 7 日，向外地供货单位电汇商品及增值税款 81 900 元。

（5）1 月 10 日，购买银行转账支票等结算凭证，支付 200 元。

（6）1 月 15 日，开出转账支票（13246370#），将 46 200 元转账出去用于补缴税款。

（7）1 月 20 日，开出现金支票（13329559#）一张，提取现金 5 000 元备用。

（8）1 月 21 日，拟到外地采购，特向银行申请签发银行汇票 100 000 元，银行给予签发（银行汇票 0056743#）并收取全额保证金。

（9）1 月 23 日，因生产经营需要向银行贷款 500 000 元，根据借款合同，银行将款项划转到账。

（10）1 月 28 日，收到银行特种委托收款的付款通知（8742#）及电力公司收费单据，支付电费 15 200 元。

（11）1 月 30 日，收到银行特种委托收款的付款通知（77543#）及电信收费单据，支付电话费 5 340 元。

（12）1 月 31 日，收到购货单位签发的转账支票一张，金额 468 000 元。

（13）1 月 31 日，签发转账支票（13246371#），金额 7 800 元，用于购买办公用品。

【资料 4】2012 年 2 月 3 日，收到银行发来的 1 月份银行存款对账单，如表 2-1 所示。

表 2-1　　××银行对账单

客户名称：　　2012 年 1 月　　单位：元

月	日	摘要	借方	贷方	余额
1	3	上月结存			168 900.00
1	3	现支9558#	50 000.00		118 900.00
1	3	现缴		40 000.00	158 900.00
1	6	汇划		200 000.00	358 900.00
1	7	电汇	81 900.00		277 000.00
1	10	结算凭证	200.00		276 800.00
1	16	转支6370#	46 200.00		230 600.00
1	20	现支9559#	5 000.00		225 600.00
1	21	银汇6743#	100 000.00		125 600.00
1	22	贷款		500 000.00	625 600.00
1	27	特委7543#	5 340.00		620 260.00
1	31	汇划进账		6 040.00	626 300.00
1	31	特委8742#	15 200.00		611 100.00
1	31	月末余额			611 100.00

【工作准备】

首先建立一个名为“项目二日记账管理系统的建立”的工作簿，在此工作簿中建立“页面”、“现金日记账”、“现金日报表”、“银行存款日记账”、“银行存款余额调节表”、“银行存款类别定义”、“现金类别定义”等工作表，各工作表分别完成相应的工作任务。下面分别介绍各工作表的设计方法和步骤。

工作任务一 页面的设计

激活日记账管理工作簿的“页面”，在当前的工作表中进行首页版面的设计，这里我们将“项目一会计凭证的制作”中会计凭证系统的首页进行复制，并进行相应的更改，这样更能提高工作效率，具体步骤如下：

（1）打开“项目二日记账管理系统的建立”工作簿，删除“页面”工作表；再打开“项目一会计凭证的制作”工作簿，单击“页面”工作表。

（2）将鼠标移至工作表标签处，点击鼠标右键，选择“移动或复制工作表”命令（如图 2-2 所示）。

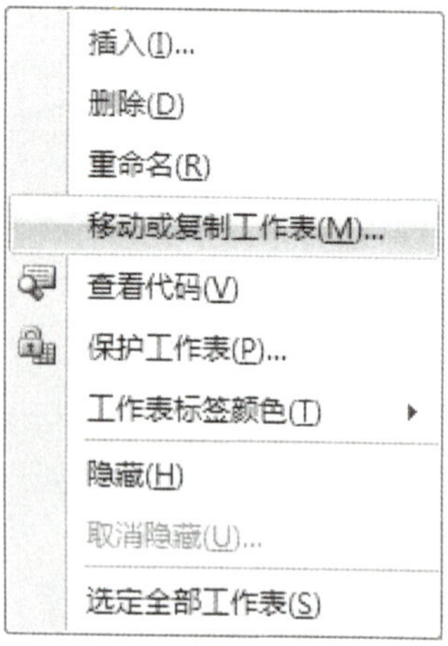

图 2-2 复制工作表

（3）在【移动或复制工作表】对话框中，在“将选定工作表移至工作簿”中选择“项目二日记账管理系统的建立”；在“下列选定工作表之前”中选择“现金日记账”；在“建立副本”中打上勾选记号（如图 2-3 所示）。

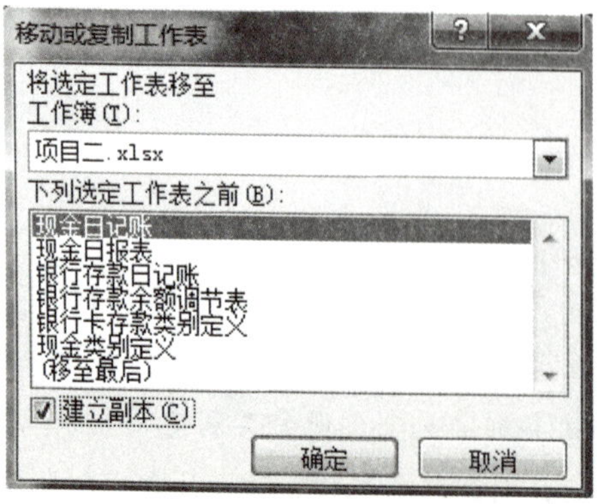

图 2-3 【移动或复制工作表】对话框

（4）点击【确定】，则整张“页面”工作表就复制到“项目二日记账管理系统的建立”工作簿中。在【审阅】选项卡上的【更改】组中，单击【撤消工作表保护】（如图 2-4 所示），并输入保护密码，将该工作表的保护取消掉，以便进行修改。

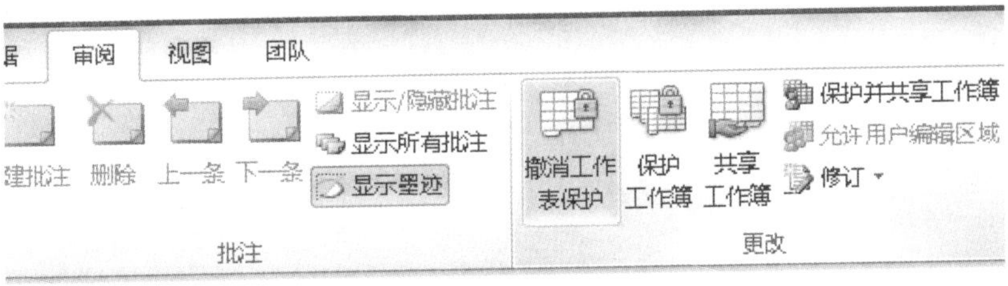

图 2-4　取消工作表的保护

（5）将鼠标移至标题栏目，点击鼠标左键，将原来的文字替换成“日记账管理系统”（如图 2-5 所示），完成首页标题的修改。

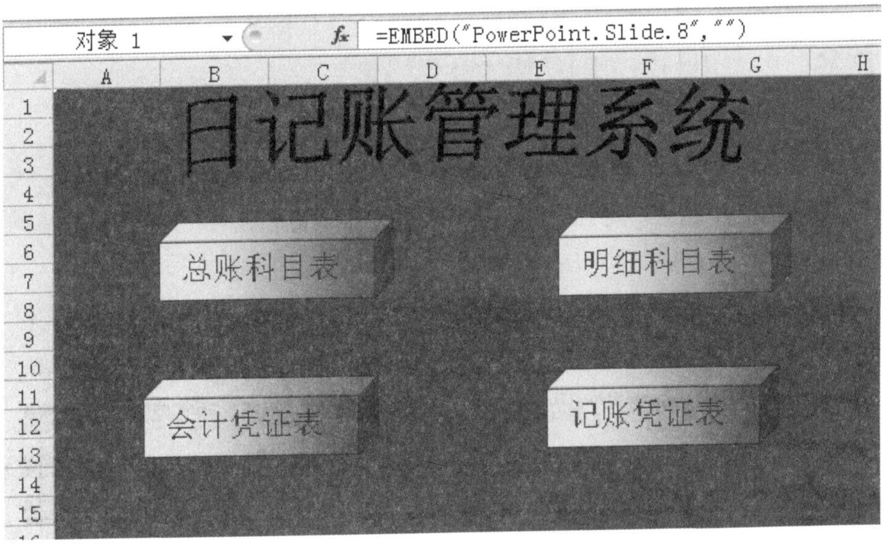

图 2-5　完成页面标题的修改

（6）将鼠标指针移至自选图形“总账科目表”，双击鼠标，然后输入“现金日记账”，替换原来的文字；再点击鼠标右键，在出现的菜单中选择【编辑超链接】，将其链接改为指向“现金日记账”，将屏幕显示改为“单击打开现金日记账”，完成一个图形对象功能的修改。

（7）用同样方法完成“现金日报表”、“银行存款日记账”、“银行存款余额调节表”三个图形对象的修改。

（8）将对象图形的位置进行调整。

（9）对“页面”工作表进行保护，操作完成的“页面”如图 2-6 所示。

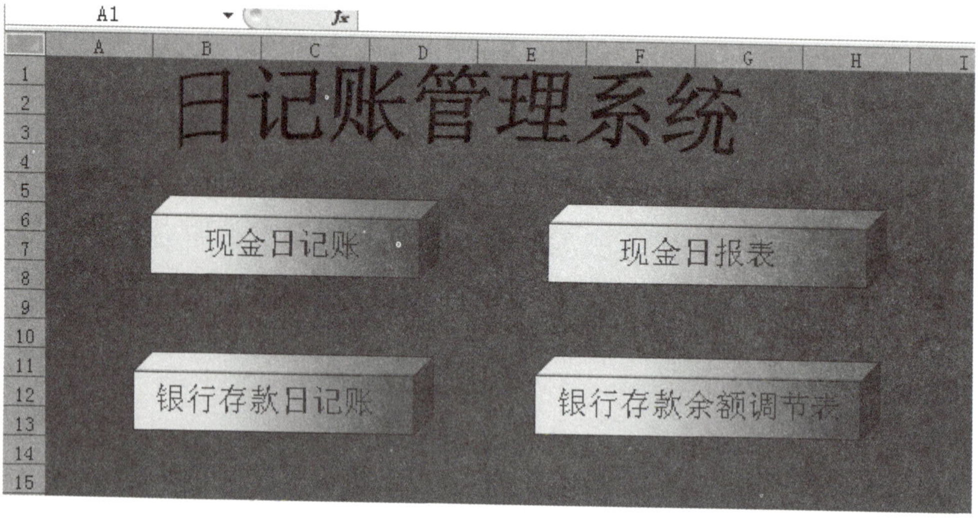

图 2-6 修改复制过来的页面

工作任务二 现金日记账的创建

现金日记账是由出纳人员根据审核后的现金收、付款记账凭证和银行付款凭证，逐日逐笔按顺序登记和反映现金增减变动情况的一种特种日记账。每笔业务发生后，需要计算余额；在每日收付款项逐笔登记完毕后，应分别计算现金收入和现金支出的合计数及账面余额，并与库存现金实存数相核对，以此检查每日现金收支和结存的情况，最终形成如图 2-7 所示的现金日记账簿。

下面介绍现金日记账的设置方法。

现 金 日 记 账

2012年 月	日	凭证编号	类别	摘 要	借方	贷方	余额
			营业款	期初余额			2500
1	3		营业款	收到营业款	35000		37500
1	3		费用报销	张某报销通信费		300	37200
1	3		退还保证金	退还供货商A保证金		20000	17200
1	3		营业款	收回营业款	25000		42200
1	3		取款	从银行取款发工资	50000		92200
1	3		其他支出	发放工资		50000	42200
1	3		存款	存入银行		40000	2200
1	3		个人还款	李某还款	500		2700
				本日合计	110500	110300	2700
				本月累计	110500	110300	2700
1	4		费用报销	王某报销差旅费		1200	1500
1	4		营业款	收到营业款	20000		21500
1	4		个人借款	赵总借款		5000	16500
				本日合计	20000	6200	16500
				本月累计	130500	116500	16500

图 2-7 现金日记账簿

项目活动一 现金日记账的结构设计

设计如图 2-7 所示的现金日记账工作表格式的具体设计步骤如下：

（1）打开工作簿“项目二日记账管理系统的建立”，选择工作表“现金日记账”。

（2）在单元格 B2 中输入“现金日记账”，选取单元格区域 B2：I2，在【开始】选项卡上的【对齐方式】组中，单击“合并及居中”；单击右键，选择【设置单元格格式】，打开【设置单元格格式】对话框，单击【字体】选项卡，将“字体”设置为“楷体 _GB2312”，将“字号”设置为“18”，将“下划线”设置为“双下划线”，将“颜色”设置为“绿色”（如图 2-8 所示）。单击【确定】按钮，关闭【设置单元格格式】对话框。

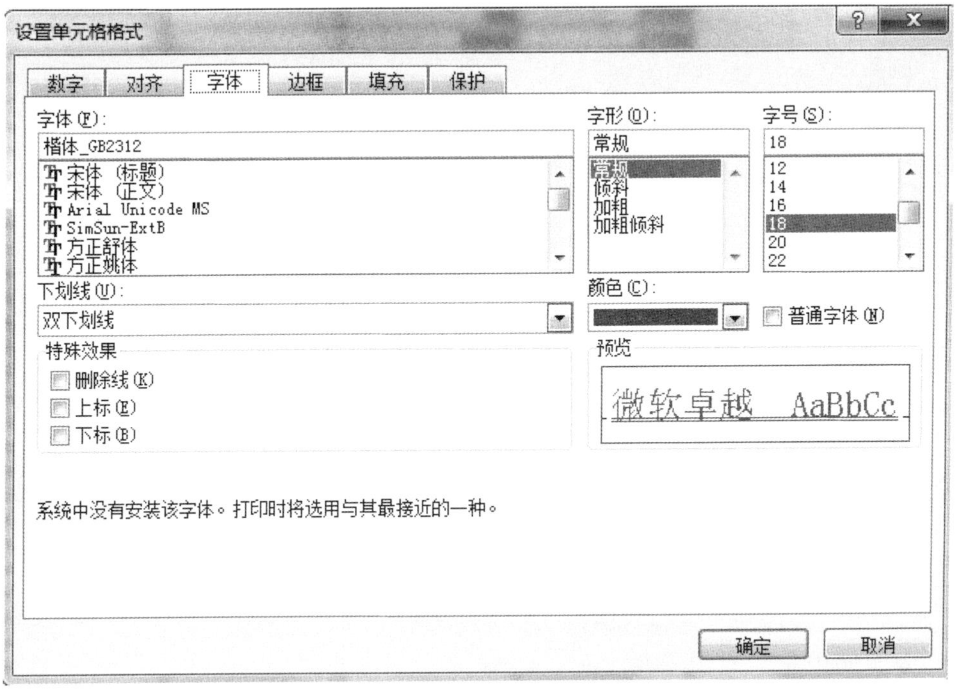

图 2-8 【设置单元格格式】——设置字体

（3）在单元格 B4 中输入公式“=YEAR（TODAY（））&" 年 "”，用于自动显示年份。选择单元格 B4 : C4，在【开始】选项卡上的【对齐方式】组中，单击【合并及居中】。

（4）在单元格 B5、C5 中分别输入“月”、“日”；

（5）在单元格 D4、E4、F4、G4、H4、I4 中分别录入“凭证编号”、“类别”、“摘要”、“借方”、“贷方”和“余额”。

（6）分别选择单元格区域 D4 : D5、E4 : E5、F4 : F5、G4 : G5、H4 : H5、I4 : I5，在【开始】选项卡上的【对齐方式】组中，单击“合并及居中”，结果如图 2-9 所示。

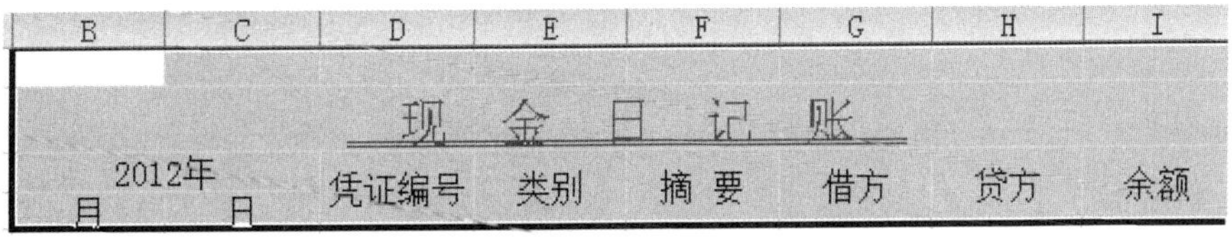

图 2-9　设置现金日记账表头

（7）选中第3、4行，单击右键，选择【设置单元格格式】，打开【设置单元格格式】对话框，单击【对齐】选项卡，设置“水平对齐”、“垂直对齐”居中（如图2-10所示）；单击【字体】选项卡，将“字体”设置为“宋体”、“字形”设置成“加粗”、“字号”设置为“12”、“颜色”设置为“绿色”（如图2-11所示），单击【确定】按钮，关闭【设置单元格格式】对话框。

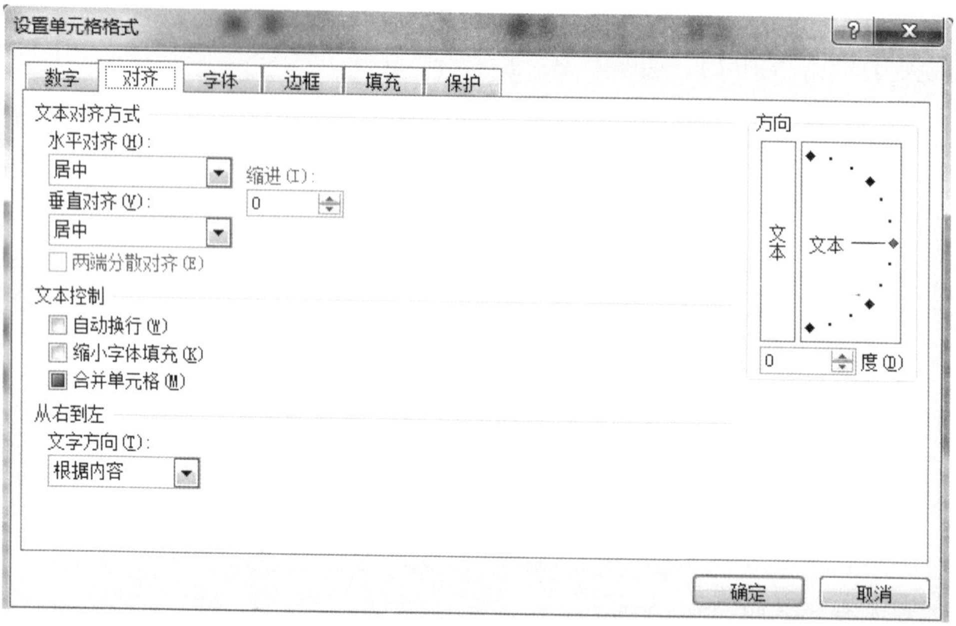

图2-10　【设置单元格格式】对话框——对齐

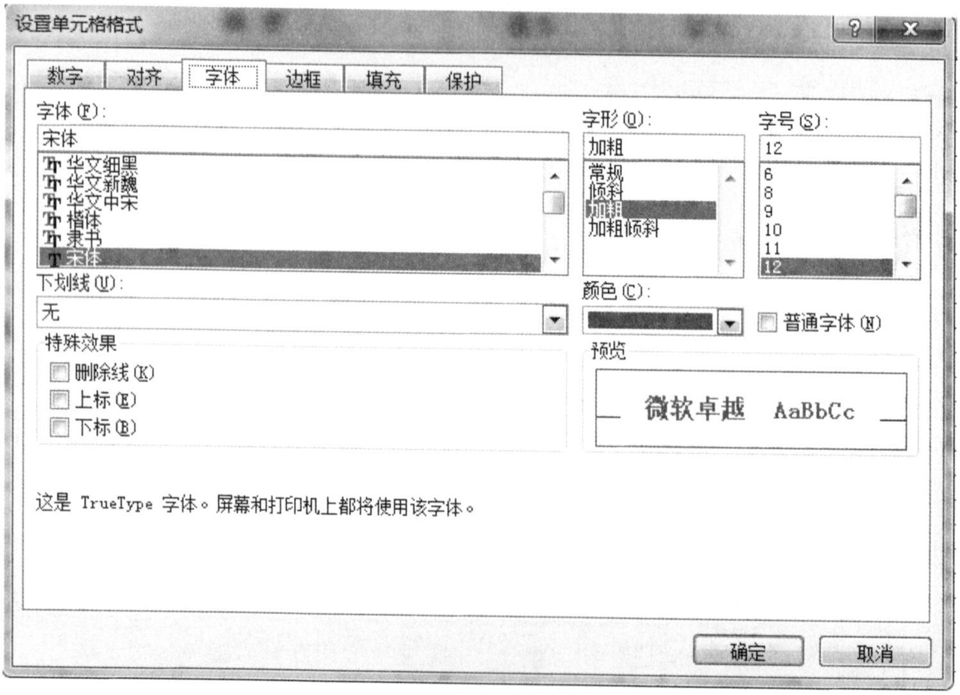

图2-11　【设置单元格格式】对话框——字体

（8）选择单元格区域 B3 : L70，单击右键，选择【设置单元格格式】命令，打开【设置单元格格式】对话框，单击【边框】选项卡，设置“线条颜色”为“绿色”，设置“线条样式”为“粗实线”，单击“上边框”和“下边框”；设置“线条样式”为“细实线”，单击“内部边框”（如图 2-12 所示）；单击【确定】按钮，关闭【设置单元格格式】对话框。

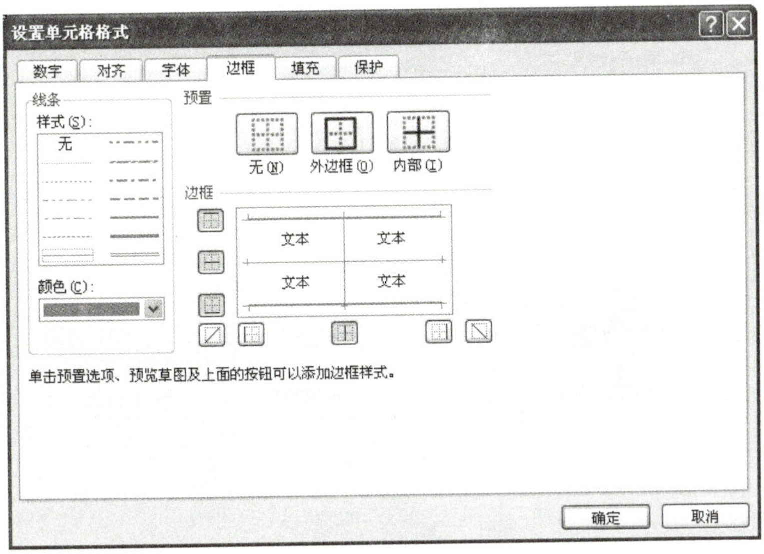

图 2-12 【设置单元格格式】对话框——边框

（9）选择单元格区域 B3 : L4，单击右键，选择【设置单元格格式】，打开【设置单元格格式】对话框，单击【边框】选项卡，设置“线条颜色”为“绿色”，设置“线条样式”为“粗实线”，单击“下边框”；单击【确定】按钮，关闭【设置单元格格式】对话框。

（10）适当调整各列的宽度。

完成现金日记账的结构设计。

项目活动二　设置数据有效性

为了提高输入数据的效率，可以对一些单元格设置数据有效性。下面介绍现金日记账“类别”这一列的数据有效性设置，其具体步骤如下：

（1）打开工作簿“项目二日记账管理系统的建立”，选择工作表“现金类别定义”。

（2）在列 A 输入如图 2-13 所示的文字。

（3）选择单元格区域 A1 : A10，设置“定义名称”为“现金类别定义”（具体操作请参见项目一·工作任务三·项目活动三）。

（4）返回“现金日记账”表单，选择“类别”所在的 E 列，在【数据】选项卡上的【数据工具】组中，单击【数据有效性】后，选择【数

图 2-13　现金日记账类别列表

据有效性】，打开【数据有效性】对话框；设置“允许”为“序列”（如图2-14）；光标移到“来源”位置，在【公式】选项卡上的【定义的名称】组中，单击【用于公式】后，选择“现金类别定义”（如图2-15），单击【确定】按钮，退出【数据有效性】对话框。

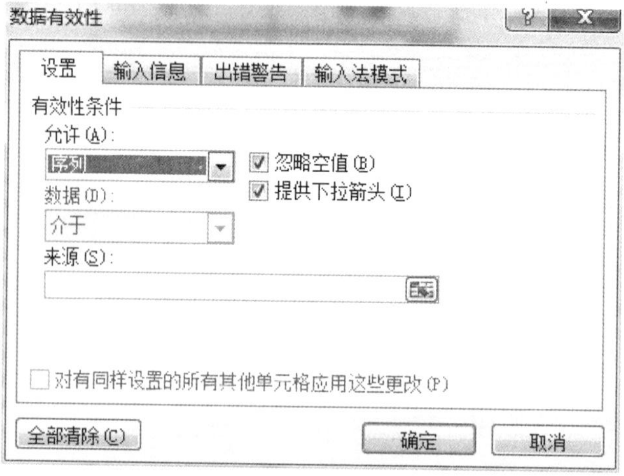

图2-14 【数据有效性】对话框——设置

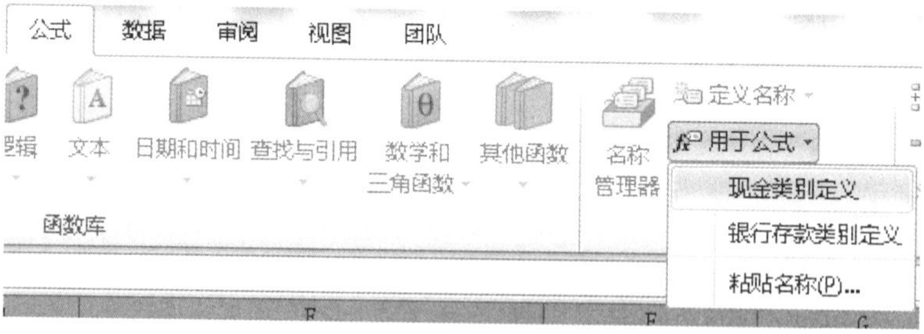

图2-15 【粘贴名称】对话框

（5）选择单元格E5，在E5单元格的右面便会出现一个下拉箭头，单击下拉箭头，便可选择相应的类别（如图2-16所示）。

给“类别”列设置了有效性以后，可以省去打字的麻烦，同时也避免了录入错误。我们也可以用相同的方式给“银行存款日记账”的“类别”设置有效性检查：在表单“银行存款类别定义”的A列输入如图2-17所示内容，设置“定义名称”为“银行存款类别定义”。

图2-16 下拉框选择输入

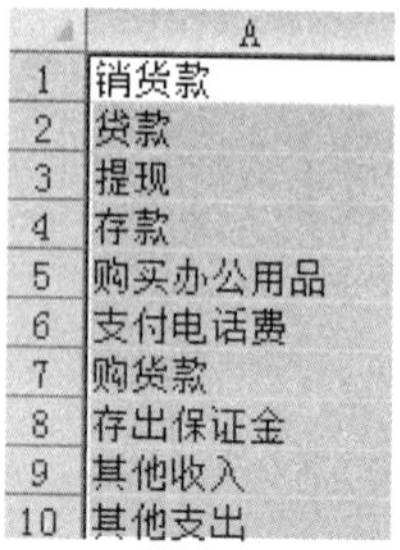

图2-17 银行存款类别列表

项目活动三　设置条件格式

我们可以通过添加条件格式的方法，给特定的单元格设置醒目的格式，以方便用户查阅。具体步骤如下：

（1）在“现金日记账”表单选择单元格 F5，在【开始】选项卡上的【样式】组中，单击【条件格式】后，选择“新建规则”，打开【新建格式规则】对话框（如图 2–18 所示）。

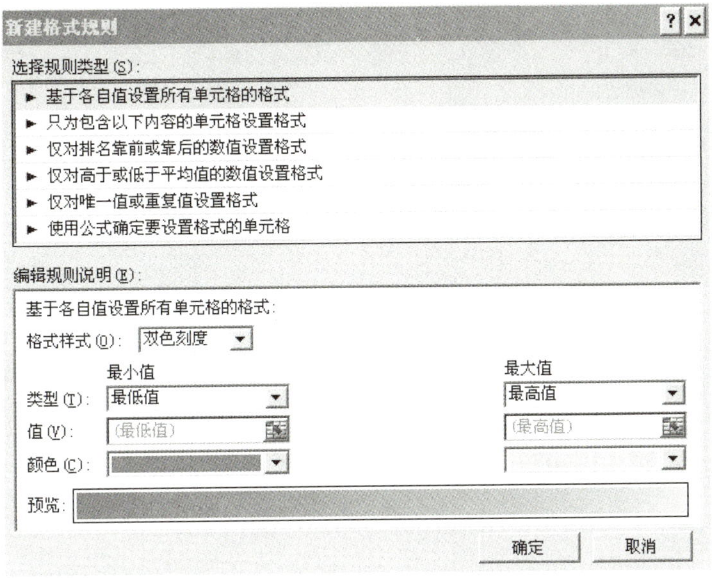

图 2–18 【新建格式规则】对话框

（2）在“选择规则类型”列表中选择“使用公式确定要设置格式的单元格”，在下边栏中输入条件公式“=OR（$F5="本日合计"，$F5="本月累计"，$F5="期初余额"）”（如图 2–19 所示）。

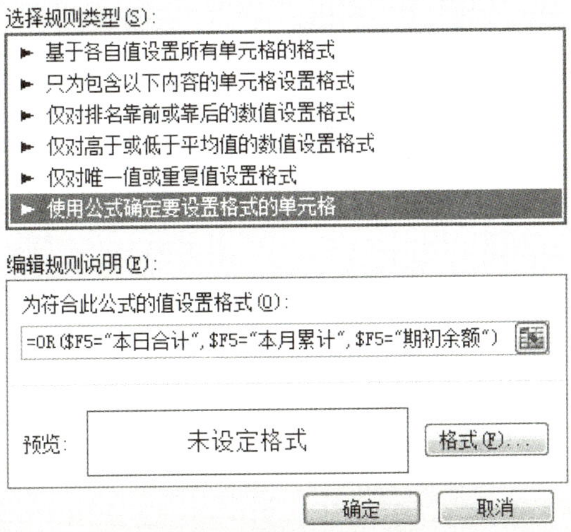

图 2–19 【选择规则类型】对话框

OR 函数：在其参数组中，任何一个参数逻辑值为 TRUE，即返回 TRUE；所有参数的逻辑值为 FALSE，即返回 FALSE。

（3）单击【格式】按钮，打开【设置单元格格式】对话框，选择字体颜色为“红色”（如图 2-20 所示）。

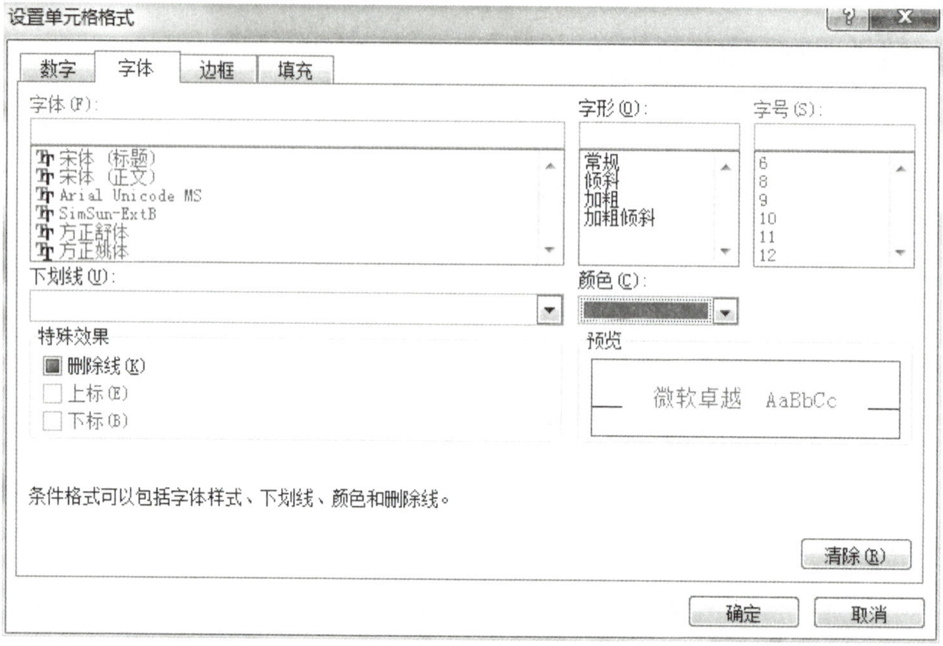

图 2-20 【选择规则类型】对话框－设置单元格格式——字体

（4）选择【边框】选项卡，设置“线条样式”为“细实线”，设置“线条颜色”为“红色”，然后单击“下边框”按钮（如图 2-21 所示）。

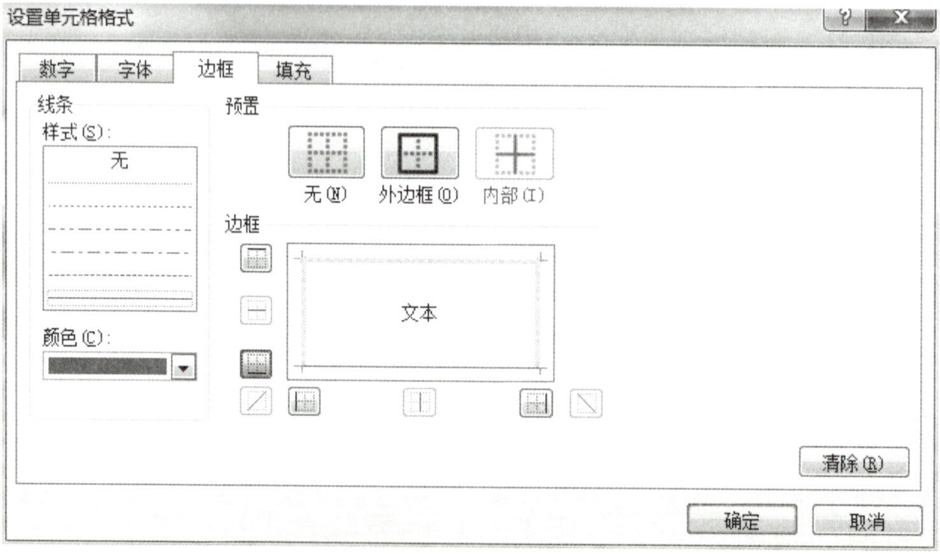

图 2-21 【选择规则类型】对话框－设置单元格格式——边框

（5）单击【确定】按钮，关闭【设置单元格格式】对话框，再单击【确定】按钮，退出【设置条件格式】对话框；单击【剪贴板】工具栏上的【格式刷】，然后选择要设置格式的单元格区域 B5 : I70。

设置了上述条件格式以后，当在“摘要”栏（即 F 列）输入“期初余额”、“本日合计”或者“本月累计”字样的时候，字体颜色自动设置成醒目的红色，并且该行的下边框也变成红色，而输入其他字符则保持原来的颜色（如图 2-22 所示）。

现　金　日　记　账

2012年 月	2012年 日	凭证编号	类别	摘　要	借方	贷方	余额
				期初余额			2500
				其他			
				本日合计			
				本月累计			
				其他			
				本日合计			
				本月累计			

图 2-22　设置了条件格式以后的现金日记账簿

项目活动四　余额自动计算

本活动将学习余额的自动计算，每笔业务发生后，应将上次的余额加上本次的借方金额，减去贷方金额，得到本次的余额。

（1）输入期初余额和本月发生的第一笔现金业务如图 2-23 所示。

现　金　日　记　账

2012年 月	2012年 日	凭证编号	类别	摘　要	借方	贷方	余额
				期初余额			2500
1	3		营业款	收到营业款	35000		

图 2-23　登记现金日记账

（2）在单元格 I6 输入公式“= I5 + G6 − H6”，按回车自动计算出余额（如图 2-24 所示）。

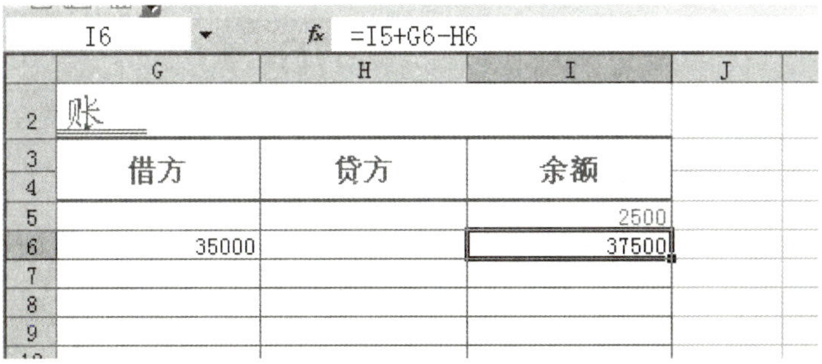

图 2-24　输入计算余额的公式

（3）复制公式到单元格区域 I7 : I70，复制公式以后的现金日记账簿如图 2–25 所示。复制公式的方法如下：选取单元格 I6，拖动填充柄（位于选定区域右下角的小黑方块；用鼠标指向填充柄时，鼠标的指针更改为黑十字），覆盖单元格区域 I7 : I70。

现 金 日 记 账

2012年 月	日	凭证编号	类别	摘 要	借方	贷方	余额
				期初余额			2500
1	3		营业款	收到营业款	35000		37500
							37500
							37500
							37500
							37500
							37500
							37500
							37500
							37500
							37500
							37500
							37500
							37500
							37500
							37500
							37500
							37500
							37500
							37500
							37500
							37500
							37500
							37500
							37500
							37500

图 2–25 复制公式后的现金日记账簿

（4）每行的余额都显示出来，不是很美观，我们需要的是输入了金额的行才显示余额，否则显示空白。方法如下：把单元格 I6 处的公式改成 “=IF (AND (G6 = " ", H6 = " "), " ", I5 + G6 – H6) "，再把公式复制到单元格区域 I7 : I70，得到如图 2–26 所示的结果。

现 金 日 记 账

2012年 月	日	凭证编号	类别	摘 要	借方	贷方	余额
				期初余额			2500
1	3		营业款	收到营业款	35000		37500

图 2–26 更改公式后的现金日记账簿

（5）依次输入背景资料中 1 月 3 日发生的现金业务，形成如图 2–27 的所示的现金日记账，供下个项目活动使用。

现 金 日 记 账

2012年 月	日	凭证编号	类别	摘 要	借方	贷方	余额
				期初余额			2500
1	3		营业款	收到营业款	35000		37500
1	3		费用报销	张某报销通信费		300	37200
1	3		退还保证金	退还供货商A保证金		20000	17200
1	3		营业款	收回营业款	25000		42200
1	3		取款	从银行取款发工资	50000		92200
1	3		其他支出	发放工资		50000	42200
1	3		存款	存入银行		40000	2200
1	3		个人还款	李某还款	500		2700

图 2–27 2012 年 1 月 3 日营业终了的现金日记账

项目活动五　计算本日合计和本月累计

每日营业终了，需要计算当日的合计数和当月的累计数。按项目活动四的例子，计算本日合计和本月累计的详细步骤如下：

（1）在单元格 F14 输入“本日合计”，在单元格 G14 输入“= SUM（G6 : G13）”，并将公式复制到单元格 H14，形成本日合计的结果（如图 2–28 所示）。

现　金　日　记　账

2012年		凭证编号	类别	摘　要	借方	贷方	余额
月	日						
				期初余额			2500
1	3		营业款	收到营业款	35000		37500
1	3		费用报销	张某报销通信费		300	37200
1	3		退还保证金	退还供货商A保证金		20000	17200
1	3		营业款	收回营业款	25000		42200
1	3		取款	从银行取款发工资	50000		92200
1	3		其他支出	发放工资		50000	42200
1	3		存款	存入银行		40000	2200
1	3		个人还款	李某还款	500		2700
				本日合计	110500	110300	2700

图 2–28　计算 2012 年 1 月 3 日本日合计

（2）在单元格 F15 输入“本月累计”，在单元格 G15 输入“= SUM（G6 : G13）”，并将公式复制到单元格 H15，形成本月累计的结果（如图 2–29 所示）。因为 1 月 3 日为当月的第一个工作日，所以本日合计和本月累计的数值相同。

现　金　日　记　账

2012年		凭证编号	类别	摘　要	借方	贷方	余额
月	日						
				期初余额			2500
1	3		营业款	收到营业款	35000		37500
1	3		费用报销	张某报销通信费		300	37200
1	3		退还保证金	退还供货商A保证金		20000	17200
1	3		营业款	收回营业款	25000		42200
1	3		取款	从银行取款发工资	50000		92200
1	3		其他支出	发放工资		50000	42200
1	3		存款	存入银行		40000	2200
1	3		个人还款	李某还款	500		2700
				本日合计	110500	110300	2900
				本月累计	110500	110300	3100

图 2–29　计算 2012 年 1 月 3 日本月累计

（3）如图 2–28、图 2–29 所示，本日合计、本月累计所在行的余额显然是错误的，错误原因是它们的公式分别是“= IF（AND（G14 = "",H14 = ""),"",I13 + G14 – H14）”和“= IF（AND（G15 = "", H15 = ""), "", I14 + G15 – H15）”，也进行了相应的计算，而实际上它们的值应该等于单元格 I13 的值，可以把单元格 I6 的公式改成“= IF（AND（G6 = "", H6 = ""), "", IF（OR（F6 = {" 本日合计 ", " 本月累计 ", " 本年累计 "}），I5，I5 + G6 – H6））”，并复制到单元格区域 I7 : I70 而达到正确计算余额的目的（如图 2–30 所示）。

现 金 日 记 账

2012年 月	日	凭证编号	类别	摘 要	借方	贷方	余额
				期初余额			2500
1	3		营业款	收到营业款	35000		37500
1	3		费用报销	张某报销通信费		300	37200
1	3		退还保证金	退还A供货商保证金		20000	17200
1	3		营业款	收回营业款	25000		42200
1	3		取款	从银行取款发工资	50000		92200
1	3		其他支出	发放工资		50000	42200
1	3		存款	存入银行		40000	2200
1	3		个人还款	李某还款	500		2700
				本日合计	110500	110300	2700
				本月累计	110500	110300	2700

图 2-30 更改公式后的现金日记账簿

（4）依次输入背景资料中 1 月 4 日发生的现金业务，形成如图 2-31 所示的现金日记账簿。

现 金 日 记 账

2012年 月	日	凭证编号	类别	摘 要	借方	贷方	余额
				期初余额			2500
1	3		营业款	收到营业款	35000		37500
1	3		费用报销	张某报销通信费		300	37200
1	3		退还保证金	退还A供货商保证金		20000	17200
1	3		营业款	收回营业款	25000		42200
1	3		取款	从银行取款发工资	50000		92200
1	3		其他支出	发放工资		50000	42200
1	3		存款	存入银行		40000	2200
1	3		个人还款	李某还款	500		2700
				本日合计	110500	110300	2700
				本月累计	110500	110300	2700
1	4		费用报销	王某报销差旅费		1200	1500
1	4		营业款	收到营业款	20000		21500
1	4		个人借款	赵总借款		5000	16500

图 2-31 至 2012 年 1 月 4 日的现金日记账

（5）在单元格 F19 输入“本日合计”，在单元格 G19 输入“= SUM（G16 : G18）”，并将公式复制到单元格 H19，形成本日合计的结果；在单元格 F20 输入“本月累计”，在单元格 G20 输入“= G15 + G19”（即 3 日的本月累计 + 4 日的本日合计），并将公式复制到单元格 H20，形成本月累计的结果（如图 2-32 所示）。

现 金 日 记 账

2012年 月	日	凭证编号	类别	摘 要	借方	贷方	余额
				期初余额			2500
1	3		营业款	收到营业款	35000		37500
1	3		费用报销	张某报销通信费		300	37200
1	3		退还保证金	退还A供货商保证金		20000	17200
1	3		营业款	收回营业款	25000		42200
1	3		取款	从银行取款发工资	50000		92200
1	3		其他支出	发放工资		50000	42200
1	3		存款	存入银行		40000	2200
1	3		个人还款	李某还款	500		2700
				本日合计	110500	110300	2700
				本月累计	110500	110300	2700
1	4		费用报销	王某报销差旅费		1200	1500
1	4		营业款	收到营业款	20000		21500
1	4		个人借款	赵总借款		5000	16500
				本日合计	20000	6200	16500
				本月累计	130500	116500	16500

图 2-32 计算 2012 年 1 月 4 日本日合计和本月累计

工作任务三　现金日报表的编制

现金日报表是企业管理部门为了及时掌握和了解现金的流动情况而要求出纳人员每日提供的报表。现金日报表的编制不仅为企业现金的管理提供了方便，而且为管理者及时了解和掌握本企业的资金状况和合理运用资金提供了参考数据。下面介绍现金日报表的编制方法。

项目活动一　现金日报表的格式设计

在 Excel 上设计的现金日报表工作表格式如图 2-33 所示。

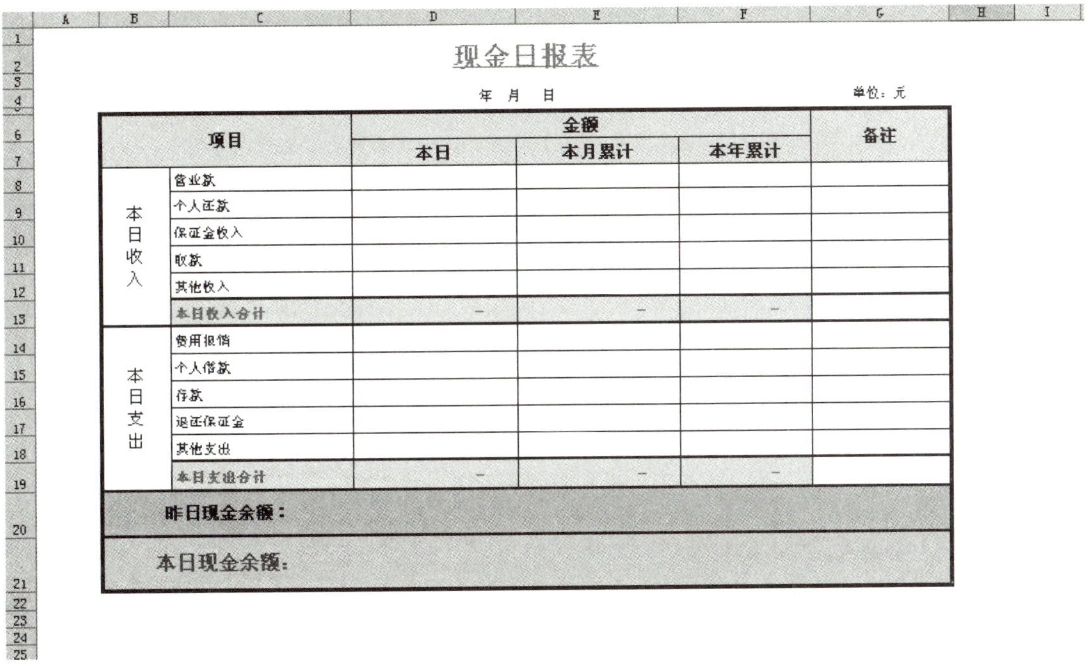

现金日报表

年　月　日　　　　单位：元

项目		金额			备注
		本日	本月累计	本年累计	
本日收入	营业款				
	个人还款				
	保证金收入				
	取款				
	其他收入				
	本日收入合计	-	-	-	
本日支出	费用报销				
	个人借款				
	存款				
	退还保证金				
	其他支出				
	本日支出合计	-	-	-	
昨日现金余额：					
本日现金余额：					

图 2-33　现金日报表格式

具体的设计步骤如下：

（1）在【开始】选项卡上的【对齐方式】组中，单击【合并后居中】；单击右键，选择【设置单元格格式】，打开【设置单元格格式】对话框，单击【字体】选项卡，将“字体”设置为“楷体_GB2312”，将“字号”设置为“18”，将“下划线"设置为“双下划线”，将“颜色”设置为“绿色”，单击【确定】按钮，关闭【设置单元格格式】对话框。现金日报表标题设置完成。

（2）在单元格 B4 中输入“2012-1-3”，选择单元格 B4 : F4，【开始】选项卡上的【对齐方式】组中，单击【合并后居中】；单击右键，选择【设置单元格格式】，打开【设置单元格格式】对话框，单击【数字】选项卡，“分类”列表选择“自定义”，类型输入“" 日 " " 期 "!：yyyy" 年 "m" 月 "d" 日 "”（如图 2-34 所示），单击【确定】按钮，关闭【设置单元格格式】对话框。现金日报表日期设置完成。

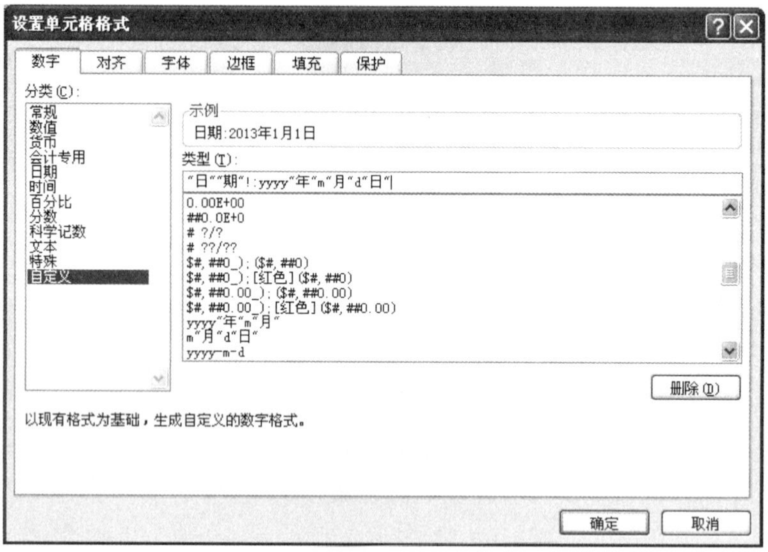

图 2-34 【设置单元格格式】对话框——设置自定义格式

（3）在单元格 G5 中输入“单位：元”，并设置其格式。现金日报表表头设置完成。

（4）选择单元格 B6 : C7，在【开始】选项卡上的【对齐方式】组中，单击【合并后居中】，输入“项目”并设置其格式。

（5）选择单元格 D6 : F6，在【开始】选项卡上的【对齐方式】组中，单击【合并后居中】，输入“金额”并设置其格式。

（6）在单元格 D7、E7、F7 中分别录入“本日”、“本月累计”、“本年累计”并设置其格式。

（7）选择单元格 G6 : G7，在【开始】选项卡上的【对齐方式】组中，单击【合并后居中】，输入“备注”并设置其格式。

（8）选择单元格 B8 : B13，在【开始】选项卡上的【对齐方式】组中，单击【合并后居中】，输入“本日收入”并设置其格式。

（9）在单元格 C8 : C13 中分别输入“营业款”、“个人还款”、“保证金收入”、“取款”、“其他收入”、“本日收入合计”并设置其格式。

（10）选择单元格 B14 : B19，在【开始】选项卡上的【对齐方式】组中，单击【合并后居中】，输入“本日支出”并设置其格式。

（11）在单元格 C8 : C13 中分别输入“费用报销”、“个人借款”、“退还保证金”、“存款”、“其他支出”、“本日支出合计”并设置其格式。

（12）选取单元格区域 B20 : G20，在【开始】选项卡上的【对齐方式】组中，单击“合并后居中”，输入“昨日现金余额：”并设置其格式。

（13）选取单元格区域 B21 : G21，在【开始】选项卡上的【对齐方式】组中，单击“合并后居中”，输入“本日现金余额：”并设置其格式。

（14）设置表格边框、线条颜色、个别单元格填充颜色，调整各列的宽度等。

项目活动二　现金日报表数据的自动生成

我们可以利用 Excel 公式和函数操作，将现金日记账的数据引用过来，完成现金日报表数据的自动生成，具体步骤如下：

（1）选择单元格 D8，输入公式“=SUMPRODUCT((现金日记账!$B$6:$B$70=MONTH(现金日报表!$D$4))*(现金日记账!$C$6:$C$70=DAY(现金日报表!$D$4))*(现金日记账!$E$6:$E$70=C8)*现金日记账!$G$6:$G$70))”。

公式的含义为：当现金日记账单元格区域 B6:B70 的值为现金日报表单元格区域 D4 的月份值、现金日记账单元格区域 C6:C70 的值为现金日报表单元格区域 D4 的天数值、现金日记账单元格区域 E6:E70 的值为现金日报表单元格区域 C8 的值（营业款）时，现金日报表单元格区域 D8 的值为现金日记账单元格区域 G6:G70 的汇总数。应特别注意公式中绝对引用和相对引用。

MONTH 函数：返回以序列号表示的某日期的月份，用整数 1 到 12 表示。

DAY 函数：返回以序列号表示的某日期的天数，用整数 1 到 31 表示。

SUMPRODUCT 函数：在给定的几组数组中，将数组间对应的元素相乘，并返回乘积之和。如果只有一个数组则求和。

（2）选择单元格 D8，复制公式到单元格区域 D9:D12。

（3）选择单元格 D13，输入公式“=SUM(D8:D12)”，并复制到 E13:F14。

（4）选择单元格 D14，输入公式“=SUMPRODUCT((现金日记账!$B$6:$B$70=MONTH(现金日报表!$D$4))*(现金日记账!$C$6:$C$70=DAY(现金日报表!$D$4))*(现金日记账!$E$6:$E$70=C14)*现金日记账!$H$6:$H$70)”。

（5）选择单元格 D14，复制公式到单元格区域 D15:D18。

（6）选择单元格 D19，输入公式“=SUM(D14:D18)”，并复制到 E19:F19。

（7）本月累计故只要把“本日”列公式中天数的条件“=”改成“<=”、本年累计只要把“本日”列公式中月份的条件“=”改成“<”然后加本月累计数即可。单元格 E8 的公式为“=SUMPRODUCT((现金日记账!$B$6:$B$70=MONTH(现金日报表!$D$4))*(现金日记账!$C$6:$C$70<=DAY(现金日报表!$D$4))*(现金日记账!$E$6:$E$70=C8)*现金日记账!$G$6:$G$70)”，单元格 F8 的公式为“=SUMPRODUCT((现金日记账!$B$6:$B$70<MONTH(现金日报表!$D$4))*(现金日记账!$E$6:$E$70=C8)*现金日记账!$G$6:$G$70)+E8”。

（8）选择单元格 D21，输入公式“=现金日记账!I5+现金日报表!F13-现金日报表!F19”。

（9）选择单元格 D20，输入公式“=D21-D13+D19”。

（10）日报表的数据生成完毕，形成 2012 年 1 月 3 日的报表（如图 2-35 所示）。

现金日报表

日期:2012年1月3日 单位：元

项目		金额			备注
		本日	本月累计	本年累计	
本日收入	营业款	60,000.00	60,000.00	60,000.00	
	个人还款	500.00	500.00	500.00	
	保证金收入	-	-	-	
	取款	50,000.00	50,000.00	50,000.00	
	其他收入				
	本日收入合计	110,500.00	110,500.00	110,500.00	
本日支出	费用报销	300.00	300.00	300.00	
	个人借款	-	-	-	
	存款	40,000.00	40,000.00	40,000.00	
	退还保证金	20,000.00	20,000.00	20,000.00	
	其他支出	50,000.00	50,000.00	50,000.00	
	本日支出合计	110,300.00	110,300.00	110,300.00	
昨日现金余额:					2,500.00
本日现金余额:					2,700.00

图 2-35 2012 年 1 月 3 日的现金日报表

（11）选择单元格 D4，输入新的日期“2012-1-4”，自动生成 1 月 4 日的现金日报表（如图 2-36 所示）。

现金日报表

日期:2012年1月4日 单位：元

项目		金额			备注
		本日	本月累计	本年累计	
本日收入	营业款	20,000.00	80,000.00	80,000.00	
	个人还款	-	500.00	500.00	
	保证金收入	-	-	-	
	取款	-	50,000.00	50,000.00	
	其他收入	-	-	-	
	本日收入合计	20,000.00	130,500.00	130,500.00	
本日支出	费用报销	1,200.00	1,500.00	1,500.00	
	个人借款	5,000.00	5,000.00	5,000.00	
	存款	-	40,000.00	40,000.00	
	退还保证金	-	20,000.00	20,000.00	
	其他支出	-	50,000.00	50,000.00	
	本日支出合计	6,200.00	116,500.00	116,500.00	
昨日现金余额:					2,700.00
本日现金余额:					16,500.00

图 2-36 2012 年 1 月 4 日的现金日报表

工作任务四　银行存款日记账的创建

银行存款日记账是由出纳人员按照银行存款的收、付款记账凭证逐日逐笔顺序登记，用以记录和反映银行存款收支及结存情况的一种特种日记账。银行存款日记账一般采用借方、贷方、余额三栏式账页格式，分别反映银行存款收入、支出和结存情况，以便检查监督各项收入和支出款项，并便于定期同银行送来的对账单核对。下面介绍银行存款日记账的设计方法和步骤。

项目活动一　银行存款日记账的结构设计

银行存款日记账工作表格式如图 2–37 所示，它与现金日记账基本相同，因此可以复制一份“现金日记账”工作表，再对工作表进行修改。具体步骤如下：

银　行　存　款　日　记　账

2012 月	 日	凭证编号	类别	结算方式	票据号码	摘　要	借方	贷方	余额

图 2–37　银行存款日记账格式

（1）删除现存的“银行存款日记账”工作表。

（2）选择“现金日记账”工作表。

（3）用鼠标对准“现金日记账”工作表标签，单击鼠标右键，在弹出的快捷菜单中选择“移动或复制工作表”命令，打开【移动或复制工作表】对话框，在“下列选定工作表之前”列表框中选择“银行存款类别定义”，选中“建立副本”复选框，单击【确定】按钮，关闭【移动或复制工作表】对话框，就建立了一个名字为“现金日记账（2）”的工作表。

（4）将工作表“现金日记账（2）”重命名为“银行存款日记账”。

（5）将工作表中的有关文字进行修改，例如，将“现金日记账”改为“银行存款日记账”。

（6）在 E 列和 F 列之间插入两列，并在单元格 F3 和 G3 中分别输入“结算方式”和“票据号码”。

（7）选取 F 列，对其设置数据有效性，即在【数据有效性】对话框中，【设置】选项卡的“允许”选“序列”，“来源”中输入“转支，现支，信汇，电汇，本票，委托收款，专用收款”，可以根据企业的实际情况来输入不同的数据；【输入信息】选项卡的“输入信息”文字框中输入“输入结算方式种类”，【出错警告】选项卡的“样式”选“警告”。设置完成后，点击【确定】

按钮。

（8）选取 G 列，对其设置数据有效性，即在【数据有效性】对话框中，仅在【输入信息】选项卡的“输入信息”文字框中输入“输入结算票据号码”，其他保持系统默认值。

项目活动二　设置条件格式

银行存款日记账的设置条件格式的方法和步骤在工作任务二现金日记账的项目活动三中已有详细介绍，可参照设计。

项目活动三　余额自动计算

银行存款日记账的余额自动计算的具体方法和步骤在工作任务二现金日记账的项目活动四中已有详细介绍，可参照设计。

项目活动四　计算本日合计和本月累计

银行存款日记账的计算本日合计和本月累计的具体方法和步骤在工作任务二现金日记账项目活动五中已有详细介绍，可参照设计。

项目活动五　输入银行存款日记账

按【资料 3】的内容输入银行存款日记账（如图 2-38 所示），以便下个工作任务使用。

银行存款日记账									
2012		凭证编号	类别	结算方式	票据号码	摘　要	借方	贷方	余额
月	日								
1	3					上年结转			168,900.00
1	3			现支	9558#	提现		50,000.00	118,900.00
1	3			现缴		存款	40,000.00		158,900.00
1	6			汇入		销货款	200,000.00		358,900.00
1	7			电汇		购货款		81,900.00	277,000.00
1	10			现缴		购买结算凭证		200.00	276,800.00
1	15			转支	6370#	购货款		46,200.00	230,600.00
1	20			现支	9559#	提现		5,000.00	225,600.00
1	21			银汇	6743#	存出保证金		100,000.00	125,600.00
1	23			转账		贷款	500,000.00		625,600.00
1	28			特委	8742#	电费		15,200.00	610,400.00
1	31			转支	9824#	销货款	46,800.00		657,200.00
1	31			转支	6371#	购买办公用品		7,800.00	649,400.00

图 2-38　银行存款日记账

工作任务五　银行存款余额调节表的编制

银行存款余额调节表是在财产清查时，发现本企业银行存款日记账与银行对账单账目不一致时编制的一种表格。银行存款余额调节表的编制目的是通过清除企业与银行之间未达账项的影响，发现企业或银行有关银行存款的账务处理过程中的错账、漏账，便于及时查明更正，并确定企业银行存款实有数。下面介绍银行存款余额调节表的编制方法。

项目活动一　输入银行对账单

按【资料 4 】的内容输入银行对账单，格式如图 2-39 所示，列 B、C、D、E、F、G 分别对应“月”、“日”、“摘要”、“借方”、“贷方”、“余额”，第 5 行为上月结余，第 6 行开始为本月业务发生内容。

银行对账单

客户名称：　　　　2012年1月

2012年		摘要	借方	贷方	余额
月	日				
1	3	上月结存			168,900.00
1	3	现支9558#	50,000.00		118,900.00
1	3	现缴		40,000.00	158,900.00
1	6	汇划		200,000.00	358,900.00
1	7	电汇	81,900.00		277,000.00
1	10	结算凭证	200.00		276,800.00
1	16	转支6370#	46,200.00		230,600.00
1	20	现支9559#	5,000.00		225,600.00
1	21	银汇6743#	100,000.00		125,600.00
1	22	贷款		500,000.00	625,600.00
1	27	特委7543#	5,340.00		620,260.00
1	31	汇划进账		6,040.00	626,300.00
1	31	特委8742#	15,200.00		611,100.00
1	31	月末余额			611,100.00

图 2-39　银行对账单格式

项目活动二　对账

因本项目仅提供了一个月的银行日记账和银行对账单的资料，所以有关月份的内容需要在实际操作中自行增加，本活动不涉及。

本活动的工作思路是：依次从银行存款日记账读取借方或者贷方的金额，再到银行对账单查找贷方或者借方金额相等的业务。如果找到，则分别在银行存款日记账的 L 列和银行对账单的 H 列打“√”，详细步骤如下：

（1）按【Alt+F11】打开 Microsoft Visual Basic 界面。

（2）右键单击“Microsoft Excel 对象”，选择【插入】-【模块】（如图 2-40 所示）。

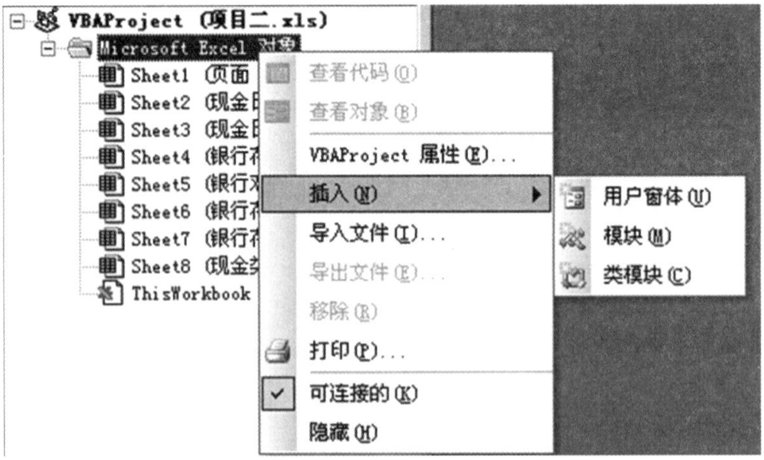

图 2-40　插入模块

（3）在右面新打开的窗口输入以下文字。

```
Sub 对账（）

  Dim LineNo1 As Integer ’银行存款日记账初始行号
  LineNo1 = 5

  Dim Sheet1 As Worksheet
  Set Sheet1 = Worksheets (" 银行存款日记账 ")

  Dim Sheet2 As Worksheet
  Set Sheet2 = Worksheets (" 银行对账单 ")


  Sheet1. Columns ("L：L"). ClearContents
  Sheet2. Columns ("H：H"). ClearContents

  Do While Sheet1. Cells (LineNo1，11). Value <> " " ‘余额数据不为空

     jf = Sheet1.Cells (LineNo1，9).Value ‘借方金额
     df = Sheet1.Cells (LineNo1，10).Value ‘贷方金额
```

```
        lineno2 = 6 '银行对账单初始行号
        If jf <> " " Then

            Do While Sheet2. Cells (lineno2, 5).Value <> " " Or
Sheet2.Cells (lineno2, 6).Value <> " "  '借方或者贷方金额不为空

                If jf * 1 = Sheet2. Cells (lineno2, 6).Value * 1 And
Sheet2.Cells (lineno2, 8).Value <> "√" Then  '如果金额相等 并且 还没有对过账
                    Sheet1. Cells (LineNo1, 12).Value = "√"
                    Sheet2. Cells (lineno2, 8).Value = "√"
                    Exit Do
                End If
                lineno2 = lineno2 + 1
    Loop

    Else
        Do While Sheet2.Cells (lineno2, 5).Value <> " " Or
Sheet2.Cells (lineno2, 6).Value <> " "  '借方或者贷方金额不为空

                If df * 1 = Sheet2.Cells (lineno2, 5).Value * 1 And
Sheet2.Cells (lineno2, 8).Value <> "√" Then  '如果金额相等 并且 还没有对过账
                    Sheet1.Cells (LineNo1, 12).Value = "√"
                    Sheet2.Cells (lineno2, 8).Value = "√"
                    Exit Do
                End If
                lineno2 = lineno2 + 1
    Loop

        End If
        LineNo1 = LineNo1 + 1
    Loop

    End Sub
```

（4）返回“项目二日记账管理系统的建立”工作簿，选择菜单【工具】–【宏】–【宏】或者按【Alt+F8】，打开【宏】对话框（如图 2–41 所示），“宏名”选择“对账”，单击【执行】按钮，运行刚刚录入的代码。

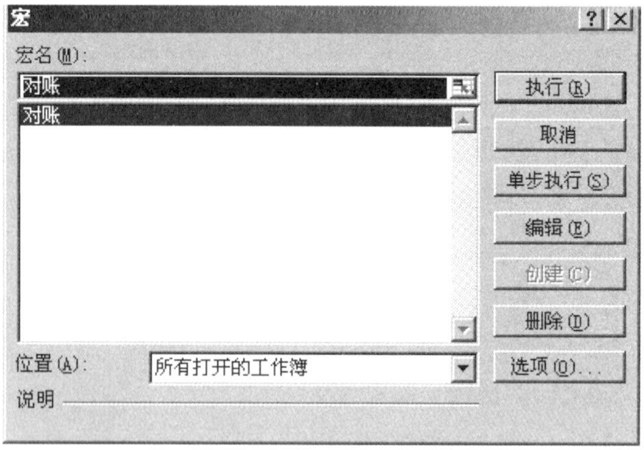

图 2-41 【宏】对话框

（5）运行以后工作表“银行存款日记账”、“银行对账单”如图 2-42、图 2-43 所示。

银行存款日记账

2012 月	日	凭证编号	类别	结算方式	票据号码	摘要	借方	贷方	余额	
1	3					上年结转			168,900.00	
1	3			现支	9558#	提现		50,000.00	118,900.00	√
1	3			现缴		存款	40,000.00		158,900.00	√
1	6			汇入		销货款	200,000.00		358,900.00	√
1	7			电汇		购货款		81,900.00	277,000.00	√
1	10			现缴		购买结算凭证		200.00	276,800.00	√
1	15			转支	6370#	购货款		46,200.00	230,600.00	√
1	20			现支	9559#	提现		5,000.00	225,600.00	√
1	21			银汇	6743#	存出保证金		100,000.00	125,600.00	√
1	23			转账		贷款	500,000.00		625,600.00	√
1	28			特委	8742#	电费		15,200.00	610,400.00	√
1	31			转支	9824#	销货款	46,800.00		657,200.00	
1	31			转支	6371#	购买办公用品		7,800.00	649,400.00	

图 2-42 对账以后的银行存款日记账

银行对账单

客户名称： 2012年1月

2012年 月	日	摘要	借方	贷方	余额	
1	3	上月结存			168,900	
1	3	现支9558#	50,000		118,900	√
1	3	现缴		40,000	158,900	√
1	6	汇划		200,000	358,900	√
1	7	电汇	81,900		277,000	√
1	10	结算凭证	200		276,800	√
1	16	转支6370#	46,200		230,600	√
1	20	现支9559#	5,000		225,600	√
1	21	银汇6743#	100,000		125,600	√
1	22	贷款		500,000	625,600	√
1	27	特委7543#	5,340		620,260	
1	31	汇划进账		6,040	626,300	
1	31	特委8742#	15,200		611,100	√
1	31	月末余额			611,100	

图 2-43 对账以后的银行对账单

项目活动三　自动生成银行存款余额调节表

（1）按图 2-44 所示设计好银行存款余额调节表样式。

银行存款余额调节表

2012年1月31日　　　　单位：元

企业银行存款日记账余额		银行对账单存款余额	
加：银行已收　企业未收		加：企业已收　银行未收	
减：银行已付　企业未付		减：企业已付　银行未付	
调节后余额	0	调节后余额	0

图 2-44　银行存款余额调节表格式

（2）选择单元格 C3，输入公式“= 银行存款日记账 ! K4 + SUM（银行存款日记账 ! I : I）– SUM（银行存款日记账 ! J : J）”。

（3）选择单元格 E3，输入公式“= 银行对账单 ! G5 – SUM（银行对账单 ! E : E）+ SUM（银行对账单 ! F : F）”。

（4）选择单元格 C4，输入公式“= SUMPRODUCT（（银行对账单 ! H6 : H1000<>" √ "）* 银行对账单 ! F6 : F1000）”。

（5）选择单元格 E4，输入公式“= SUMPRODUCT（（银行存款日记账 ! L5 : L1000<> " √ "）* 银行存款日记账 ! I5 : I1000）”。

（6）选择单元格 C7，输入公式“= SUMPRODUCT（（银行对账单 ! H6 : H1000<>" √ "）* 银行对账单 ! E6 : E1000）”。

（7）选择单元格 E7，输入公式“= SUMPRODUCT（（银行存款日记账 ! L5 : L1000<> " √ "）* 银行存款日记账 ! J5 : J1000）”。

（8）选择单元格 C10，输入公式“= C3 + C4 + C5 + C6 – C7 – C8 – C9”。

（9）选择单元格 E10，输入公式“= E3 + E4 + E5 + E6 – E7 – E8 – E9”。

（10）完成银行存款余额调节表如图 2-45 所示。查看调节后的余额是否相等作进一步处理。

银行存款余额调节表

2012年1月31日　　　　单位：元

企业银行存款日记账余额	649 400	银行对账单存款余额	611 100
加：银行已收　企业未收	6 040	加：企业已收　银行未收	46 800
减：银行已付　企业未付	5 340	减：企业已付　银行未付	7 800
调节后余额	650 100	调节后余额	650 100

图 2-45　完成计算的银行存款余额调节表

项目总结

经过本项目的学习，要求学生从整体上掌握企业日记账管理系统的建立思路和方法。通过操作熟练掌握现金日记账的登记方法、现金日报表的编制方法、银行存款日记账的登记方法、银行存款余额调节表的编制方法，培养学生自我学习、信息处理和数字运用等能力，并在学习过程中提高独立解决问题的能力和培养创新的意识。

综合技能强化训练

【实　训　二】

实训目标：通过完成本项目的综合实训，学习者能够制作日记账系统工作簿，并从中学习掌握Excel、公式与函数及宏的基本操作方法。

实训资料：

【资料1】梅林公司是一家小型制造企业，2012年10月初“库存现金”的余额为3 000元，“银行存款”的余额为180 000元。

【资料2】2012年10月发生与现金有关的业务如下：

（1）10月8日，从银行提现10 000元备用。

（2）10月9日，收到李某个人还款500元。

（3）10月15日，从银行提取现金150 000元，用于发放工资。

（4）10月15日，业务员王某报销差旅费1 200元。

（5）10月15日，发放工资150 000元。

（6）10月17日，赵总出差借款5 000元。

（7）10月18日，业务员张某报销通信费300元。

（8）10月21日，将库存现金4 000元存入银行。

【资料3】2012年10月，发生与银行存款有关的业务如下：

（1）10月8日，从银行提取现金10 000元备用（现金支票13329558#）。

（2）10月8日，收到银行转来的资金汇划补充凭证，金额351 000元，为购货单位电汇来的货款。

（3）10月9日，向外地供货单位电汇商品及增值税款11 700元。

（4）10月14日，购买银行转账支票等结算凭证，支付100元。

（5）10月15日，拟到外地采购特向银行申请签发银行汇票200 000元，银行给予签发（银行汇票0056743#）并收取全额保证金。

（6）10月21日，将库存现金4 000元存入银行。

（7）10月23日，收到银行委托收款的付款通知（77543#）及电信收费单据，支付电话费 4 680 元。

（8）10 月 31 日，签发转账支票（13246371#），金额 7 800 元，用于购买办公用品。

（9）10 月 31 日，收到购货单位签发的转账支票一张，金额 468 000 元。

【资料 4】2012 年 11 月 3 日收到开户银行发来的 10 月份银行存款对账单：

工商银行　银行对账单

客户名称：梅林公司　　　　2012 年 10 月

月	日	摘要	借方	贷方	余额
10	8	上月结存			180 000.00
10	8	现支9558#	10 000.00		170 000.00
10	8	汇划		351 000.00	521 000.00
10	9	电汇	11 700.00		509 300.00
10	14	结算凭证	100.00		509 200.00
10	15	银汇6743#	200 000.00		309 200.00
10	21	现存		40 000.00	349 200.00
10	23	特委7543#	4 680.00		344 520.00
10	31	月末余额			344 520.00

实训要求：根据以上资料建立梅林公司日记账管理系统，具体要求包括：

（1）创建现金日记账。

（2）编制 2012 年 10 月 8 日的现金日报表。

（3）创建银行存款日记账。

（4）编制 2012 年 10 月份的银行存款余额调节表。

学习评价

▲专业能力测评表

（在□中打√，A 掌握，B 基本掌握，C 未掌握）

业务能力	评价指标	自测结果	备注
现金日记账的创建	1. 现金日记账的结构设计 2. 数据有效性的设置 3. 条件格式的设置 4. 余额自动计算 5. 本日合计、本月累计的计算	□A　□B　□C □A　□B　□C □A　□B　□C □A　□B　□C □A　□B　□C	

续表

业务能力	评价指标	自测结果	备注
现金日报表的编制	1. 现金日报表的格式设计 2. 现金日报表数据的自动生成	□A　□B　□C □A　□B　□C	
银行存款日记账的创建	1. 银行存款日记账的结构设计 2. 条件格式的设置 3. 余额自动计算 4. 本日合计、本月累计的计算	□A　□B　□C □A　□B　□C □A　□B　□C □A　□B　□C	
银行存款余额调节表的编制	1. 输入银行对账单 2. 对账 3. 银行存款余额调节表的自动生成	□A　□B　□C □A　□B　□C □A　□B　□C	
教师评语：			
成绩		教师签字	

03 项目三 分类账管理系统的建立

【工作目标】

制作分类账作为企业重要的日常会计工作之一，是整个会计处理流程中比较繁琐的一个环节，在手工处理的情况下，会计人员应根据记账凭证，按不同的业务性质，分别登记不同的总分类账和明细分类账。本项目的主要内容是根据项目一设置的会计凭证表表单自动生成各总分类账和明细分类账。

通过完成本项目的两个工作任务，学习者能够进行分类账系统工作簿的制作，并从中学习掌握 Excel 函数及一些控件的基本操作方法。

【工作思路】

本项目的工作思路是利用前面项目建立好的会计凭证表，建立总账科目和明细账科目余额表，自动生成总分类账和明细分类账。项目三工作思路如图 3-1 所示。

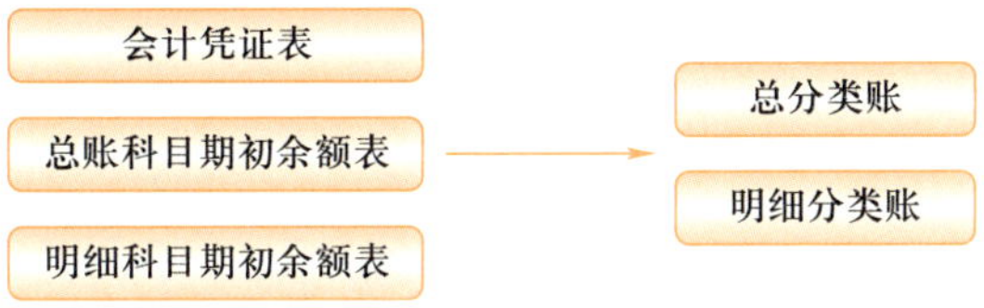

图 3-1　项目三工作思路图示

【背景资料】

【资料 1】某公司 2012 年 12 月份会计凭证表，如表 3-1 所示。

表 3-1　　会计凭证表

日	序号	摘要	科目代号	总账科目	明细科目	方向	借方	贷方
01	01	提现	1001	库存现金		借	300.00	
01	01	提现	1002	银行存款		贷		300.00
02	02	购买原材料	1401	材料采购	甲材料	借	40 000.00	
02	02	购买原材料	2221	应交税费	应交增值税（进项税额）	借	6 800.00	
02	02	购买原材料	2202	应付账款	新民公司	贷		46 800.00
02	03	支付材料运费	1401	材料采购	甲材料	借	200.00	
02	03	支付材料运费	1002	银行存款		贷		200.00
02	04	结转材料成本	1403	原材料	甲材料	借	40 200.00	
02	04	结转材料成本	1401	材料采购	甲材料	贷		40 200.00
05	05	偿还货款	2202	应付账款	万建公司	借	69 000.00	
05	05	偿还货款	2202	应付账款	新民公司	借	46 800.00	
05	05	偿还货款	1002	银行存款		贷		115 800.00
06	06	购买原材料	1401	材料采购	甲材料	借	24 750.00	
06	06	购买原材料	1401	材料采购	乙材料	借	49 500.00	
06	06	购买原材料	2221	应交税费	应交增值税（进项税额）	借	12 622.50	
06	06	购买原材料	2202	应付账款	新民公司	贷		86 872.50
06	07	支付材料运费	1401	材料采购	甲材料	借	40.00	
06	07	支付材料运费	1401	材料采购	乙材料	借	400.00	
06	07	支付材料运费	1002	银行存款		贷		440.00
06	08	结转材料成本	1403	原材料	甲材料	借	24 790.00	
06	08	结转材料成本	1403	原材料	乙材料	借	49 900.00	
06	08	结转材料成本	1401	材料采购	甲材料	贷		24 790.00
06	08	结转材料成本	1401	材料采购	乙材料	贷		49 900.00
08	09	领用材料	5001	生产成本	A产品	借	140 000.00	
08	09	领用材料	5001	生产成本	B产品	借	14 800.00	
08	09	领用材料	1403	原材料	甲材料	贷		90 000.00
08	09	领用材料	1403	原材料	乙材料	贷		64 800.00
08	10	收到货款	1002	银行存款		借	140 000.00	

续表

日	序号	摘要	科目代号	总账科目	明细科目	方向	借方	贷方
08	10	收到货款	1122	应收账款	光明公司	贷		140 000.00
09	11	提现	1001	库存现金		借	15 775.00	
09	11	提现	1002	银行存款		贷		15 775.00
10	12	发放工资	2211	应付职工薪酬		借	15 775.00	
10	12	发放工资	1001	库存现金		贷		15 775.00
13	13	销售产品	1002	银行存款		借	257 400.00	
13	13	销售产品	6001	主营业务收入	A产品	贷		220 000.00
13	13	销售产品	2221	应交税费	应交增值税（销项税额）	贷		37 400.00
14	14	支付广告费	6601	销售费用		借	700.00	
14	14	支付广告费	1002	银行存款		贷		700.00
20	15	提现	1001	库存现金		借	530.00	
20	15	提现	1002	银行存款		贷		530.00
21	16	领用材料	5001	生产成本	A产品	借	49 600.00	
21	16	领用材料	5101	制造费用		借	1 900.00	
21	16	领用材料	6602	管理费用		借	500.00	
21	16	领用材料	1403	原材料	甲材料	贷		30 000.00
21	16	领用材料	1403	原材料	乙材料	贷		22 000.00
28	17	结算工资	5001	生产成本	A产品	借	8 880.00	
28	17	结算工资	5001	生产成本	B产品	借	2 220.00	
28	17	结算工资	5101	制造费用		借	2 455.00	
28	17	结算工资	6602	管理费用		借	2 220.00	
28	17	结算工资	2211	应付职工薪酬		贷		15 775.00
28	18	计提折旧	5101	制造费用		借	17 845.00	
28	18	计提折旧	6602	管理费用		借	1 555.00	
28	18	计提折旧	1602	累计折旧		借		19 400.00
28	19	支付修理费	6602	管理费用		借	1 000.00	
28	19	支付修理费	1002	银行存款		贷		1 000.00
29	20	销售产品	1122	应收账款		借	152 100.00	
29	20	销售产品	6001	主营业务收入	A产品	贷		80 000.00

续表

日	序号	摘要	科目代号	总账科目	明细科目	方向	借方	贷方
29	20	销售产品	6001	主营业务收入	B产品	贷		50 000.00
29	20	销售产品	2221	应交税费	应交增值税（销项税额）	贷		22 100.00
30	21	支付产品运费	6601	销售费用		借	350.00	
30	21	支付产品运费	1002	银行存款		贷		350.00
31	22	分摊制造费用	5001	生产成本	A产品	借	17 760.00	
31	22	分摊制造费用	5001	生产成本	B产品	借	4 440.00	
31	22	分摊制造费用	5101	制造费用		贷		22 200.00
31	23	产品验收入库	1406	库存商品	A产品	借	216 240.00	
31	23	产品验收入库	1406	库存商品	B产品	借	44 460.00	
31	23	产品验收入库	5001	生产成本	A产品	贷		216 240.00
31	23	产品验收入库	5001	生产成本	B产品	贷		44 460.00
31	24	结转产品成本	6401	主营业务成本	A产品	借	222 664.00	
31	24	结转产品成本	6401	主营业务成本	B产品	借	35 568.00	
31	24	结转产品成本	1406	库存商品	A产品	贷		222 664.00
31	24	结转产品成本	1406	库存商品	B产品	贷		35 568.00
31	25	结转收入	6001	主营业务收入	A产品	借	300 000.00	
31	25	结转收入	6001	主营业务收入	B产品	借	50 000.00	
31	25	结转收入	4103	本年利润		贷		350 000.00
31	25	结转各项成本、费用与支出	4103	本年利润		借	264 557.00	
31	25	结转各项成本、费用与支出	6401	主营业务成本	A产品	贷		222 664.00
31	25	结转各项成本、费用与支出	6401	主营业务成本	B产品	贷		35 568.00
31	25	结转各项成本、费用与支出	6601	销售费用		贷		1 050.00
31	25	结转各项成本、费用与支出	6602	管理费用		贷		5 275.00
31	26	计算所得税	6801	所得税		借	21 360.75	
31	26	计算所得税	2221	应交税费	应交所得税	贷		21 360.75

续表

日	序号	摘要	科目代号	总账科目	明细科目	方向	借方	贷方
31	26	结转所得税	4103	本年利润		借	21 360.75	
31	26	结转所得税	6801	所得税		贷		21 360.75
31	26	结转本年利润	4103	本年利润		借	64 082.25	
31	26	结转本年利润	4104	利润分配		贷		64 082.25

【资料 2】某公司 2012 年 12 月总账科目期初余额表，如表 3-2 所示。

表 3-2　总账科目期初余额表

科目编号	会计科目	期初余额	
		借方	贷方
1001	库存现金	105.00	
1002	银行存款	276 635.00	
1012	其他货币资金		
1101	交易性金融资产		
1121	应收票据		
1122	应收账款	140 000.00	
1123	预付账款		
1131	应收股利		
1132	应收利息		
1231	其他应收款		
1241	坏账准备		
1321	代理业务资产		
1401	材料采购		
1402	在途物资		
1403	原材料	158 000.00	
1404	材料成本差异		
1406	库存商品	165 000.00	
1407	发出商品		
1410	商品进销差价		
1411	委托加工物资		

续表

科目编号	会计科目	期初余额	
		借方	贷方
1412	包装物及低值易耗品		
1461	存货跌价准备		
1521	持有至到期投资		
1522	持有至到期投资减值准备		
1523	可供出售金融资产		
1524	长期股权投资		
1525	长期股权投资减值准备		
1526	投资性房地产		
1531	长期应收款		
1541	未实现融资收益		
1601	固定资产	4 680 000.00	
1602	累计折旧		1 379 000.00
1603	固定资产减值准备		
1604	在建工程		
1605	工程物资		
1606	固定资产清理		
1701	无形资产		
1702	累计摊销		
1703	无形资产减值准备		
1711	商誉		
1801	长期待摊费用		
1811	递延所得税资产		
1901	待处理财产损溢		
2001	短期借款		90 000.00
2101	交易性金融负债		
2201	应付票据		
2202	应付账款		69 000.00
2205	预收账款		
2211	应付职工薪酬		
2221	应交税费		59 100.00

续表

科目编号	会计科目	期初余额	
		借方	贷方
2231	应付股利		
2232	应付利息		
2241	其他应付款		
2314	代理业务负债		
2411	预计负债		
2501	递延收益		
2601	长期借款		
2602	长期债券		
2801	长期应付款		
2802	未确认融资费用		
2811	专项应付款		
2901	递延所得税负债		
3101	衍生工具		
3201	套期工具		
3202	被套期项目		
4001	实收资本		3 301 000.00
4002	资本公积		450 000.00
4101	盈余公积		
4103	本年利润		
4104	利润分配		94 640.00
4201	库存股		
5001	生产成本	23 000.00	
5101	制造费用		
5201	劳务成本		
5301	研发支出		
6001	主营业务收入		
6051	其他业务收入		
6111	投资收益		
6301	营业外收入		
6401	主营业务成本		

续表

科目编号	会计科目	期初余额	
		借方	贷方
6402	其他业务支出		
6405	营业税金及附加		
6601	销售费用		
6602	管理费用		
6603	财务费用		
6701	资产减值损失		
6711	营业外支出		
6801	所得税		
6901	以前年度损益调整		
合计		5 442 740.00	5 442 740.00

【工作准备】

首先建立一个名为“项目三分类账管理系统的建立”的工作簿，在此工作簿中建立“页面”、“会计凭证表”、“总账科目期初余额表”、“总分类账”等工作表。其中“页面”工作表的设置前面已经讲过，此处不再重复，“会计凭证表”工作表的内容按【资料1】录入，“总账科目期初余额表”的数据按【资料2】录入。

工作任务一　总分类账的建立

登记总分类账可以有以下几种方式：

（1）根据记账凭证登记总分类账。

（2）根据科目汇总表登记总分类账。

（3）根据汇总记账凭证登记总分类账。

（4）根据分录日记账登记总分类账。

本项目拟采用对会计凭证表按日汇总后登记总分类账的方式，随时自动生成总分类账。

项目活动一　总分类账的格式设置

设置总分类账格式的详细步骤如下：

（1）打开“项目三分类账管理系统的建立”工作簿，选择工作表“总分类账”。

（2）按图 3-2 所示输入总分类账的格式。

	D	E	F	G	H	I
1	总 分 类 账					
2						
3	会计科目：			2012年		
4	月	日	摘要	借方	贷方	余额
5			期初余额	158 000.00	0.00	158 000.00
6						
7						

图 3-2　总分类账样式

（3）在左上角【office 按钮】选项卡上，单击【Excel 选项】，在【常用】列表中，选中“开发工具选项卡”复选框（如图 3-3 所示），单击【确定】，这样表上就会显示“开发工具”选项卡。

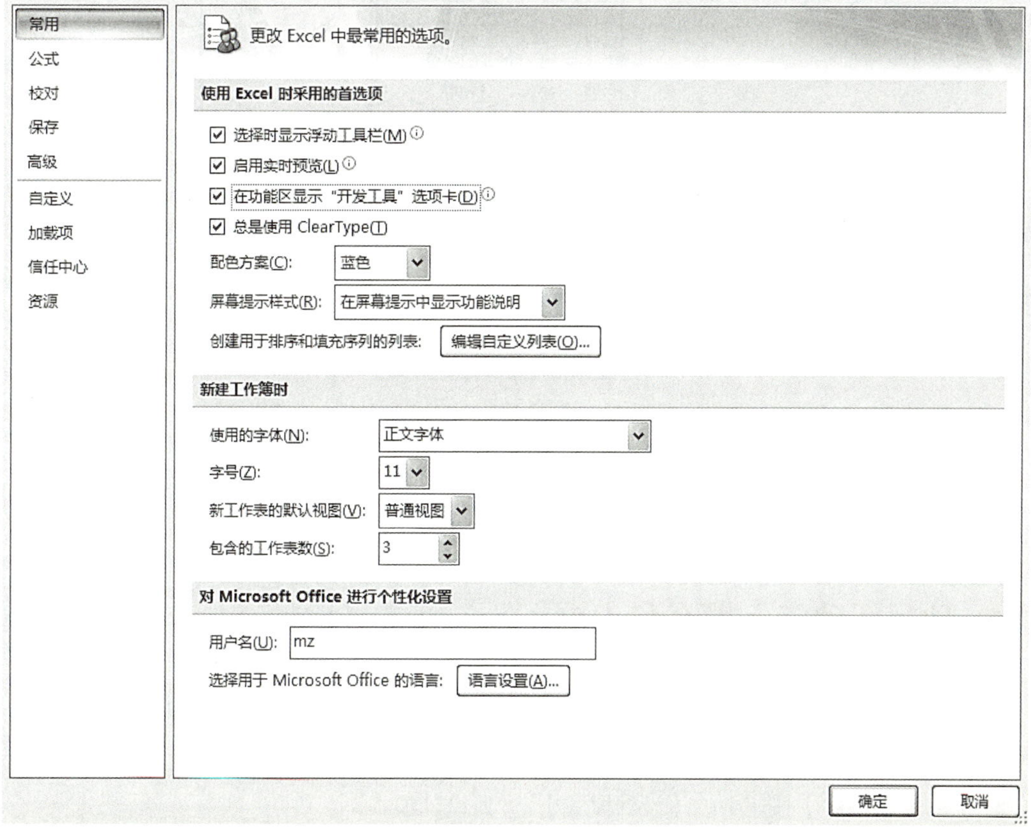

图 3-3　显示【开发工具】选项卡

（4）在【插入控件】按钮中，选择 ActiveX 控件“命令按钮”（如图 3-4 所示）。

（5）然后鼠标移到单元格 A1 左上角，按住鼠标左键移动到适当位置绘制一个适当大小的命令按钮（如图 3-5 所示）。单击【控件】按钮中的【设计模式】，可以将鼠标按住“命令按钮”四周的八个小圆圈进行拖放操作，调整控件的大小。

（6）单击【控件】按钮中的【属性】，打开【属性】对话框，设置“Caption”属性为“刷新总账科目列表”（如图 3-6 所示）。根据需要，也可以设置其他属性。

（7）再单击【控件】按钮中【插入】，选择 ActiveX 控件“列表框”，在刚刚绘制好的“命令按钮”下方绘制列表框（如图 3-7 所示）。

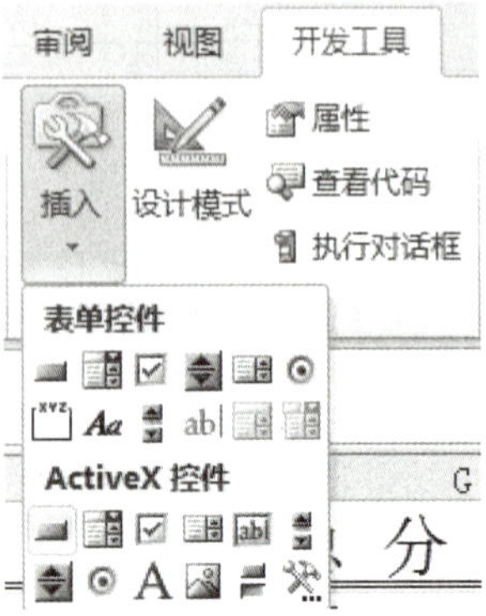

图 3-4 【开发工具】选项卡

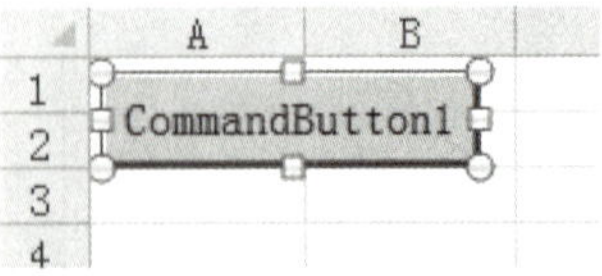

图 3-5 绘制“命令按钮”

图 3-6 【属性】对话框

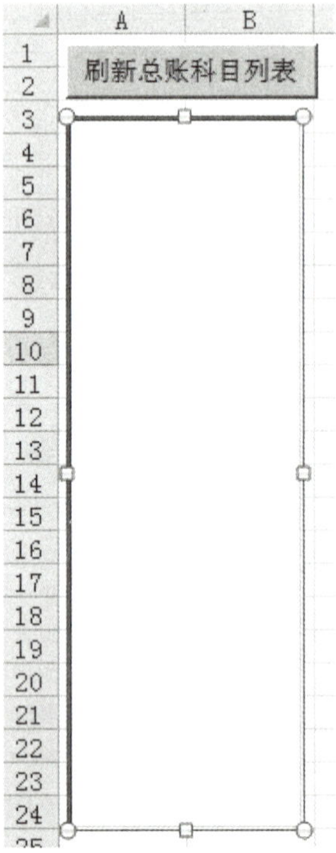

图 3-7 列表框

（8）在【属性】对话框，设置“ColumnCount”为“2”，设置“ColumnWidths”为“40;40”。

项目活动二 填充列表框

在单击“命令按钮”后，将在“会计凭证表”有业务发生的科目代码和科目名称填充到“列表框”，详细步骤如下：

（1）单击【控件】按钮中的【设计模式】，进入设计模式。

判断是否处于设计模式的办法为：

方法一：单击控件，控件四周如果出现 8 个小圆圈，则处于设计模式。

方法二：【设计模式】按钮处于高亮状态，则处于设计模式；处于灰色状态，则已退出设计模式。

（2）双击控件“命令按钮”，切换到 Microsoft Visual Basic 界面，系统自动增加了“CommandButton1_Click”过程（如图 3-8 所示）。

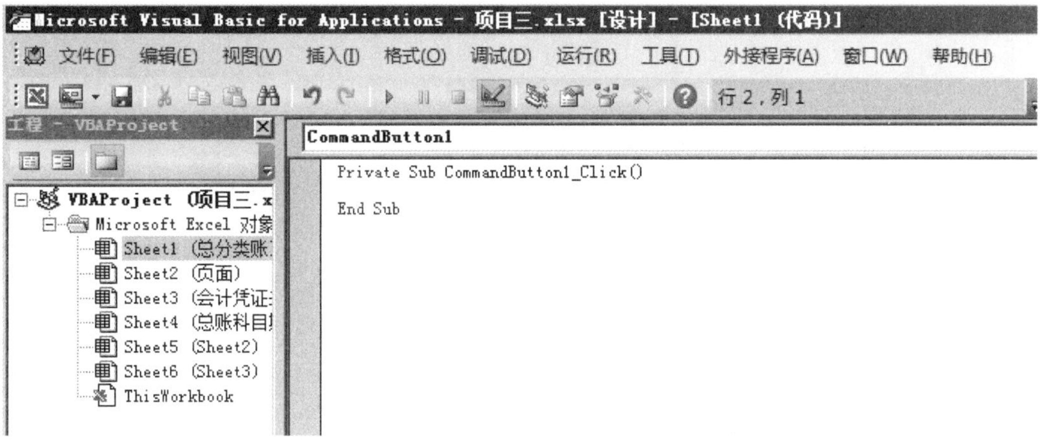

图 3-8　CommandButton1_Click 过程

（3）在过程中输入如下代码。

```
ListBox1. Clear
Dim Sheet1 As Worksheet
Set Sheet1 = Worksheets ( " 总账科目期初余额表 " )

Dim MaxLineNo1 As Integer
MaxLineNo1 = Sheet1.UsedRange. Item (Sheet1. UsedRange. Count). Row

Dim BeginLineNo1 As Integer
BeginLineNo1 = 4

Dim Sheet2 As Worksheet
Set Sheet2 = Worksheets (" 会计凭证表 ")

Dim MaxLineNo2 As Integer
MaxLineNo2 = Sheet2. UsedRange. Item (Sheet2. UsedRange. Count). Row

Dim BeginLineNo2 As Integer
BeginLineNo2 = 4
```

```
    Dim Code As String
    Dim LineNo1, LineNo2 As Integer

    For LineNo1 = BeginLineNo1 To MaxLineNo1

        Code = Sheet1. Cells (LineNo1, 1). Value
        For LineNo2 = BeginLineNo2 To MaxLineNo2
            If Code = Sheet2.Cells (LineNo2, 7). Value Then

                ListBox1. AddItem, ListBox1. ListCount
                ListBox1. List ( ListBox1. ListCount - 1, 0 ) = Code
                ListBox1. List ( ListBox1. ListCount - 1, 1 ) =Sheet1. Cells (LineNo1, 2). Value
                Exit For
        End If
    Next
Next
```

（4）返回工作簿界面，退出设计模式。

（5）单击“命令按钮”，“列表框”自动填充了科目代码和科目名称（如图 3-9 所示）。

（6）调整两个控件的属性，使之较为清晰和美观。

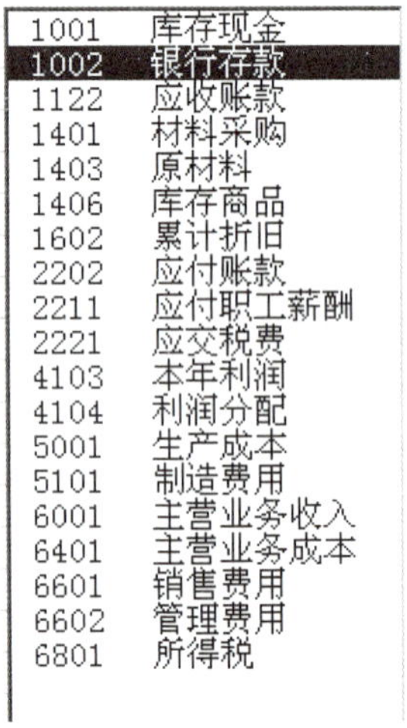

图 3-9 自动填充以后的列表框

项目活动三 自动生成总分类账

在单击“列表框”中的某个科目以后，系统自动生成总分类账，详细步骤如下：

（1）单击【控件】按钮中的【设计模式】，进入设计模式。

（2）双击【列表框】，切换到 Microsoft Visual Basic 界面，系统自动增加了“ListBox1_Click”过程。

（3）在过程中输入如下代码。

```
Dim Sheet0 As Worksheet
Set Sheet0 = Worksheets (" 总分类账 ")

Dim LineNo0 As Integer
LineNo0 = 6

Dim Sheet1 As Worksheet
Set Sheet1 = Worksheets (" 会计凭证表 ")

Dim MaxLineNo1, LineNo1, BeginLineNo1 As Integer
BeginLineNo1 = 4
MaxLineNo1 = Sheet1. UsedRange. Item (Sheet1. UsedRange. Count). Row

Dim Code As Integer ’科目代号
Code = ListBox1.List (ListBox1. ListIndex, 0)
Sheet0.Cells (3, 6). Value = ListBox1. List (ListBox1. ListIndex, 1)
Sheet0.Cells (5, 7). Value = "= VLOOKUP (" & Code & ", 总账科目期初余额表 ! A4 : D94, 3, TRUE)"
Sheet0.Cells (5, 8). Value = "= VLOOKUP (" & Code & ", 总账科目期初余额表 ! A4 : D94, 4, TRUE)"
Sheet0.Cells (5, 9). Value = "= g5 – h5"
’定义变量
Dim 余额 As Double
Dim 月 As Integer
Dim 日 As Integer
Dim 当日借方合计 As Double
Dim 当日贷方合计 As Double
Dim 当月贷方合计 As Double
Dim 当月借方合计 As Double
Dim 当年贷方合计 As Double
Dim 当年借方合计 As Double

Dim 标志 As Boolean

余额 = Sheet0.Cells（5, 9）.Value
月 = 0
日 = 0
当日借方合计 = 0
```

```
当日贷方合计 = 0
当月借方合计 = 0
当月贷方合计 = 0
当年借方合计 = 0
当年贷方合计 = 0

标志 = False

' 删除上次自动生成的数据
Sheet0.Range (Cells (LineNo0, 1), Cells (10000, 100)). Delete

' 输出总分类账数据

For LineNo1 = BeginLineNo1 To MaxLineNo1

    If Sheet1. Cells (LineNo1, 7). Value * 1 = Code Then  '如果科目代码相符

        标志 = True  '给标志赋 " 真 " 值
        If 日 = 0 Then  '如果是第一次
          月 = Sheet1. Cells (LineNo1, 2). Value
          日 = Sheet1. Cells (LineNo1, 3). Value
    End If


    If 月 <> Sheet1.Cells (LineNo1, 2).Value Or 日 <> Sheet1. Cells (LineNo1, 3).Value Then  '如果日期变化
        余额 = 余额 + 当日借方合计 - 当日贷方合计
        Sheet0. Cells (LineNo0, 4). Value = 月
        Sheet0. Cells (LineNo0, 5). Value = 日
        Sheet0. Cells (LineNo0, 7). Value = 当日借方合计
        Sheet0. Cells (LineNo0, 8). Value = 当日贷方合计
        Sheet0. Cells (LineNo0, 9). Value = 余额
        LineNo0 = LineNo0 + 1
        当日借方合计 = 0
        当日贷方合计 = 0
        日 = Sheet1. Cells (LineNo1, 4).Value
    End If


    If 月 <> Sheet1. Cells (LineNo1, 2). Value Then  '如果月份变化
        Sheet0. Cells (LineNo0, 6). Value = " 本月累计 "
        Sheet0. Cells (LineNo0, 7). Value = 当月借方合计
```

```
            Sheet0. Cells (LineNo0, 8). Value = 当月贷方合计
            Sheet0. Cells (LineNo0, 9). Value = 余额
            LineNo0 = LineNo0 + 1
            当月借方合计 = 0
            当月贷方合计 = 0
            月 = Sheet1. Cells (LineNo1, 2). Value
        End If


            当日借方合计 = 当日借方合计 + Sheet1. Cells (LineNo1, 11)
            当日贷方合计 = 当日贷方合计 + Sheet1. Cells (LineNo1, 12)
            当月借方合计 = 当月借方合计 + Sheet1. Cells (LineNo1, 11)
            当月贷方合计 = 当月贷方合计 + Sheet1. Cells (LineNo1, 12)
            当年借方合计 = 当年借方合计 + Sheet1. Cells (LineNo1, 11)
            当年贷方合计 = 当年贷方合计 + Sheet1. Cells (LineNo1, 12)

        End If
    Next



    If 标志 = True Then ' 如果有数据，则把最后的数据输出到相应的单元格

        余额 = 余额 + 当日借方合计 - 当日贷方合计

        Sheet0. Cells (LineNo0, 4). Value = 月
        Sheet0. Cells (LineNo0, 5). Value = 日
        Sheet0. Cells (LineNo0, 7). Value = 当日借方合计
        Sheet0. Cells (LineNo0, 8). Value = 当日贷方合计
        Sheet0. Cells (LineNo0, 9). Value = 余额
        LineNo0 = LineNo0 + 1


        Sheet0. Cells (LineNo0, 6). Value = " 本月累计 "
        Sheet0. Cells (LineNo0, 7). Value = 当月借方合计
        Sheet0. Cells (LineNo0, 8). Value = 当月贷方合计
        Sheet0. Cells (LineNo0, 9). Value = 余额
        LineNo0 = LineNo0 + 1

        Sheet0. Cells (LineNo0, 6). Value = " 本年累计 "
```

```
    Sheet0. Cells (LineNo0, 7). Value = 当年借方合计
    Sheet0. Cells (LineNo0, 8). Value = 当年贷方合计
    Sheet0. Cells (LineNo0, 9). Value = 余额

End If

'设置边框
Sheet0. Select
Range ("D4 : I" & LineNo0). Select
Selection. Borders (xlDiagonalDown). LineStyle = xlNone
Selection. Borders (xlDiagonalUp). LineStyle = xlNone
With Selection. Borders (xlEdgeLeft)
    .LineStyle = xlContinuous
    .Weight = xlThin
    .ColorIndex = xlAutomatic
End With
With Selection. Borders (xlEdgeTop)
    .LineStyle = xlContinuous
    .Weight = xlThin
    .ColorIndex = xlAutomatic
End With
With Selection. Borders (xlEdgeBottom)
    .LineStyle = xlContinuous
    .Weight = xlThin
    .ColorIndex = xlAutomatic
End With
With Selection. Borders (xlEdgeRight)
    .LineStyle = xlContinuous
    .Weight = xlThin
    .ColorIndex = xlAutomatic
End With
With Selection.Borders (xlInsideVertical)
    .LineStyle = xlContinuous
    .Weight = xlThin
    .ColorIndex = xlAutomatic
End With
With Selection.Borders (xlInsideHorizontal)
    .LineStyle = xlContinuous
    .Weight = xlThin
    .ColorIndex = xlAutomatic
End With
```

```
'设置数据格式
Range ("G5 : I" & LineNo0). Select
Selection.NumberFormatLocal = "#, ##0.00_ "
```

（4）返回工作簿界面，退出设计模式。

（5）单击“列表框”中的任意科目，自动生成总分类账，如图 3-10 和图 3-11 分别是自动生成的现金总分类账和银行存款总分类账。

总 分 类 账

会计科目：		应收账款	2012年		
月	日	摘要	借方	贷方	余额
		期初余额	140 000.00	0.00	140 000.00
12	8		0.00	140 000.00	0.00
12	20		152 100.00	0.00	152 100.00
		本月累计	152 100.00	140 000.00	152 100.00
		本年累计	152 100.00	140 000.00	152 100.00

图 3-10　现金总分类账

总 分 类 账

会计科目：		银行存款	2012年		
月	日	摘要	借方	贷方	余额
		期初余额	276,635.00	0.00	276,635.00
12	1		0.00	300.00	276,335.00
12	2		0.00	200.00	276,135.00
12	5		0.00	115,800.00	160,335.00
12	6		0.00	440.00	159,895.00
12	8		140,000.00	0.00	299,895.00
12	9		0.00	15,775.00	284,120.00
12	13		257,400.00	0.00	541,520.00
12	14		0.00	700.00	540,820.00
12	20		0.00	530.00	540,290.00
12	28		0.00	1,000.00	539,290.00
12	30		0.00	350.00	538,940.00
		本月累计	397,400.00	135,095.00	538,940.00
		本年累计	397,400.00	135,095.00	538,940.00

图 3-11　银行存款总分类账

工作任务二　明细分类账的建立

明细分类账的账簿格式设置同总分类账差不多，对建立总分类账的方法稍加修改便可以完成建立明细分类账的工作。

项目活动一 明细分类账的格式设置

明细分类账的账簿格式设置同总分类账差不多，详细步骤如下：

（1）复制一个总分类账的表单，并改名为“明细分类账”；

（2）设置 B 列列款为 48；

（3）更改单元格 D2 内容为“明细分类账”；

（4）更改单元格 D3 内容为“科目”；

（5）单击【控件】按钮中的“设计模式”，进入设计模式。

（6）选择“列表框”，单击【开始】选项卡上，【剪贴板】组中的“复制” 按钮，然后单击“粘贴” 按钮，调整大小和位置（如图 3-12 所示）。后文将左边的列表框称为“总账列表框”，将右边的列表框称为“明细列表框”。

图 3-12 复制一个列表框

（7）设置“明细列表框”的“ColumnCount”属性为“1”，“ColumnWidths”属性为“ ”。

项目活动二 自动生成总账科目列表

单击“命令按钮”能自动生成总账科目列表，然而有些总账科目并没有明细科目，需要剔除，详细步骤如下：

（1）进入设计模式。

（2）双击“命令按钮”，切换到 Microsoft Visual Basic 界面。

（3）查找“If Code = Sheet2. Cells（LineNo2, 7）. Value Then”这句代码，把它改成“If Code = Sheet2. Cells（LineNo2, 7）. Value And Sheet2. Cells（LineNo2,9）. Value <> " " Then”。

（4）返回工作簿界面，退出设计模式。

（5）单击“命令按钮”，自动填充的“总账列表框”如图 3-13 所示。

图 3-13　重新生成的总账列表框

项目活动三　自动生成相应的明细科目列表

在单击“总账列表框”的内容后，要把相应的明细科目在“明细列表框”中显示出来，详细步骤如下：

（1）进入设计模式。

（2）双击“明细列表框”，切换到 Microsoft Visual Basic 界面，进入“ListBox1_Click”过程，删除所有内容。

（3）在“ListBox1_Click”过程中输入以下代码。

```
Dim Code As Integer
Dim Sheet As Worksheet
Set Sheet = Worksheets（"会计凭证表"）

Dim LineNo, BeginLineNo, MaxLineNo As Integer
BeginLineNo = 4
```

```
MaxLineNo = Sheet. UsedRange. Item (Sheet.UsedRange. Count). Row

Code = ListBox1. List (ListBox1.ListIndex, 0)
ListBox2.Clear

For LineNo = BeginLineNo To MaxLineNo

    当前明细科目 = Sheet. Cells (LineNo, 9). Value

    If Sheet.Cells (LineNo, 7). Value = Code And 当前明细科目 <> " " Then
        存在 = False
        For i = 0 To ListBox2. ListCount - 1
          If ListBox2. List ( i ) = 当前明细科目 Then
            存在 = True
            Exit For
          End If
        Next
        If 存在 = False Then
          ListBox2. AddItem ( 当前明细科目 )
        End If
    End If
Next
```

（4）返回工作簿界面，退出设计模式。

（5）单击“总账列表框”里的任意科目，自动填充“明细列表框”（如图 3-14 所示）。

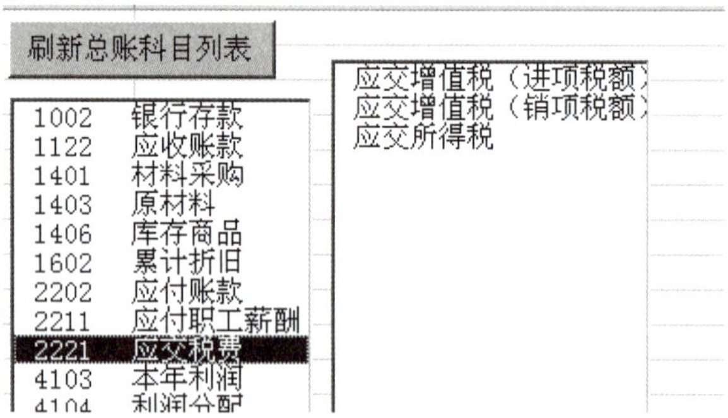

图 3-14 自动填充的“明细列表框”

项目活动四 生成明细分类账

在单击“明细列表框”中的某个明细科目以后，系统自动生成明细分类账。明细分类账的自动生成与总分类账的自动生成基本一样，在此不做详细介绍。

项目总结

经过本项目的学习，要求学生从整体上掌握企业分类账管理系统的建立思路和方法，通过操作，熟练掌握总分类账的建立方法及明细分类账的建立方法。培养学生自我学习、信息处理和数字运用等能力，并在学习过程中提高独立解决问题的能力和培养创新的意识。

综合技能强化训练

【实　训　三】

实训目标：通过完成本项目的综合实训，学习者能够进行分类账系统工作簿的制作，并从中学习掌握 Excel、公式与函数及宏的基本操作方法。

实训资料：

【资料 1】同项目一中的“综合技能强化训练”。

【资料 2】同项目一中的“综合技能强化训练”。

实训要求：根据以上资料建立天德公司分类账系统，具体要求包括：

（1）建立天德公司总分类账；

（2）建立天德公司明细分类账。

学习评价

▲专业能力测评表

（在□中打√，A 掌握，B 基本掌握，C 未掌握）

业务能力	评价指标	自测结果	备注
总分类账的建立	1. 总分类账的格式设置 2. 填充列表框 3. 自动生成总分类账	□A　□B　□C □A　□B　□C □A　□B　□C	
明细分类账的建立	1. 明细分类账的格式设置 2. 自动生成总账科目列表 3. 自动生成相应的明细科目列表 4. 生成明细分类账	□A　□B　□C □A　□B　□C □A　□B　□C □A　□B　□C	
教师评语：			
成绩		教师签字	

04

项目四

会计报表的编制

【工作目标】

会计报表是综合反映企业经营成果、财务状况以及现金流量信息的书面文件，它是会计核算的最终结果，也是会计核算工作的总结。主要的会计报表按照反映内容的不同，可以分为资产负债表、利润表和现金流量表。本项目的主要内容就是介绍资产负债表、利润表和现金流量表的编制方法和步骤。

通过完成本项目的五个工作任务，学习者能够利用 Excel 进行会计报表系统工作簿的制作，并掌握 Excel 数据透视表、数据自动生成与更新、公式与函数的基本操作方法。

【工作思路】

本项目的工作思路是建立会计报表系统工作簿，完成该系统的首页设计；制作或引用账务处理系统的数据源，编制资产负债表、利润表和现金流量表。项目四工作思路如图 4-1 所示。

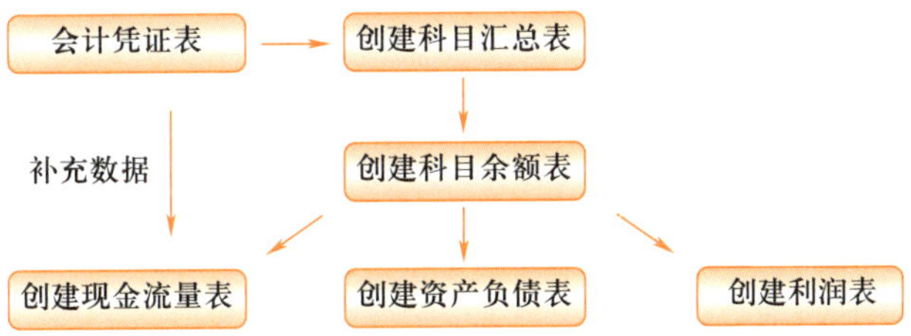

图 4-1　项目四工作思路图示

【背景资料】

在项目一中，凌嘉公司的会计凭证表已经输入生成，并且在项目三中已经形成了各总账科目和明细科目的账簿，在本项目中仍沿用该企业的数据资料进行处理。输入的凭证数据如图 4-2 所示。

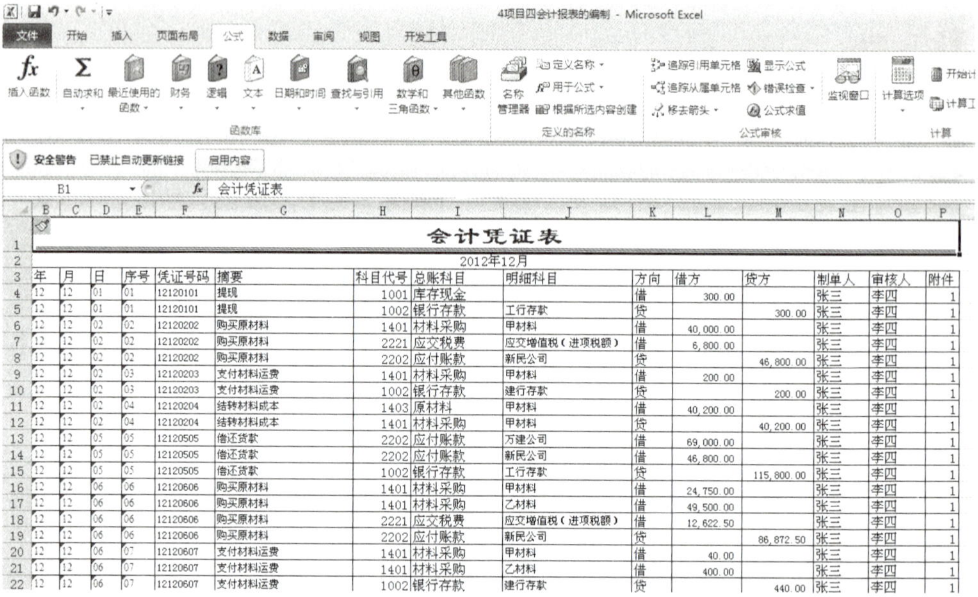

会计凭证表

2012年12月

	年	月	日	序号	凭证号码	摘要	科目代号	总账科目	明细科目	方向	借方	贷方	制单人	审核人	附件
4	12	12	01	01	12120101	提现	1001	库存现金		借	300.00		张三	李四	1
5	12	12	01	01	12120101	提现	1002	银行存款	工行存款	贷		300.00	张三	李四	1
6	12	12	02	02	12120202	购买原材料	1401	材料采购	甲材料	借	40,000.00		张三	李四	1
7	12	12	02	02	12120202	购买原材料	2221	应交税费	应交增值税（进项税额）	借	6,800.00		张三	李四	1
8	12	12	02	02	12120202	购买原材料	2202	应付账款	新民公司	贷		46,800.00	张三	李四	1
9	12	12	02	03	12120203	支付材料运费	1401	材料采购	甲材料	借	200.00		张三	李四	1
10	12	12	02	03	12120203	支付材料运费	1002	银行存款	建行存款	贷		200.00	张三	李四	1
11	12	12	02	04	12120204	结转材料成本	1403	原材料	甲材料	借	40,200.00		张三	李四	1
12	12	12	02	04	12120204	结转材料成本	1401	材料采购	甲材料	贷		40,200.00	张三	李四	1
13	12	12	05	05	12120505	偿还货款	2202	应付账款	万建公司	借	69,000.00		张三	李四	1
14	12	12	05	05	12120505	偿还货款	2202	应付账款	新民公司	借	46,800.00		张三	李四	1
15	12	12	05	05	12120505	偿还货款	1002	银行存款	工行存款	贷		115,800.00	张三	李四	1
16	12	12	06	06	12120606	购买原材料	1401	材料采购	甲材料	借	24,750.00		张三	李四	1
17	12	12	06	06	12120606	购买原材料	1401	材料采购	乙材料	借	49,500.00		张三	李四	1
18	12	12	06	06	12120606	购买原材料	2221	应交税费	应交增值税（进项税额）	借	12,622.50		张三	李四	1
19	12	12	06	06	12120606	购买原材料	2202	应付账款	新民公司	贷		86,872.50	张三	李四	1
20	12	12	06	07	12120607	支付材料运费	1401	材料采购	甲材料	借	40.00		张三	李四	1
21	12	12	06	07	12120607	支付材料运费	1401	材料采购	乙材料	借	400.00		张三	李四	1
22	12	12	06	07	12120607	支付材料运费	1002	银行存款	建行存款	贷		440.00	张三	李四	1

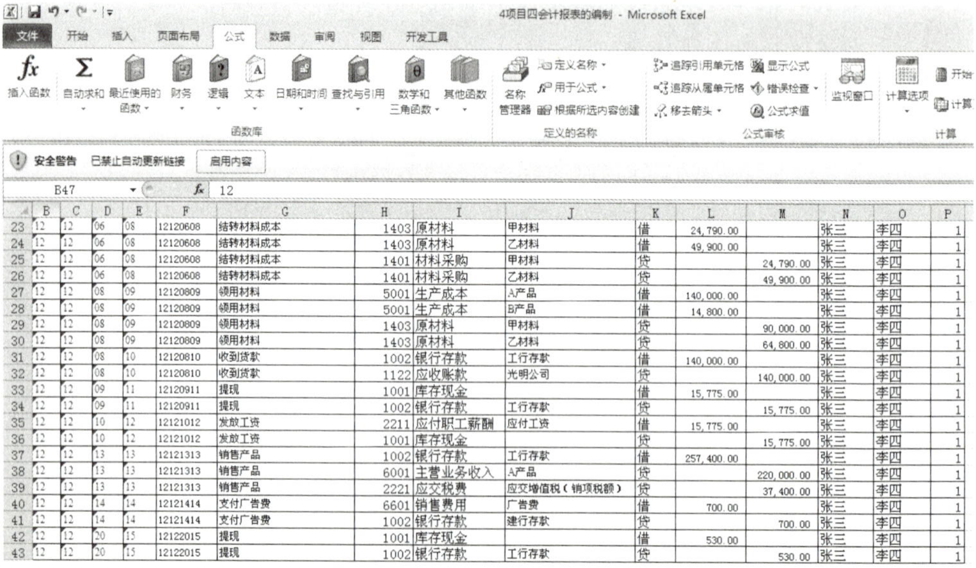

	年	月	日	序号	凭证号码	摘要	科目代号	总账科目	明细科目	方向	借方	贷方	制单人	审核人	附件
23	12	12	06	08	12120608	结转材料成本	1403	原材料	甲材料	借	24,790.00		张三	李四	1
24	12	12	06	08	12120608	结转材料成本	1403	原材料	乙材料	借	49,900.00		张三	李四	1
25	12	12	06	08	12120608	结转材料成本	1401	材料采购	甲材料	贷		24,790.00	张三	李四	1
26	12	12	06	08	12120608	结转材料成本	1401	材料采购	乙材料	贷		49,900.00	张三	李四	1
27	12	12	08	09	12120809	领用材料	5001	生产成本	A产品	借	140,000.00		张三	李四	1
28	12	12	08	09	12120809	领用材料	5001	生产成本	B产品	借	14,800.00		张三	李四	1
29	12	12	08	09	12120809	领用材料	1403	原材料	甲材料	贷		90,000.00	张三	李四	1
30	12	12	08	09	12120809	领用材料	1403	原材料	乙材料	贷		64,800.00	张三	李四	1
31	12	12	08	10	12120810	收到货款	1002	银行存款	工行存款	借	140,000.00		张三	李四	1
32	12	12	08	10	12120810	收到货款	1122	应收账款	光明公司	贷		140,000.00	张三	李四	1
33	12	12	09	11	12120911	提现	1001	库存现金		借	15,775.00		张三	李四	1
34	12	12	09	11	12120911	提现	1002	银行存款	工行存款	贷		15,775.00	张三	李四	1
35	12	12	10	12	12121012	发放工资	2211	应付职工薪酬	应付工资	借	15,775.00		张三	李四	1
36	12	12	10	12	12121012	发放工资	1001	库存现金		贷		15,775.00	张三	李四	1
37	12	12	13	13	12121313	销售产品	1002	银行存款	工行存款	借	257,400.00		张三	李四	1
38	12	12	13	13	12121313	销售产品	6001	主营业务收入	A产品	贷		220,000.00	张三	李四	1
39	12	12	13	13	12121313	销售产品	2221	应交税费	应交增值税（销项税额）	贷		37,400.00	张三	李四	1
40	12	12	14	14	12121414	支付广告费	6601	销售费用	广告费	借	700.00		张三	李四	1
41	12	12	14	14	12121414	支付广告费	1002	银行存款	建行存款	贷		700.00	张三	李四	1
42	12	12	20	15	12122015	提现	1001	库存现金		借	530.00		张三	李四	1
43	12	12	20	15	12122015	提现	1002	银行存款	工行存款	贷		530.00	张三	李四	1

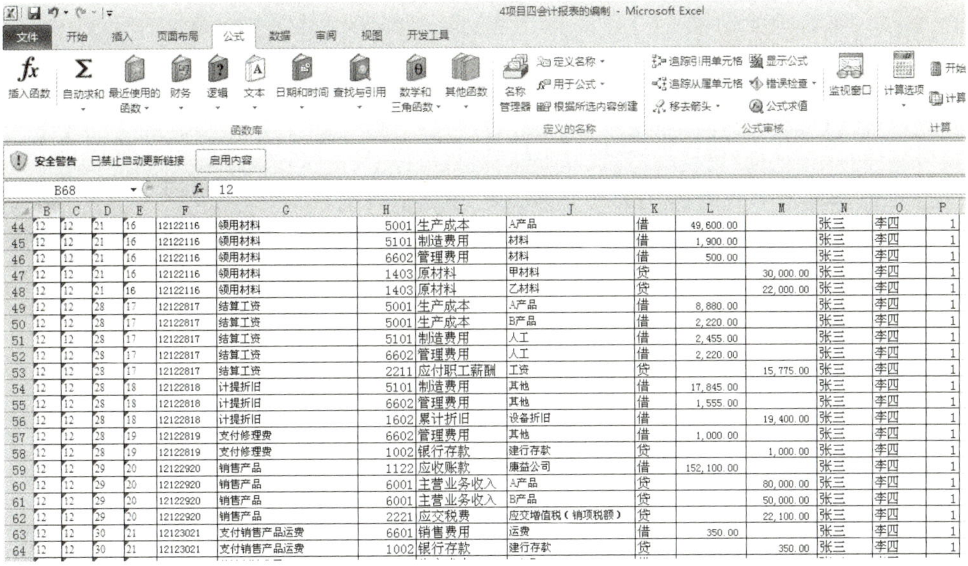

	B	C	D	E	F	G	H	I	J	K	L	M	N	O	P
44	12	12	21	16	12122116	领用材料	5001	生产成本	A产品	借	49,600.00		张三	李四	1
45	12	12	21	16	12122116	领用材料	5101	制造费用	材料	借	1,900.00		张三	李四	1
46	12	12	21	16	12122116	领用材料	6602	管理费用	材料	借	500.00		张三	李四	1
47	12	12	21	16	12122116	领用材料	1403	原材料	甲材料	贷		30,000.00	张三	李四	1
48	12	12	21	16	12122116	领用材料	1403	原材料	乙材料	贷		22,000.00	张三	李四	1
49	12	12	28	17	12122817	结算工资	5001	生产成本	A产品	借	8,880.00		张三	李四	1
50	12	12	28	17	12122817	结算工资	5001	生产成本	B产品	借	2,220.00		张三	李四	1
51	12	12	28	17	12122817	结算工资	5101	制造费用	人工	借	2,455.00		张三	李四	1
52	12	12	28	17	12122817	结算工资	6602	管理费用	人工	借	2,220.00		张三	李四	1
53	12	12	28	17	12122817	结算工资	2211	应付职工薪酬	工资	贷		15,775.00	张三	李四	1
54	12	12	28	18	12122818	计提折旧	5101	制造费用	其他	借	17,845.00		张三	李四	1
55	12	12	28	18	12122818	计提折旧	6602	管理费用	其他	借	1,555.00		张三	李四	1
56	12	12	28	18	12122818	计提折旧	1602	累计折旧	设备折旧	借		19,400.00	张三	李四	1
57	12	12	28	19	12122819	支付修理费	6602	管理费用	其他	借	1,000.00		张三	李四	1
58	12	12	28	19	12122819	支付修理费	1002	银行存款	建行存款	贷		1,000.00	张三	李四	1
59	12	12	29	20	12122920	销售产品	1122	应收账款	康益公司	借	152,100.00		张三	李四	1
60	12	12	29	20	12122920	销售产品	6001	主营业务收入	A产品	贷		80,000.00	张三	李四	1
61	12	12	29	20	12122920	销售产品	6001	主营业务收入	B产品	贷		50,000.00	张三	李四	1
62	12	12	29	20	12122920	销售产品	2221	应交税费	应交增值税（销项税额）	贷		22,100.00	张三	李四	1
63	12	12	30	21	12123021	支付销售产品运费	6601	销售费用	运费	借	350.00		张三	李四	1
64	12	12	30	21	12123021	支付销售产品运费	1002	银行存款	建行存款	贷		350.00	张三	李四	1

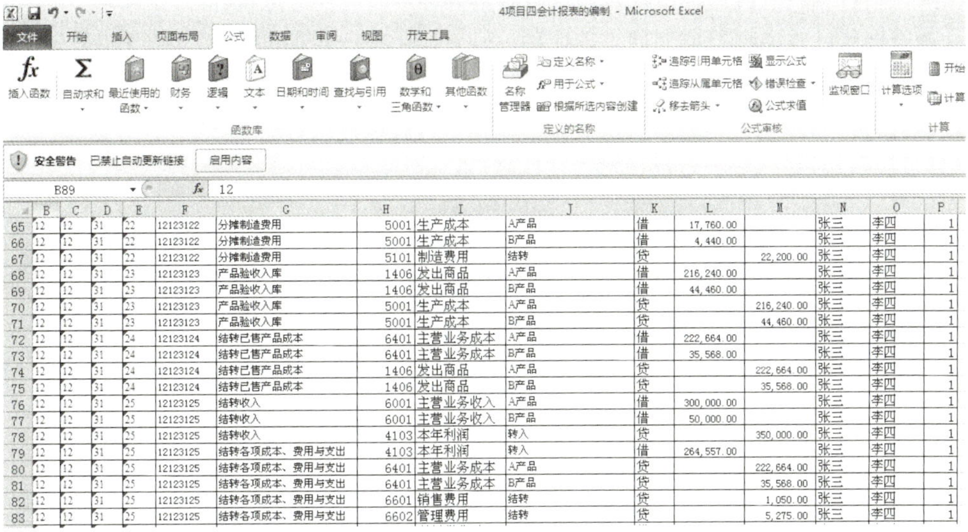

	B	C	D	E	F	G	H	I	J	K	L	M	N	O	P
65	12	12	31	22	12123122	分摊制造费用	5001	生产成本	A产品	借	17,760.00		张三	李四	1
66	12	12	31	22	12123122	分摊制造费用	5001	生产成本	B产品	借	4,440.00		张三	李四	1
67	12	12	31	22	12123122	分摊制造费用	5101	制造费用	结转	贷		22,200.00	张三	李四	1
68	12	12	31	23	12123123	产品验收入库	1406	发出商品	A产品	借	216,240.00		张三	李四	1
69	12	12	31	23	12123123	产品验收入库	1406	发出商品	B产品	借	44,460.00		张三	李四	1
70	12	12	31	23	12123123	产品验收入库	5001	生产成本	A产品	贷		216,240.00	张三	李四	1
71	12	12	31	23	12123123	产品验收入库	5001	生产成本	B产品	贷		44,460.00	张三	李四	1
72	12	12	31	24	12123124	结转已售产品成本	6401	主营业务成本	A产品	借	222,664.00		张三	李四	1
73	12	12	31	24	12123124	结转已售产品成本	6401	主营业务成本	B产品	借	35,568.00		张三	李四	1
74	12	12	31	24	12123124	结转已售产品成本	1406	发出商品	A产品	贷		222,664.00	张三	李四	1
75	12	12	31	24	12123124	结转已售产品成本	1406	发出商品	B产品	贷		35,568.00	张三	李四	1
76	12	12	31	25	12123125	结转收入	6001	主营业务收入	A产品	借	300,000.00		张三	李四	1
77	12	12	31	25	12123125	结转收入	6001	主营业务收入	B产品	借	50,000.00		张三	李四	1
78	12	12	31	25	12123125	结转收入	4103	本年利润	转入	贷		350,000.00	张三	李四	1
79	12	12	31	25	12123125	结转各项成本、费用与支出	4103	本年利润	转入	借	264,557.00		张三	李四	1
80	12	12	31	25	12123125	结转各项成本、费用与支出	6401	主营业务成本	A产品	贷		222,664.00	张三	李四	1
81	12	12	31	25	12123125	结转各项成本、费用与支出	6401	主营业务成本	B产品	贷		35,568.00	张三	李四	1
82	12	12	31	25	12123125	结转各项成本、费用与支出	6601	销售费用	结转	贷		1,050.00	张三	李四	1
83	12	12	31	25	12123125	结转各项成本、费用与支出	6602	管理费用	结转	贷		5,275.00	张三	李四	1

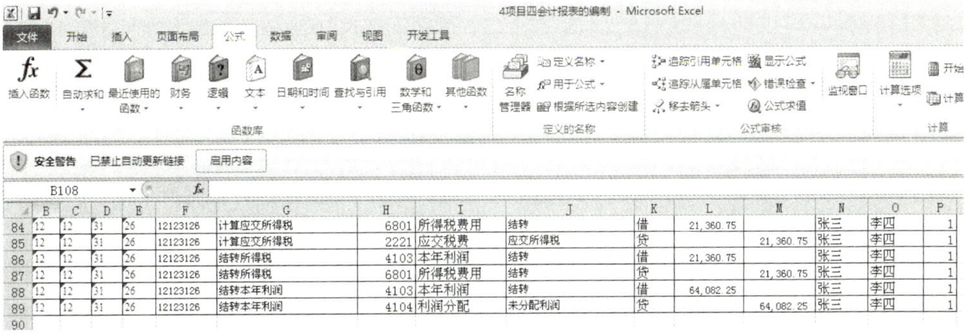

	B	C	D	E	F	G	H	I	J	K	L	M	N	O	P
84	12	12	31	26	12123126	计算应交所得税	6801	所得税费用	结转	借	21,360.75		张三	李四	1
85	12	12	31	26	12123126	计算应交所得税	2221	应交税费	应交所得税	贷		21,360.75	张三	李四	1
86	12	12	31	26	12123126	结转所得税	4103	本年利润	结转	借	21,360.75		张三	李四	1
87	12	12	31	26	12123126	结转所得税	6801	所得税费用	结转	贷		21,360.75	张三	李四	1
88	12	12	31	26	12123126	结转本年利润	4103	本年利润	结转	借	64,082.25		张三	李四	1
89	12	12	31	26	12123126	结转本年利润	4104	利润分配	未分配利润	贷		64,082.25	张三	李四	1
90															

图 4-2　凭证数据

【工作准备】

首先建立一个名为“项目四会计报表的编制”的工作簿，在此工作簿中建立“首页”、“科目汇总表”、“科目余额表”、“资产负债表”、“利润表”、“现金流量表”等工作表，各工作表分别完成相应的工作任务。“首页”工作表的建立方法在前面项目一中已作介绍，这里不做赘述，下面分别介绍其他各工作表的设计方法和步骤。

工作任务一　科目汇总表的建立

科目汇总表是根据一定期间内的所有经济业务，根据相同的会计科目进行归类，定期汇总出每一个会计科目的本期借方发生额合计数和贷方发生额合计数的一种表格。科目汇总表在会计账务核算过程中起着承上启下的作用。一方面，将一定期间发生的经济业务分门别类进行汇总；另一方面，为编制会计报表提供数据。科目汇总表的格式如图 4-3 所示。

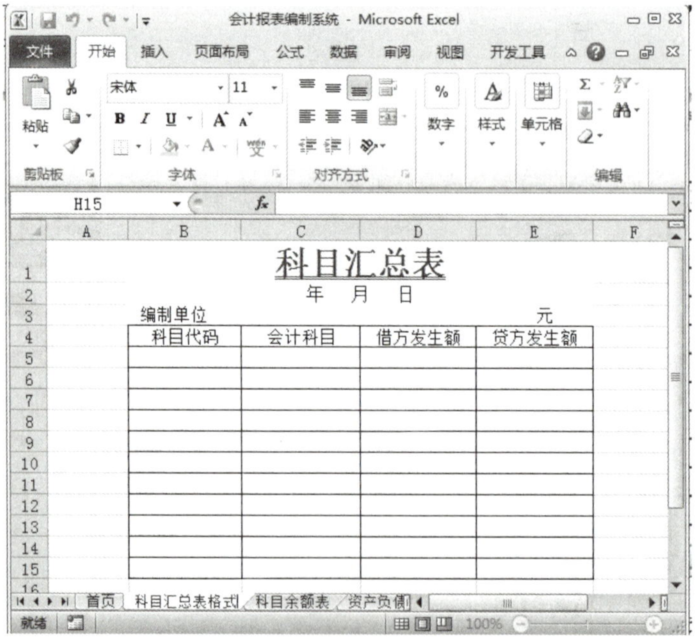

图 4-3　科目汇总表格式

项目活动一　生成科目汇总表数据

科目汇总表是建立在会计凭证表基础之上的，其数据来源于会计凭证表。我们可以利用Excel中的数据透视表功能将已形成的会计凭证表生成科目汇总表数据。按照惯例，已将所需要的范围名称定义完成。具体操作步骤如下：

（1）打开“会计凭证表”工作表。

（2）在【插入】选项卡上，【表】组中单击【数据透视表】，弹出【创建数据透视表】对话框（如图4-4所示）。

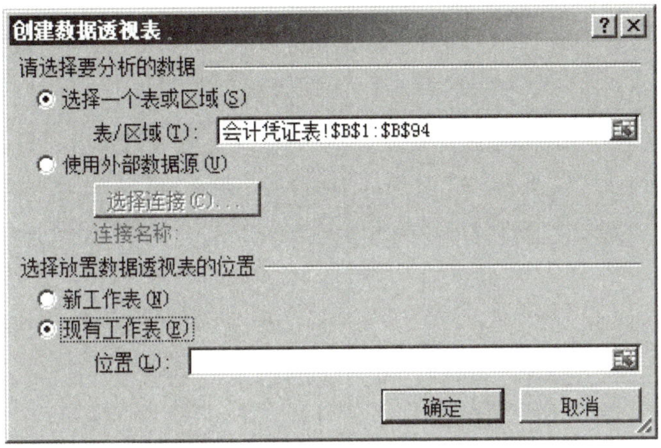

图4-4　【创建数据透视表】对话框

（3）单击【公式】选项卡上，【定义的名称】组中【用于公式】命令，选择定义名称“会计凭证表”；在“选择放置数据透视表的位置”栏中选择“新工作表”复选框（如图4-5所示）。

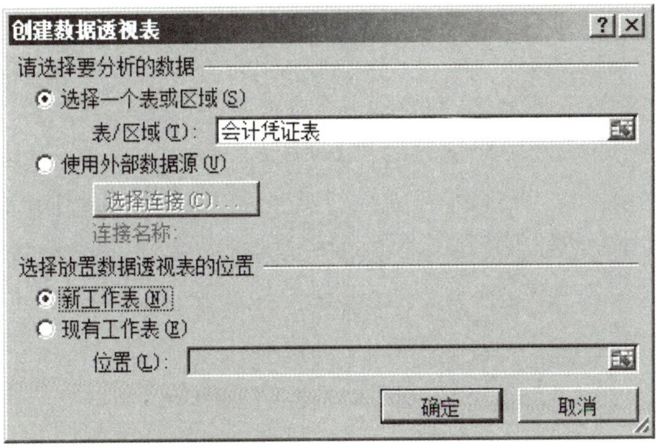

图4-5　选择数据透视表的数据来源及位置

（4）单击【确定】按钮，生成数据透视表（如图 4-6 所示）。

图 4-6　生成“数据透视表”

（5）在【数据透视表字段列表】对话框中将“年”“月”拖动到“报表筛选”区域（如图 4-7 所示）。

（6）在【数据透视表字段列表】对话框中将“科目代号”、“总账科目”拖动到“行标签”区域（如图 4-7 所示）。

（7）在【数据透视表字段列表】对话框中将“借方”、“贷方”拖动到“数值”区域（如图 4-7 所示）。

（8）双击数据透视表中“计数项：借方”，在弹出的【值字段设置】对话框中将“值汇总方式”选为“求和”，【数字格式】按钮中选择“会计专用”，将“小数点位数”选为“2”，“货币符号”选为“无”。按同样步骤操作“计数项：贷方”（如图 4-8 所示）。

（9）单击【确定】按钮。

（10）将新生成的工作表重命名为“科目汇总表”（如图 4-9 所示）。

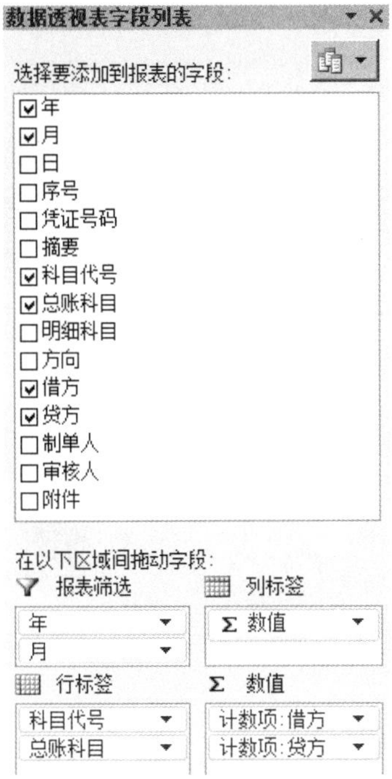

图 4-7　设置“数据透视表”数据布局

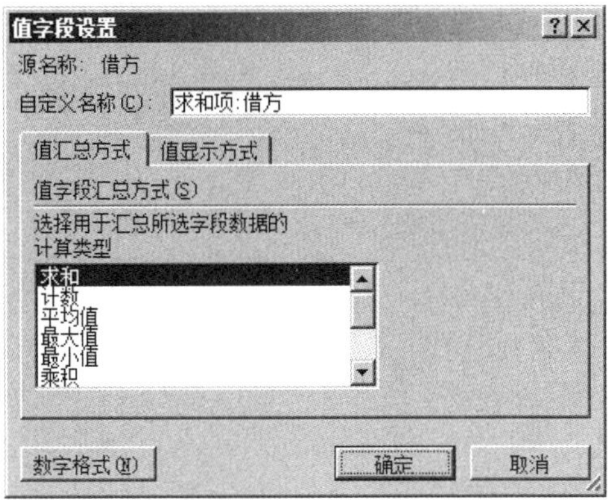

图 4-8　设置“数据透视表“字段

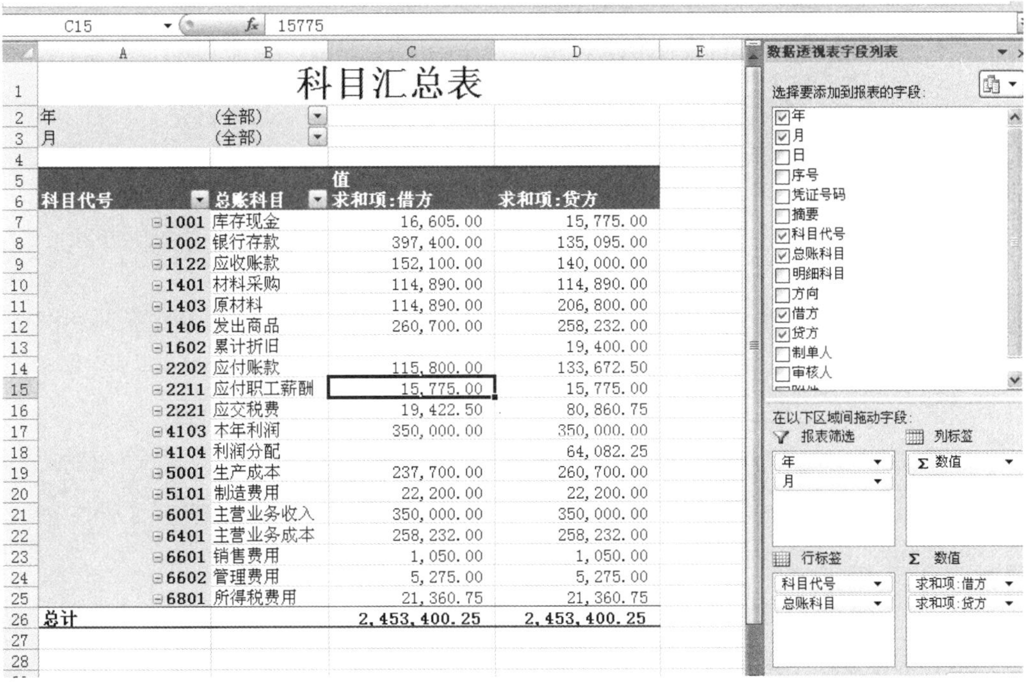

科目汇总表

科目代号	总账科目	求和项:借方	求和项:贷方
1001	库存现金	16,605.00	15,775.00
1002	银行存款	397,400.00	135,095.00
1122	应收账款	152,100.00	140,000.00
1401	材料采购	114,890.00	114,890.00
1403	原材料	114,890.00	206,800.00
1406	发出商品	260,700.00	258,232.00
1602	累计折旧		19,400.00
2202	应付账款	115,800.00	133,672.50
2211	应付职工薪酬	15,775.00	15,775.00
2221	应交税费	19,422.50	80,860.75
4103	本年利润	350,000.00	350,000.00
4104	利润分配		64,082.25
5001	生产成本	237,700.00	260,700.00
5101	制造费用	22,200.00	22,200.00
6001	主营业务收入	350,000.00	350,000.00
6401	主营业务成本	258,232.00	258,232.00
6601	销售费用	1,050.00	1,050.00
6602	管理费用	5,275.00	5,275.00
6801	所得税费用	21,360.75	21,360.75
总计		2,453,400.25	2,453,400.25

图 4-9　对工作表重命名

项目活动二　科目汇总表的美化

用“数据透视表”生成的科目汇总表在格式上与会计上熟悉的科目汇总表还有一定的差距，现在将在已生成的“数据透视表”基础上进行美化和调整，具体操作步骤如下：

（1）单击数据透视表任意位置，将显示【数据透视表工具】，其中包含【选项】和【设计】两个选项卡。在【设计】选项卡上【布局】组中单击【报表布局】选择“以表格形式显示”，单击【分类汇总】选择“不显示分类汇总”，也可以按需要选择其他布局（如图 4-10 所示）。

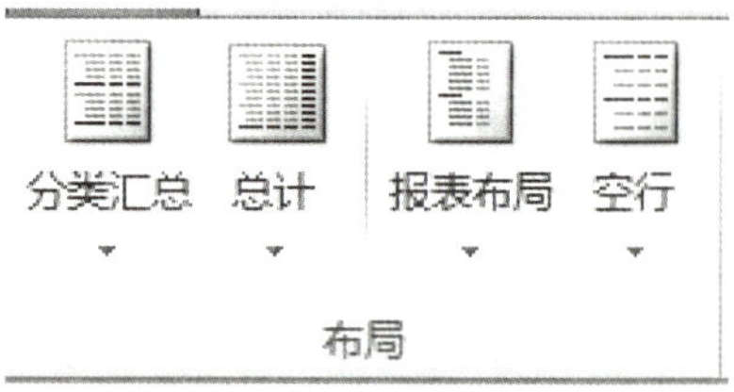

图 4-10　设置透视表布局

（2）选择第一行并单击右键，在弹出的快捷菜单中选择【插入】命令。选择 A1：E1 单元格，单击【合并后居中】按钮，输入“科目汇总表”，并设置字体格式，完成后如图 4-11 所示。

科目汇总表

年　(全部)
月　(全部)

科目代号	总账科目	值 求和项:借方	求和项:贷方
⊟1001	库存现金	16,605.00	15,775.00
⊟1002	银行存款	397,400.00	135,095.00
⊟1122	应收账款	152,100.00	140,000.00
⊟1401	材料采购	114,890.00	114,890.00
⊟1403	原材料	114,890.00	206,800.00
⊟1406	发出商品	260,700.00	258,232.00
⊟1602	累计折旧		19,400.00
⊟2202	应付账款	115,800.00	133,672.50
⊟2211	应付职工薪酬	15,775.00	15,775.00
⊟2221	应交税费	19,422.50	80,860.75
⊟4103	本年利润	350,000.00	350,000.00
⊟4104	利润分配		64,082.25
⊟5001	生产成本	237,700.00	260,700.00
⊟5101	制造费用	22,200.00	22,200.00
⊟6001	主营业务收入	350,000.00	350,000.00
⊟6401	主营业务成本	258,232.00	258,232.00
⊟6601	销售费用	1,050.00	1,050.00
⊟6602	管理费用	5,275.00	5,275.00
⊟6801	所得税费用	21,360.75	21,360.75
总计		2,453,400.25	2,453,400.25

图 4-11　完成科目汇总表的设置

项目活动三　科目汇总表数据的自动更新

生成的数据透视表中的数据，不能随意进行修改和变动，只能够随着数据源数据的更新而更新。具体步骤如下。

（1）在“会计凭证表”工作表中删除一笔业务（如图 4-12 所示）。

（2）切换至“科目汇总表”工作表。

（3）单击鼠标右键，在弹出的快捷菜单中选择“刷新”命令，“科目汇总表”的数据就自动更新了（如图 4-13 所示）。

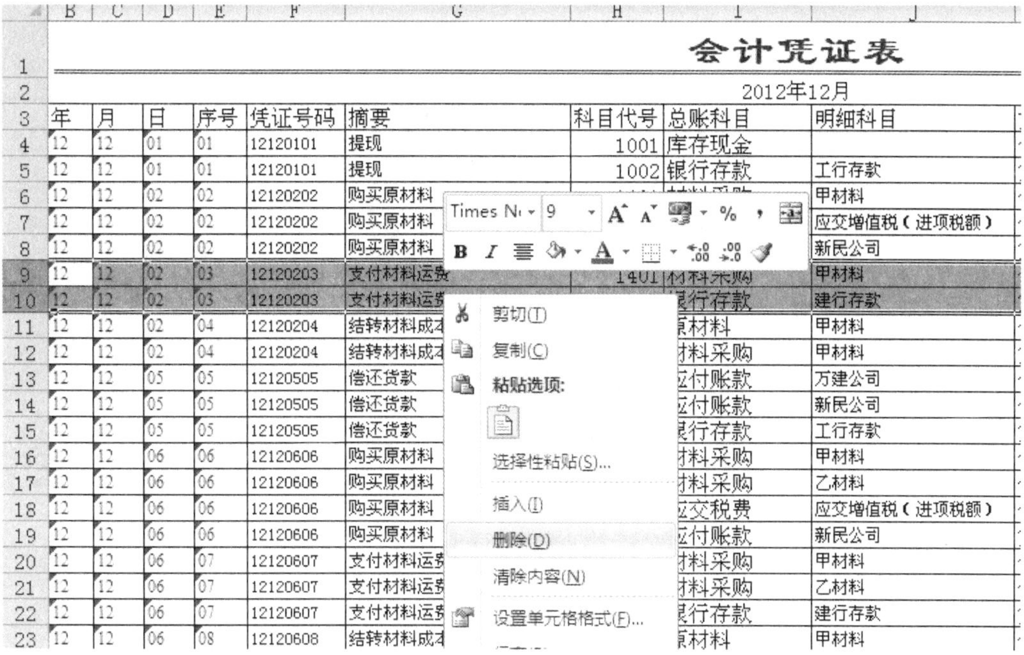

图 4-12　修改数据源数据

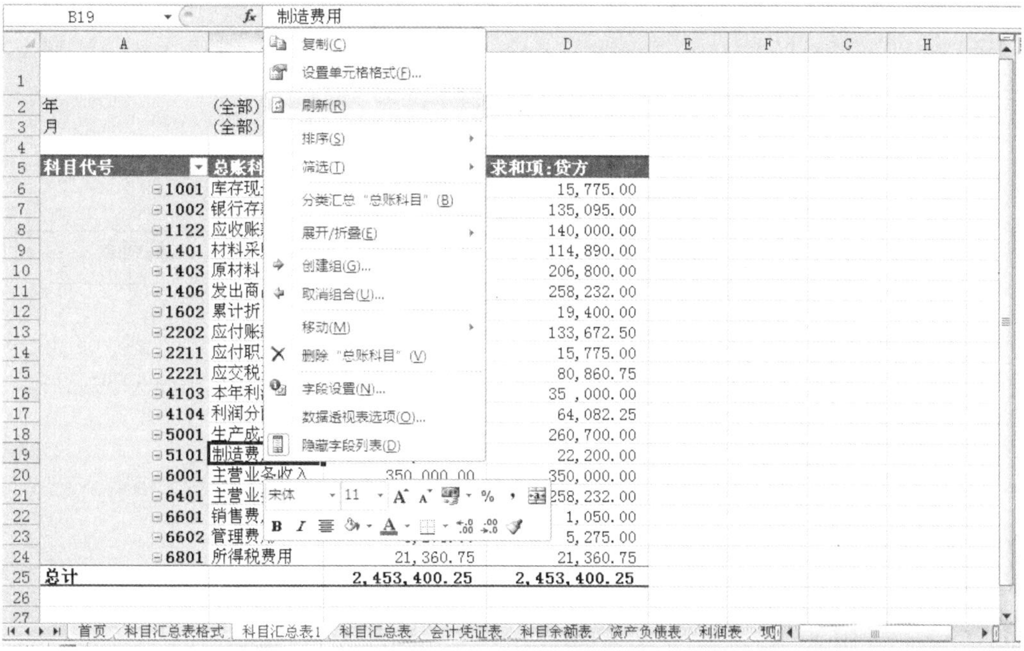

图 4-13　自动更新数据

工作任务二　科目余额表的建立

科目余额表是用来记录本期所有会计科目的发生额和余额的表格，它是科目汇总表的进一步延伸，能够反映某一会计期间相关会计科目（账户）的期初余额、本期发生额、期末余额，为编制会计报表提供更完善的数据。

项目活动一　科目余额表的结构设计

利用 Excel 建立科目余额表的步骤如下：

（1）打开“科目余额表”，选择 A1 : H1 单元格，单击【合并后居中】按钮。在 A1 单元格，输入“科目余额表”，并单击【加粗】按钮。

（2）选择 A2 : A3 单元格，单击【合并后居中】按钮，在 A3 单元格，输入“科目编号”；

（3）选择 B2 : B3 单元格，单击【合并后居中】按钮，在 B3 单元格，输入“会计科目”；

（4）选择 C2 : D2 单元格，单击【合并后居中】按钮，在 C2 单元格，输入“期初余额”，并单击【加粗】按钮。

（5）选择 E2 : F2 单元格，单击【合并后用中】按钮，在 E2 单元格，输入“本期发生额”，并单击【加粗】按钮。

（6）选择 G2 : H2 单元格，单击【合并后居中】按钮，在 G2 单元格，输入“期末余额”，并单击【加粗】按钮。

（7）分别选择 C3、E3、G3 单元格，输入“借方”，并单击【加粗】按钮。

（8）分别选择 D3、F3、H3 单元格，输入“贷方”，并单击【加粗】按钮（如图 4-14 所示）。

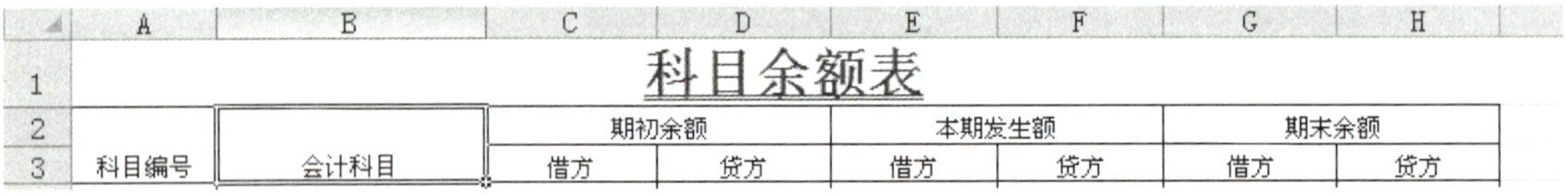

	A	B	C	D	E	F	G	H
1	科目余额表							
2	科目编号	会计科目	期初余额		本期发生额		期末余额	
3			借方	贷方	借方	贷方	借方	贷方

图 4-14　科目余额表表头格

（9）根据“项目一”介绍的记录单的有关知识，在 A、B 两列的单元格内输入“科目编号”、“会计科目”名称。

（10）选择 A92 : B92 的单元格，单击【合并后居中】按钮，在 A92 单元格输入“合计”，并单击【加粗】按钮。

（11）选择 C92 单元格，单击 fx 按钮，执行“插入函数”命令。

（12）在“函数分类”中选择“常用函数”中的“SUM”函数，在“SUM”函数中输入公式“= SUM（C4 : C91）”（如图 4-15 所示）。

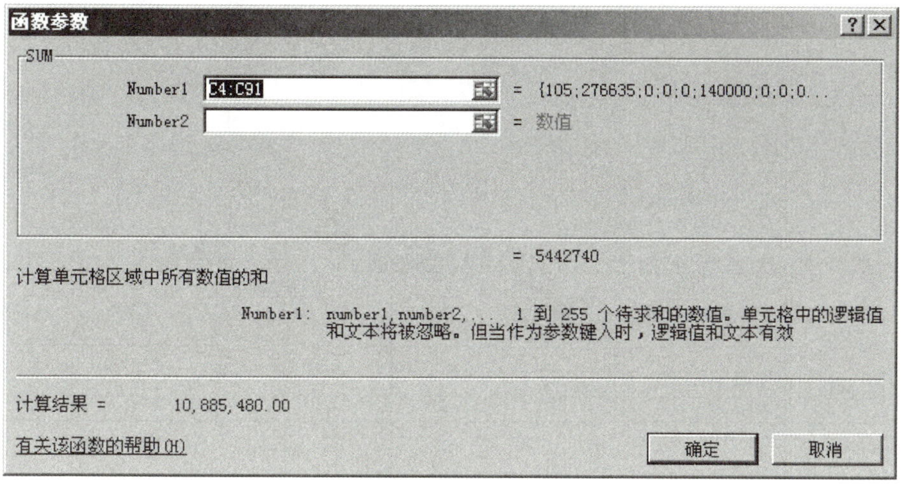

图 4-15　输入 SUM 函数参数

（13）单击【确定】按钮。

（14）选取 C92 单元格并右击，在弹出的快捷菜单中选择【复制】命令。

（15）选取 D92 : H92 单元格并右击，在弹出的快捷菜单中选择【粘贴】命令。这样 D92 : H92 单元格均自动套用公式。

（16）选中 C 至 H 列，打开【设置单元格格式】对话框，将“数字”设为“会计专用”，“小数位数”选择“2”，“货币符号”选择“无”。

（17）单击【确定】按钮，科目余额表的格式建立已经完成。

项目活动二　期初余额的链接调用

由于科目余额表中的会计科目固定，科目余额表的期初余额可以从上期期末科目余额表中的期末余额中链接过来。若在不同的工作簿，可以通过工作表之间数据链接来解决科目余额表的期初余额的调用问题。直接引用公式为“=［被引用工作簿名称］被引用工作表名称！被引用单元格”。若数据在同一个工作簿，则“被引用工作簿名称”可以省略，具体操作步骤如下。

（1）打开“科目余额表”工作表。

（2）选择 C4 单元格，输入“=”。

（3）将鼠标移至上期“期初余额”工作表中，单击 C4 单元格。

（4）将鼠标移回至“科目余额表”工作表（如图 4-16 所示）。

（5）按 Enter 键。如图 4-17 所示，在“科目余额表”工作表 C4 单元格位置出现了期初现金余额的数值。

（6）单击 C4 单元格，将其向下填充复制到 C91 单元格，建立其他会计科目期初借方余额的链接。

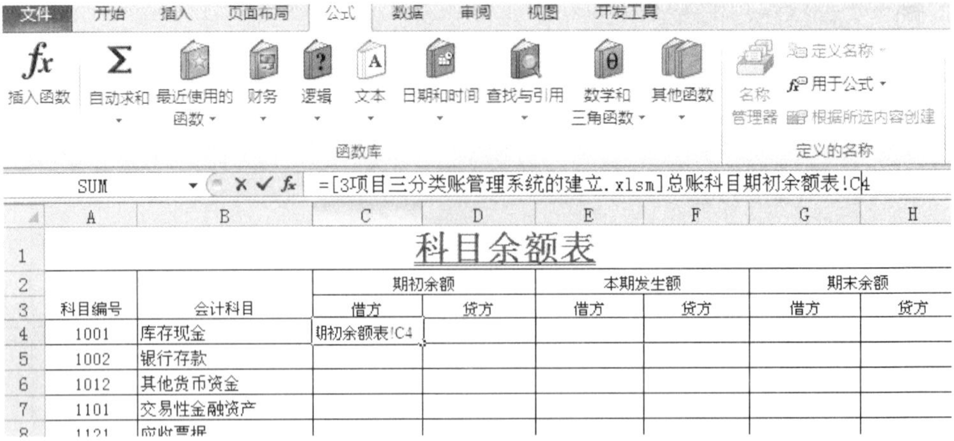

		科目余额表					
科目编号	会计科目	期初余额		本期发生额		期末余额	
		借方	贷方	借方	贷方	借方	贷方
1001	库存现金	期初余额表!C4					
1002	银行存款						
1012	其他货币资金						
1101	交易性金融资产						
1121	应收票据						

图 4-16 建立直接链接

		科目余额表					
科目编号	会计科目	期初余额		本期发生额		期末余额	
		借方	贷方	借方	贷方	借方	贷方
2901	递延所得税负债	-	-				
3101	衍生工具	-	-				
3201	套期工具	-	-				
3202	被套期项目	-	-				
4001	实收资本	-	3,301,000.00				
4002	资本公积	-	450,000.00				
4101	盈余公积	-	-				
4103	本年利润	-	-				
4104	利润分配	-	94,640.00				
4201	库存股	-	-				
5001	生产成本	23,000.00	-				
5101	制造费用	-	-				
5201	劳务成本	-	-				
5301	研发支出	-	-				
6001	主营业务收入	-	-				
6051	其他业务收入	-	-				
6111	投资收益	-	-				
6301	营业外收入	-	-				
6401	主营业务成本	-	-				
6402	其他业务支出	-	-				
6403	营业税金及附加	-	-				

图 4-17 显示链接结果

（7）选择 D4 单元格，输入“=”。

（8）将鼠标移至“期初余额”工作表中，单击 D4 单元格。

（9）将鼠标移回至“科目余额表”工作表，按 Enter 键。

（10）单击 D4 单元格，将其向下填充复制到 D91 单元格，建立其他会计科目期初贷方余额的链接，则科目余额表的期初余额编制完成（如图 4–17 所示）。

项目活动三　本期发生额的链接调用

科目余额表中本期发生额需从本期科目汇总表中调用。由于每个会计期间发生的经济业务不完全相同，根据记录经济业务的会计凭证表自动生成的科目汇总表的会计科目也不固定。在从本期科目汇总表中调用数据时，便不能直接调用，要借助于函数进行间接调用。具体步骤如下。

（1）打开“科目余额表”工作表。

（2）选择 E4 单元格，单击 *fx* 按钮，执行“插入函数”命令。在“或选择类别”中选择“逻辑”类别函数。在“函数名”中选择 IF 函数，单击【确定】按钮。

（3）将光标移至 IF 函数“Logical_test”自变量位置空白处，单击如图 4–18 所示下拉式菜单按钮，选择 ISNA 函数。

（4）将光标移至 ISNA 函数“Value”自变量位置空白处，单击如图 4–19 所示下拉式菜单按钮，选择 VLOOKUP 函数。

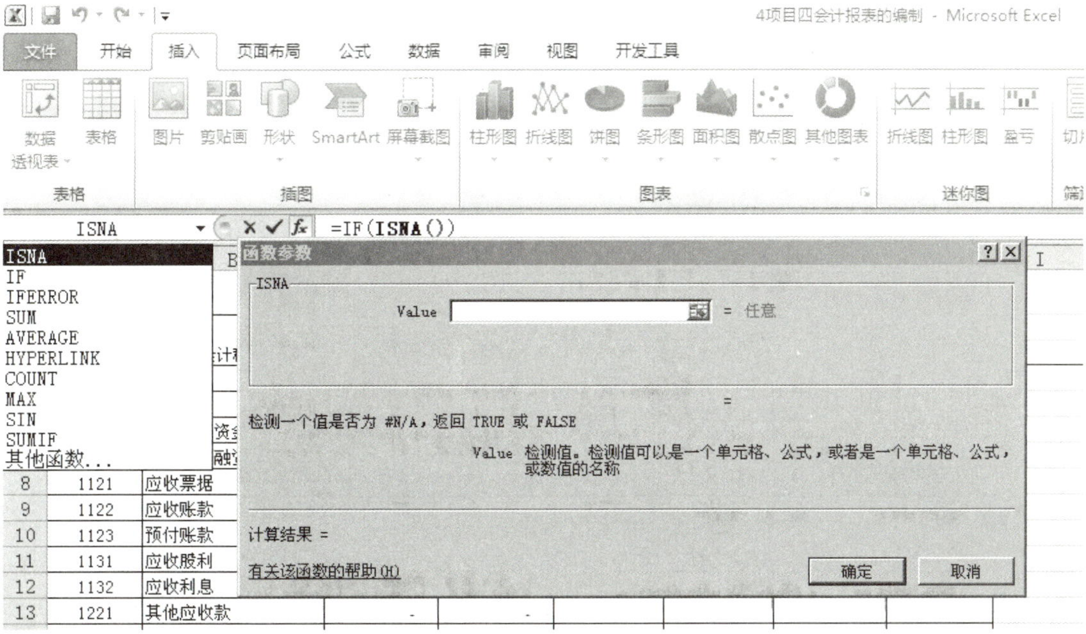

图 4–18　选择 ISNA 函数

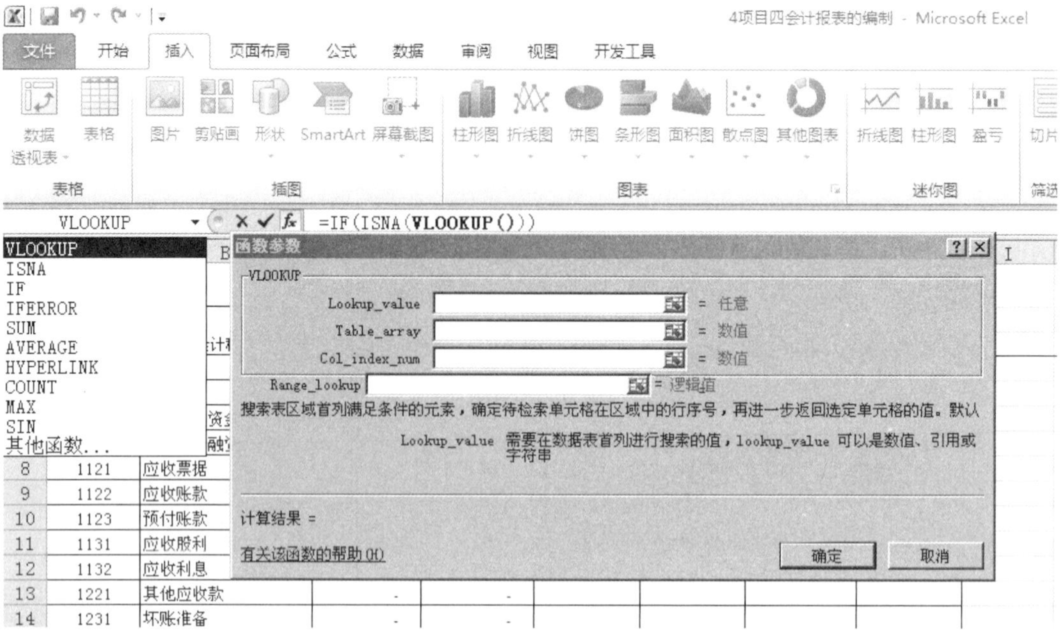

图 4-19 选择 VLOOKUP 函数

（5）在 VLOOKUP 函数的“Lookup_value”自变量位置输入“B4”，在“Table_array”自变量位置粘贴名称范围“科目汇总表”，在“Col_index_num”自变量位置输入“2”，在“Range_lookup”自变量位置输入“false”（如图 4-20 所示）。

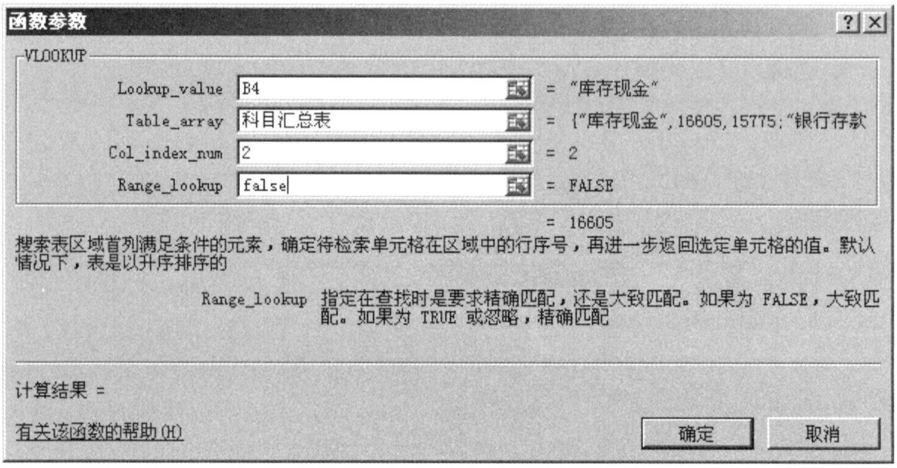

图 4-20 输入 VLOOKUP 函数参数

（6）将光标移回至 IF 函数，在“Value_if_true”自变量位置输入“0”，在“Value_if_false”自变量位置空白处，单击下拉式菜单按钮，选择 VLOOKUP 函数（如图 4-21 所示）

（7）重复步骤（5）。

（8）单击【确定】按钮，完成函数设置。

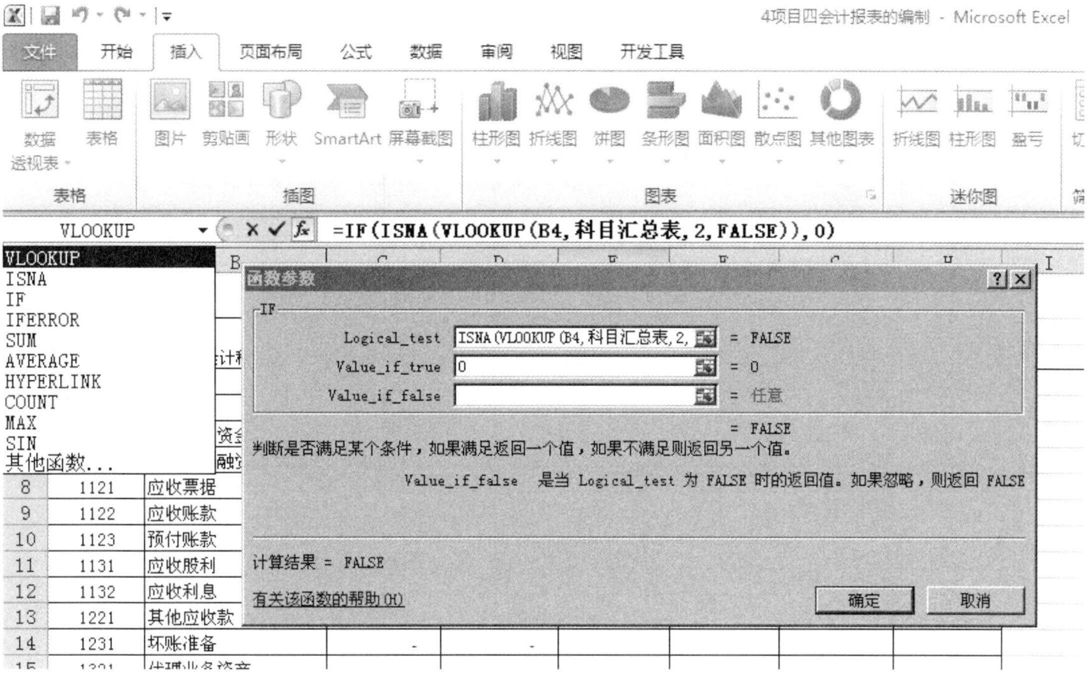

图 4-21　输入 IF 函数参数

（9）如图 4-22 所示，在 E4 单元格显示本月现金的借方发生额。

图 4-22　显示函数计算结果

（10）单击 E4 单元格，将其向下填充复制到 E91 单元格，建立其他会计科目本期借方发生额的链接（如图 4-23 所示）。

（11）按照同样的方法，可以将科目余额表“本期贷方发生额”与科目汇总表建立动态的链接。则科目余额表的本期发生额编制完成（如图 4-24 所示）。

	A	B	C	D	E	F	G	H
1		科目余额表						
2	科目编号	会计科目	期初余额		本期发生额		期末余额	
3			借方	贷方	借方	贷方	借方	贷方
4	1001	库存现金	105.00	-	16,605.00			
5	1002	银行存款	276,635.00	-	397,400.00			
6	1012	其他货币资金	-	-	-			
7	1101	交易性金融资产	-	-	-			
8	1121	应收票据	-	-	-			
9	1122	应收账款	140,000.00	-	152,100.00			
10	1123	预付账款	-	-	-			
11	1131	应收股利	-	-	-			
12	1132	应收利息	-	-	-			
13	1221	其他应收款	-	-	-			
14	1231	坏账准备	-	-	-			
15	1321	代理业务资产	-	-	-			
16	1401	材料采购	-	-	114,890.00			
17	1402	在途物资	-	-	-			
18	1403	原材料	158,000.00	-	114,890.00			
19	1404	材料成本差异	-	-	-			
20	1405	库存商品	165,000.00	-	-			
21	1406	发出商品	-	-	260,700.00			
22	1407	商品进销差价	-	-	-			
23	1408	委托加工物资	-	-	-			
24	1411	周转材料	-	-	-			
25	1471	存货跌价准备	-	-	-			
26	1501	持有至到期投资	-	-	-			

图 4-23　复制完成的本期借方发生额

K18　fx

	A	B	C	D	E	F	G	H
1			科目余额表					
2	科目编号	会计科目	期初余额		本期发生额		期末余额	
3			借方	贷方	借方	贷方	借方	贷方
4	1001	库存现金	105.00	-	16,605.00	15,775.00		
5	1002	银行存款	276,635.00	-	397,400.00	135,095.00		
6	1012	其他货币资金	-	-	-	-		
7	1101	交易性金融资产	-	-	-	-		
8	1121	应收票据	-	-	-	-		
9	1122	应收账款	140,000.00	-	152,100.00	140,000.00		
10	1123	预付账款	-	-	-	-		
11	1131	应收股利	-	-	-	-		
12	1132	应收利息	-	-	-	-		
13	1221	其他应收款	-	-	-	-		
14	1231	坏账准备	-	-	-	-		
15	1321	代理业务资产	-	-	-	-		
16	1401	材料采购	-	-	114,890.00	114,890.00		
17	1402	在途物资	-	-	-	-		
18	1403	原材料	158,000.00	-	114,890.00	206,800.00		
19	1404	材料成本差异	-	-	-	-		
20	1405	库存商品	165,000.00	-	-	-		
21	1406	发出商品	-	-	260,700.00	258,232.00		
22	1407	商品进销差价	-	-	-	-		
23	1408	委托加工物资	-	-	-	-		
24	1411	周转材料	-	-	-	-		
25	1471	存货跌价准备	-	-	-	-		

图 4-24　发生额链接完成的科目余额表

项目活动四　期末余额的生成

科目余额表中的会计科目涉及六类：资产类、负债类、共同类、所有者权益类、成本类和损益类。根据会计核算的规则，资产和成本类科目：期末余额 = 期初余额 + 本期借方发生额 − 本期贷方发生额。负债和所有者权益类科目：期末余额 = 期初余额 + 本期贷方发生额 − 本期借方发生额。共同类科目：期末借方余额 = 期初余额 + 本期借方发生额；期末贷方余额 = 期初余额 + 本期贷方发生额。损益类科目：财务收入类科目期末余额 = 期初余额 + 本期贷方发生额 − 本期借方发生额；财务支出类科目期末余额 = 期初余额 + 本期借方发生额 − 本期贷方发生额。期末余额的计算需要根据上述公式来进行。具体步骤如下：

（1）打开“科目余额表”工作表。

（2）选择 G4 单元格，输入“= C4 + E4 − F4”（如图 4−25 所示）。

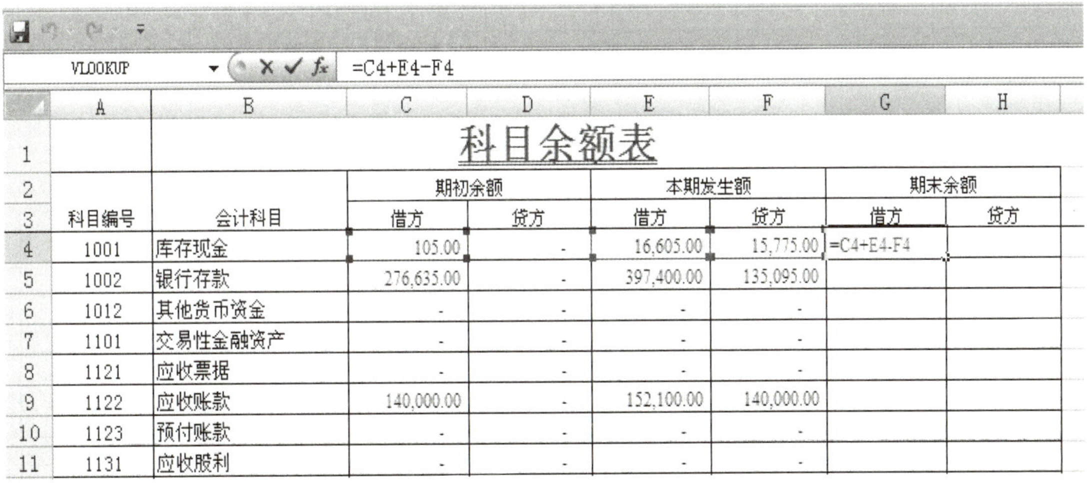
VLOOKUP　=C4+E4-F4

	A	B	C	D	E	F	G	H
1		科目余额表						
2			期初余额		本期发生额		期末余额	
3	科目编号	会计科目	借方	贷方	借方	贷方	借方	贷方
4	1001	库存现金	105.00	-	16,605.00	15,775.00	=C4+E4-F4	
5	1002	银行存款	276,635.00	-	397,400.00	135,095.00		
6	1012	其他货币资金	-	-	-	-		
7	1101	交易性金融资产	-	-	-	-		
8	1121	应收票据	-	-	-	-		
9	1122	应收账款	140,000.00	-	152,100.00	140,000.00		
10	1123	预付账款	-	-	-	-		
11	1131	应收股利	-	-	-	-		

图 4−25　输入公式

（3）按 Enter 键。

（4）如图 4−26 所示，“库存现金”科目的期末余额计算为 935 元。

（5）选择 G4 单元格并单击鼠标右键，在弹出的快捷菜单中选择【复制】命令。

（6）选择 G5 : G13，按住 Ctrl 键，继续选择单元格 G15 : G24，G26，G28 : G29，G31 : G34，G37 : G40，G43 : G46，G74 : G77，G82 : G90。释放 Ctrl 键，此时所有资产类和成本类及损益类中的财务支出类科目借方余额单元格被选定。

（7）单击鼠标右键，在弹出的快捷菜单中选择【粘贴】命令。

（8）如图 4−27 所示，所有资产类和成本类及损益类中的财务支出类科目借方的期末余额计算完成。

（9）选择 H14 单元格，输入“= D14 + F14 − E14”，按 Enter 键。

G5

	A	B	C	D	E	F	G	H
1		科目余额表						
2			期初余额		本期发生额		期末余额	
3	科目编号	会计科目	借方	贷方	借方	贷方	借方	贷方
4	1001	库存现金	105.00	-	16,605.00	15,775.00	935.00	
5	1002	银行存款	276,635.00	-	397,400.00	135,095.00		
6	1012	其他货币资金	-	-	-	-		
7	1101	交易性金融资产	-	-	-	-		
8	1121	应收票据	-	-	-	-		
9	1122	应收账款	140,000.00	-	152,100.00	140,000.00		
10	1123	预付账款	-	-	-	-		
11	1131	应收股利	-	-	-	-		
12	1132	应收利息	-	-	-	-		
13	1221	其他应收款	-	-	-	-		
14	1231	坏账准备	-	-	-	-		
15	1321	代理业务资产	-	-	-	-		
16	1401	材料采购	-	-	114,890.00	114,890.00		

图 4-26　显示公式计算结果

	A	B	C	D	E	F	G	H
1		科目余额表						
2			期初余额		本期发生额		期末余额	
3	科目编号	会计科目	借方	贷方	借方	贷方	借方	贷方
4	1001	库存现金	105.00	-	16,605.00	15,775.00	935.00	
5	1002	银行存款	276,635.00	-	397,400.00	135,095.00	538,940.00	
6	1012	其他货币资金	-	-	-	-	-	
7	1101	交易性金融资产	-	-	-	-	-	
8	1121	应收票据	-	-	-	-	-	
9	1122	应收账款	140,000.00	-	152,100.00	140,000.00	152,100.00	
10	1123	预付账款	-	-	-	-	-	
11	1131	应收股利	-	-	-	-	-	
12	1132	应收利息	-	-	-	-	-	
13	1221	其他应收款	-	-	-	-	-	
14	1231	坏账准备	-	-	-	-	-	
15	1321	代理业务资产	-	-	-	-	-	
16	1401	材料采购	-	-	114,890.00	114,890.00	-	
17	1402	在途物资	-	-	-	-	-	
18	1403	原材料	158,000.00	-	114,890.00	206,800.00	66,090.00	
19	1404	材料成本差异	-	-	-	-	-	
20	1405	库存商品	165,000.00	-	-	-	165,000.00	
21	1406	发出商品	-	-	260,700.00	258,232.00	2,468.00	
22	1407	商品进销差价	-	-	-	-	-	

图 4-27　显示复制公式结果

（10）单击 H14 单元格，右键复制，选择单元格 H19，H25，H35 : H36，H39，H41 : H42，H47 : H64，H68 : H73，H78 : H81，单击右键，在弹出的快捷菜单中选择【粘贴】命令。

（11）如图 4-28 所示，负债类和所有者权益类及损益类中的财务收入类会计科目的期末贷方余额计算完成。

H35　　=D35-E35+F35

	A	B	C	D	E	F	G	H
1		科目余额表						
2	科目编号	会计科目	期初余额		本期发生额		期末余额	
3			借方	贷方	借方	贷方	借方	贷方
22	1407	商品进销差价	-	-	-	-	-	
23	1408	委托加工物资	-	-	-	-	-	
24	1411	周转材料	-	-	-	-	-	
25	1471	存货跌价准备	-	-	-	-		-
26	1501	持有至到期投资	-	-	-	-	-	
27	1502	持有至到期投资减值准	-	-	-	-	-	
28	1503	可供出售金融资产	-	-	-	-	-	
29	1511	长期股权投资	-	-	-	-	-	
30	1512	长期股权投资减值准备	-	-	-	-	-	
31	1521	投资性房地产	-	-	-	-	-	
32	1531	长期应收款	-	-	-	-	-	
33	1532	未实现融资收益	-	-	-	-	-	
34	1601	固定资产	4,680,000.00	-	-	-	4,680,000.00	
35	1602	累计折旧	-	1,379,000.00	-	19,400.00		1,398,400.00
36	1603	固定资产减值准备	-	-	-	-		-
37	1604	在建工程	-	-	-	-		-

图 4-28　编制完成的科目余额表

（12）选择 G65 单元格，输入“G65 = C65 + E65”，按 Enter 键；选择 G66∶G67 单元格复制，则所有共同类科目的借方余额计算完成。

（13）选择 H65 单元格，输入“H65 = D65 + F65”，按 Enter 键；选择 H66∶H67 单元格复制，则所有共同类科目的贷方余额计算完成。

工作任务三　资产负债表的编制

项目活动一　资产负债表的格式设计

资产负债表是反映企业某一特定日期财务状况的会计报表，它是根据资产、负债和所有者权益三者之间的平衡关系，把日常经营活动的信息按照一定的分类标准和一定的顺序加工而成的。它表明企业某一特定日期所拥有或控制的经济资源，所承担的现有义务和所有者对净资产的要求权。我国资产负债表的格式采用账户式。

账户式的资产负债表是根据“资产 = 负债 + 所有者权益”的原则，将表分成左右两方，左方反映资产，右方反映负债和所有者权益，按其构成项目依据流动性分类，左右双方总额相等（如图 4-29 所示）。具体步骤如下：

（1）打开“资产负债表”。

（2）选择 B1∶I1 单元格，单击【合并后居中】按钮。在 B1 单元格，输入“资产负债表”，并设置其格式。

（3）在 B2 单元格，输入“编制单位”，并设置其格式。

（4）选择 C2 : H2 单元格，单击【合并后居中】按钮，在 C2 单元格，输入“年　月　日”，并设置其格式。

（5）在 I2 单元格，输入“单位：元”，并设置其格式。

（6）在“B3 : I3”单元格分别输入“资产”、“行次”、“期末余额”、“年初余额”、“负债和所有者权益（或股东权益）”、“行次”、“期末余额”、“年初余额”，并设置其格式。

（7）在资产负债表中每个资产及负债和所有者权益项目中录入报表项目名称。

（8）选择资产负债表所有单元格，单击鼠标右键，在弹出的快捷菜单中选择【设置单元格格式】命令，打开【边框】选项卡，选择如图 4-29 所示的边框样式，单击【确定】按钮；根据具体的报表项目进行列宽的调整，这样如图 4-29 所示的资产负债表格式生成。

	A	B	C	D	E	F	G	H	I
1		资产负债表							
2		编制单位：	年　月　日						单位：元
3		资产	行次	期末余额	年初余额	负债和所有者权益（或股东权益）	行次	期末余额	年初余额
4		流动资产：	1			流动负债：	36		
5		货币资金	2			短期借款	37		
6		交易性金融资产	3			交易性金融负债	38		
7		应收票据	4			应付票据	39		
8		应收账款	5			应付账款	40		
9		预付账款	6			预收账款	41		
10		应收股利	7			应付职工薪酬	42		
11		应收利息	8			应交税费	43		
12		其他应收款	9			应付利息	44		
13		存货	10			应付股利	45		
14		其中：消耗性生物资产	11			其他应付款	46		
15		待摊费用	12			预提费用	47		
16		一年内到期的非流动资产	13			预计负债	48		
17		其他流动资产	14			一年内到期的非流动负债	49		
18		流动资产合计	15			其他流动负债	50		
19		非流动资产：	16			流动负债合计	51		
20		可供出售金融资产	17			非流动负债：	52		
21		持有至到期投资	18			长期借款	53		
22		投资性房地产	19			应付债券	54		
23		长期股权投资	20			长期应付款	55		
24		长期应收款	21			专项应付款	56		

图 4-29　资产负债表格式

项目活动二　资产负债表的编制步骤

资产负债表是在建立好的科目余额表的基础上进行的。因为资产负债表上的报表项目与科目余额表的科目项目不完全统一，因此需要根据各会计科目的余额或发生额进行分析填列。资产负债表期初数即为上期期末数，可以直接从上期资产负债表中获得。如果在没有上期资产负债表的情况下（如本教材中不涉及连续项目）比照本期期末数的编制，在此不再赘述。下面主要介绍期末余额的编制。

资产负债表各报表项目的数据来源主要通过以下几种方式取得：

（1）根据总账账户余额直接填列，例如“应收票据”、“短期借款”等项目。

（2）根据总账账户余额计算填列，例如“货币资金”、“存货”等项目。

（3）根据明细账户余额计算填列，例如“应付账款”等项目。

（4）根据总账账户和明细账账户的余额分析计算填列，例如“长期借款”等项目。

（5）根据有关账户期末余额减去其备抵账户后的净额分析填列，例如“固定资产”等项目。

依照各项目数据来源方式，可以采用数据链接直接引用方式引用科目余额表、明细分类账等工作表的相关数据进行资产负债表的编制，也可采用 SUMIF 和 VLOOKUP 等函数间接调用科目余额表等其他工作表的相关数据进行资产负债表的编制。本例以直接引用为例，具体步骤如下。

（1）打开“会计报表编制系统 .xlsx”工作簿。

（2）选择“资产负债表”工作表中 D5 单元格，输入“=”。

（3）将界面切换至科目余额表中。

（4）单击“科目余额表”中的单元格 G5，输入“+”，然后单击“科目余额表”中的单元格 G6，输入“+”，再单击“科目余额表”中的单元格 G7。

（5）按 Enter 键，界面自动切换到“资产负债表”，并在 D5 单元格显示计算结果“539 875.00”。此时，在公式编辑栏中显示单元格 D5 所采用的计算公式“= 科目余额表 !$G$5+ 科目余额表 !$G$6+ 科目余额表 !$G$7”（如图 4–30 所示）。

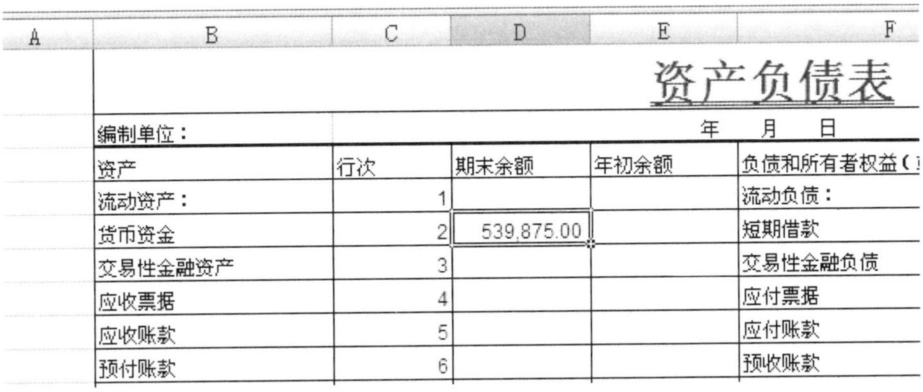

A	B	C	D	E	F
				资产负债表	
	编制单位：			年　　月　　日	
	资产	行次	期末余额	年初余额	负债和所有者权益（
	流动资产：	1			流动负债：
	货币资金	2	539,875.00		短期借款
	交易性金融资产	3			交易性金融负债
	应收票据	4			应付票据
	应收账款	5			应付账款
	预付账款	6			预收账款

图 4–30　显示公式计算结果

（6）参照（2）~（5）的步骤，结合“资产负债表”各个报表项目的数据来源方式，将每个项目的公式设置完成，产生相应的计算结果（如图 4–31 所示）。

（7）选择 D17、D36、D37、H18、H26、H27、H34、H37 单元格，输入 SUM 函数，并在函数中输入相加的范围，显示其计算结果。这样，“资产负债表”的期末数项目全部编制完成。

（8）查看“资产负债表”的“资产总计”和“负债和所有者权益总计”是否相等，如不相等，则需要查看具体的各个报表项目的公式设置情况。

资产负债表							
编制单位：			年 月 日				单位：元
资产	行次	期末余额	年初余额	负债和所有者权益（或股东权益）	行次	期末余额	年初余额
流动资产：	1			流动负债：	36		
货币资金	2	539,875.00		短期借款	37	90,000.00	
交易性金融资产	3	-		交易性金融负债	38	-	
应收票据	4	-		应付票据	39	-	
应收账款	5	152,100.00		应付账款	40	86,872.50	
预付账款	6	-		预收账款	41	-	
应收股利	7	-		应付职工薪酬	42	-	
应收利息	8	-		应交税费	43	120,538.25	
其他应收款	9	-		应付利息	44	-	
存货	10	233,558.00		应付股利	45	-	
其中：消耗性生物资产	11			其他应付款	46	-	
一年内到期的非流动资产	12	-		预计负债	47	-	
其他流动资产	13			一年内到期的非流动负债	48		
流动资产合计	14	925,533.00		其他流动负债	49		
非流动资产：	15			流动负债合计	50	297,410.75	
可供出售金融资产	16			非流动负债：	51		
持有至到期投资	17	-		长期借款	52		
投资性房地产	18	-		应付债券	53	-	
长期股权投资	19	-		长期应付款	54	-	
长期应收款	20			专项应付款	55	-	

图 4-31　输入所有项目的公式

（9）将“期初余额”进行相同的设置，编制完成的“资产负债表”如图 4-32 所示。

资产负债表							
编制单位：			年 月 日				单位：元
资产	行次	期末余额	年初余额	负债和所有者权益（或股东权益）	行次	期末余额	年初余额
流动资产：	1			流动负债：	36		
货币资金	2	539,875.00	276,740.00	短期借款	37	90,000.00	90,000.00
交易性金融资产	3	-	-	交易性金融负债	38	-	-
应收票据	4	-	-	应付票据	39	-	-
应收账款	5	152,100.00	140,000.00	应付账款	40	86,872.50	69,000.00
预付账款	6	-	-	预收账款	41	-	-
应收股利	7	-	-	应付职工薪酬	42	-	-
应收利息	8	-	-	应交税费	43	120,538.25	59,100.00
其他应收款	9	-	-	应付利息	44	-	-
存货	10	233,558.00	346,000.00	应付股利	45	-	-
其中：消耗性生物资产	11			其他应付款	46	-	-
一年内到期的非流动资产	12	-	-	预计负债	47	-	-

图 4-32　编制完成的资产负债表

工作任务四　利润表的编制

利润表是反映企业一定期间生产经营成果的会计报表。利润表把一定时期的营业收入与其同一会计期间相关的营业费用进行配比，以计算出企业一定时期的净利润。通过利润表反映的收入和费用等情况，能够反映企业生产经营的收入情况及费用耗费情况，表明企业一定时期的生产经营成果。我国会计实务中多采用多步式利润表。

项目活动一　利润表的结构设计

多步式利润表是通过计算营业利润、利润总额几个步骤最后计算出净利润而编制的利润表，格式如图 4–33 所示，具体操作步骤如下：

（1）打开“利润表”。

（2）选择 B1 : E1 单元格，单击【合并后居中】按钮，在 B1 单元格，输入“利润表”，并设置其格式。

（3）选择 B2 : E2 单元格，单击【合并后居中】按钮，在 B2 单元格，输入“会企 02 表”，并设置其格式。

（4）在 B3 单元格输入“编制单位：”，并设置其格式。

（5）在 E3 单元格输入“单位：元”，并设置其格式。

（6）在“B4 : E4”单元格分别输入“项目”、“行次”、“本年金额”、“上年金额”，并设置其格式。

（7）在利润表的每个项目中输入具体的项目名称。

（8）选择利润表所有项目单元格，单击鼠标右键，在弹出的快捷菜单中选择【设置单元格格式】命令，打开【边框】选项卡，选择如图 4–33 所示的边框样式，单击【确定】按钮；根据具体的报表项目进行列宽的调整，这样如图 4–33 所示的利润表格式生成。

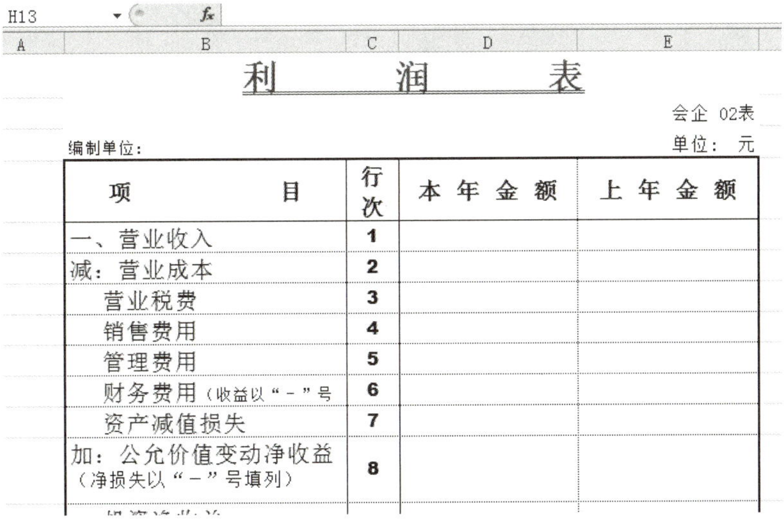
H13　A　B　C　D　E

利　润　表

会企 02表

编制单位：　　　　单位：元

项　　目	行次	本 年 金 额	上 年 金 额
一、营业收入	1		
减：营业成本	2		
营业税费	3		
销售费用	4		
管理费用	5		
财务费用（收益以“-”号	6		
资产减值损失	7		
加：公允价值变动净收益（净损失以“-”号填列）	8		

图 4–33　利润表格式

项目活动二　利润表的编制步骤

利润表的编制同样建立在科目余额表上，与“资产负债表”编制不同的是，由于收入、费用类账户在每期结转后已无余额，在编制时，需要根据科目余额表中本期发生额的有关会计科目进行编制。利润表中本期数的填制，需要在科目余额表本期发生额中进行直接调用，具体步骤如下：

（1）打开“利润表”工作表。

（2）选择“利润表”工作表中D5单元格，输入“=”。

（3）激活“项目四.xlsx”工作簿，将界面切换至科目余额表中。

（4）单击“科目余额表”中的单元格F78，输入“+”，再单击“科目余额表”中的单元格F79。

（5）按Enter键，界面自动切换到“利润表”，并在D5单元格显示计算结果“350 000.00”。此时，在公式编辑栏中显示单元格D5所采用的计算公式“=科目余额表!F78+科目余额表!F79”（如图4-34所示）。

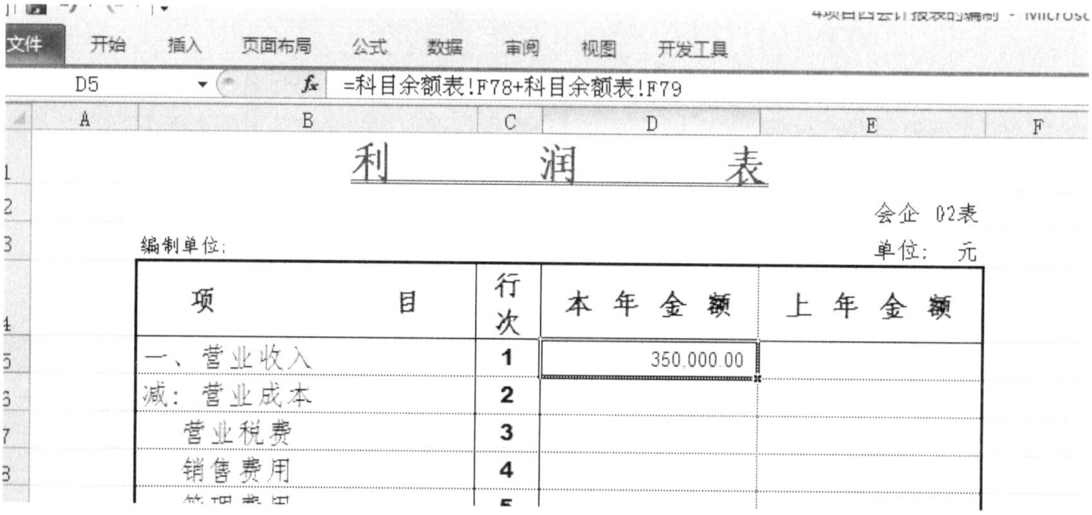

图4-34　显示直接调用结果

（6）参照（2）～（5）的步骤，结合“利润表”各个报表项目的数据来源方式，将每个项目的公式设置完成，产生相应的计算结果（如图4-35所示）。

（7）选择D14单元格，输入“=D5－D6－D7－D8－D9－D10－D11＋D12＋D13”，按Enter键。

（8）选择D18单元格，输入“=D14＋D15－D16”，按Enter键。

（9）选择D20单元格，输入“=D18－D19”，按Enter键，这样，利润表本年金额数的填制完成。

（10）利润表中的上年金额数可以用相同的方法在上期余额表中进行调用，在这里不再赘述。

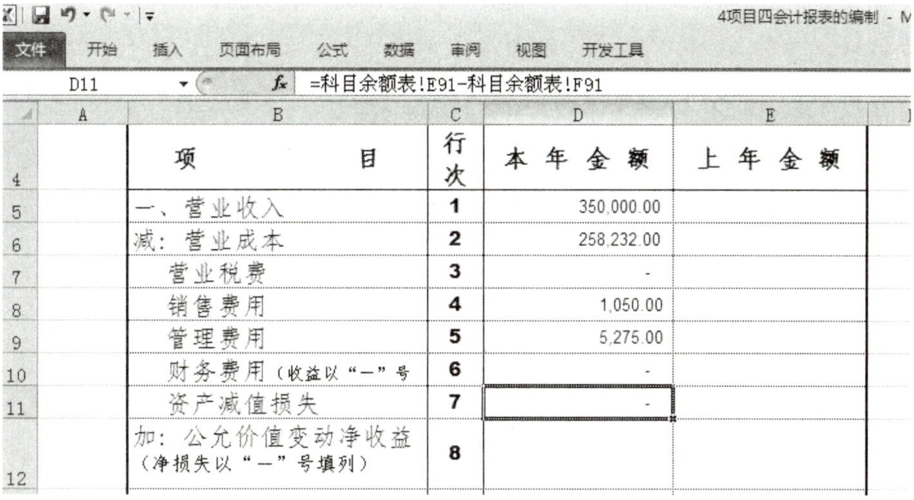

	A	B	C	D	E
4		项　　目	行次	本年金额	上年金额
5		一、营业收入	1	350,000.00	
6		减：营业成本	2	258,232.00	
7		营业税费	3	-	
8		销售费用	4	1,050.00	
9		管理费用	5	5,275.00	
10		财务费用（收益以“－”号	6	-	
11		资产减值损失	7	-	
12		加：公允价值变动净收益（净损失以“－”号填列）	8		

图 4-35　输入项目公式

工作任务五　现金流量表的编制

现金流量表是反映企业一定会计期间内现金和现金等价物（以下简称现金）流入和流出的报表。现金流量表能够说明企业一定期间内现金流入和流出的原因、企业的偿债能力和支付股利的能力、分析企业未来获取现金的能力。

项目活动一　现金流量表的结构设计

现金流量表应当按照经营活动、投资活动和筹资活动的现金流量分类分项列示，具体的项目内容如图 4-36 所示，具体实现步骤如下：

（1）打开“现金流量表”。

（2）选择 B1 : E1 单元格，单击【合并后居中】按钮，在 B1 单元格，输入“现金流量表”，并设置其格式。

（3）选择 B2 : C2 单元格，单击【合并后居中】按钮，在 B2 单元格，输入“年度”，并设置其格式。

（4）选择 D2 : E2 单元格，单击【合并后居中】按钮，在 E2 单元格，输入“会企 03 表”，并设置其格式。

（5）选择 B3 : C3 单元格，单击【合并后居中】按钮，在 B3 单元格，输入“编制单位：”，并设置其格式。

（6）选择 D3 : E3 单元格，单击【合并后居中】按钮，在 E3 单元格，输入“单位：元”，并设置其格式。

（7）在 B4 : E4 单元格分别输入“项目”、“行次”、“本年金额”、“上年金额”，并设置其格式。

（8）在现金流量表的每个项目中输入具体的项目名称。

（9）选择现金流量表所有单元格，单击鼠标右键，在弹出的快捷菜单中选择【设置单元格格式】命令，打开【边框】选项卡，选择如图 4-36 所示的边框样式，单击【确定】按钮；根据具体的报表项目进行列宽的调整，这样如图 4-36 所示的现金流量表格式生成。

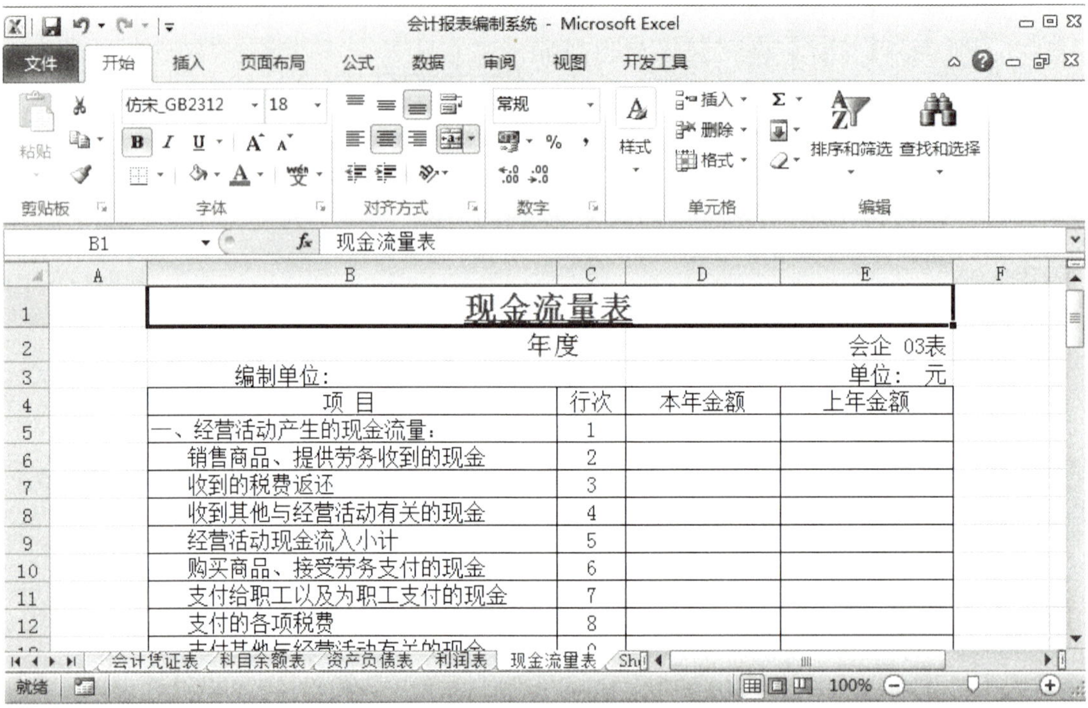

图 4-36　现金流量表的格式

项目活动二　现金流量表的编制准备

现金流量表与资产负债表及利润表相比，现金流量表的编制较为复杂，原因在于现金流量表的数据不能通过直接链接或间接链接从相关账户工作表中提取数据。因此，在编制现金流量表之前，应做些数据的准备工作。在此介绍的方法是在输入“会计凭证表”这一原始数据源时，加入“现金流量项目”内容，只要发生与现金流量有关的业务，不仅输入会计科目，还要输入现金流量项目。这样，在编制现金流量表时就有了原始数据。具体实现步骤如下：

（1）激活“现金流量表”工作表，插入一列，在 B4 单元格输入“代码”，给所有的现金流量的项目编个代码（代码的编制原则以便于记忆为准，可以将所有经营活动的现金流量编为“1”开头，所有投资活动的现金流量编为“2”开头，所有筹资活动的现金流量编为“3”开头；

将代码的第二位数字区别流入和流出，分别编为“1”和“2”；将代码的第三位数字根据具体的现金流入、现金流出在现金流量表的先后顺序进行编号（如图 4-37 所示）。

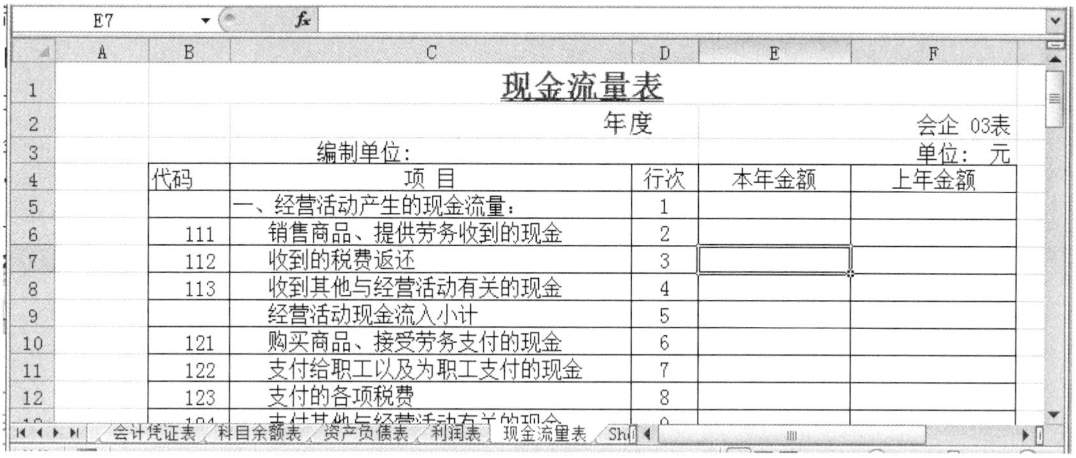

图 4-37　现金流量的编号

（2）选择 B5 : C43 单元格，在【公式】选项卡上，【定义的名称】组中，单击“定义名称”命令，在出现的【新建名称】对话框中，输入“现金流量代码”（如图 4-38 所示），单击【确定】按钮，这样就建立了现金流量项目名称与其代码的对应关系。

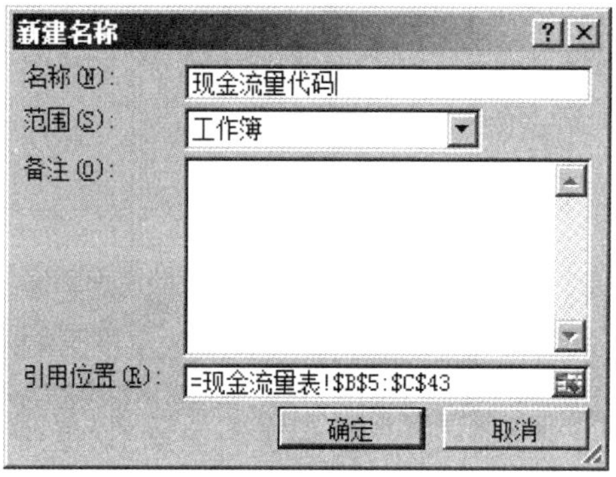

图 4-38　建立现金流量项目名称与其代码的对应关系

（3）在“会计凭证表”工作表中加入“现金流量代码”和“现金流量名称”两列（如图 4-39 所示），在 R4 单元格的现金流量名称中输入公式“= IF(Q4 ="","",VLOOKUP(Q4，现金流量代码，2，1))”，并向下进行复制。

（4）对“会计凭证表”工作中涉及现金及现金等价物的业务，在“现金流量代码”中输入相应的现金流量的代码，单击 Enter 键，则“现金流量名称”会自动显示出来。

（5）在“会计凭证表”工作中，单击【定义名称】命令，在出现的【新建名称】对话框中，“名称”选项中输入“现金流量计算分类范围”，在“引用位置”选项中输入“= 会计凭证表! $Q$4 : $Q$100”（如图 4-40 所示），单击【确定】按钮。

（6）在“会计凭证表”工作中，新建名称“现金流量计算借方取值范围”，在“引用位置”选项中输入“= 会计凭证表！$L$4 : $L$100”（如图 4-41 所示），点击【添加】和【确定】按钮，同样进行“现金流量计算贷方取值范围”的定义。

图 4-39　对会计凭证表进行补充

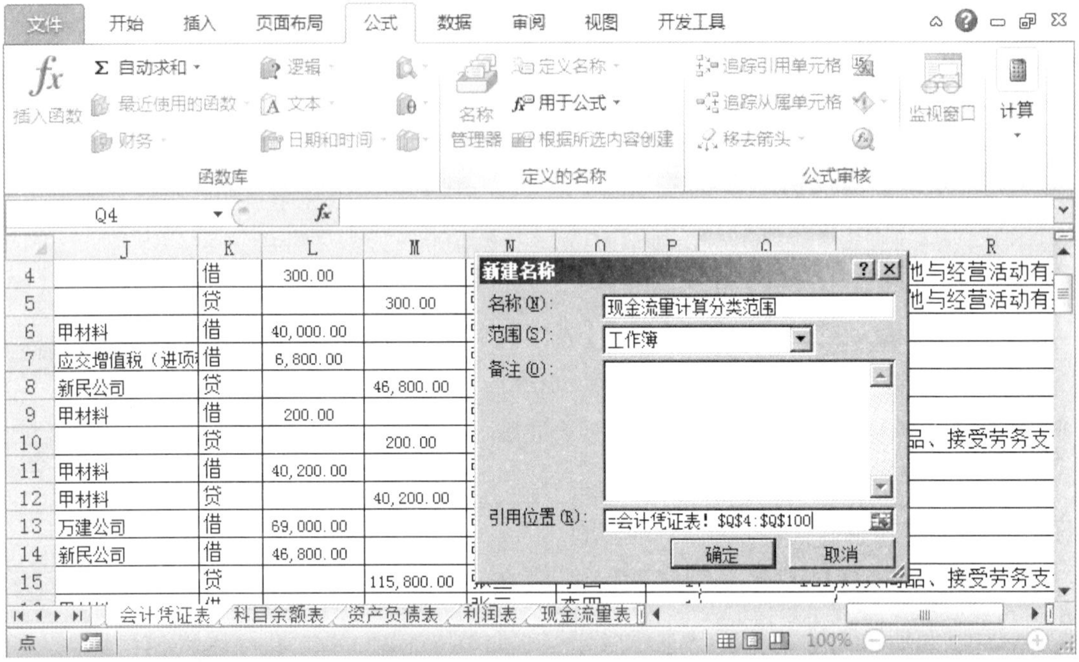

图 4-40　定义现金流量计算的分类范围

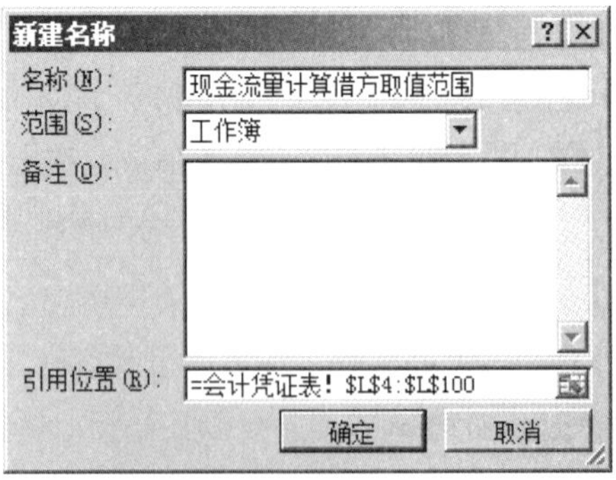

图 4-41　定义现金流量取值范围

项目活动三　现金流量表的编制步骤

现金流量表在调整准备好的会计凭证表的基础上，通过 SUMIF 函数的运用，完成现金流量表具体项目的查找与合计，每个项目的“小计”和“合计”可以通过 SUM 函数进行设置，具体实现步骤如下：

（1）激活“现金流量表”工作表，选择 E6 单元格，输入“=SUMIF（现金流量计算分类范围，111，现金流量计算取值范围）”，单击 Enter 键，则显示出计算结果“394 700”。

（2）同样方法，输入其他项目的公式，并显示计算结果。

（3）选择 E9 单元格，输入公式“= SUM（E6 : E8）”，单击 Enter 键，则显示出计算结果。

（4）同样方法，输入其他“小计”和“合计”项目的公式，则现金流量表编制完成（如图 4-42 所示）。

现金流量表

年度　　会企 03表

编制单位:　　单位: 元

代码	项　目	行次	本年金额	上年金额
	一、经营活动产生的现金流量:	1		
111	销售商品、提供劳务收到的现金	2	397,400.00	
112	收到的税费返还	3	-	
113	收到其他与经营活动有关的现金	4	16,605.00	
	经营活动现金流入小计	5	414,005.00	
121	购买商品、接受劳务支付的现金	6	116,440.00	
122	支付给职工以及为职工支付的现金	7	15,775.00	
123	支付的各项税费	8	-	
124	支付其他与经营活动有关的现金	9	18,655.00	
	经营活动现金流出小计	10	150,870.00	
	经营活动产生的现金流量净额	11	263,135.00	
	二、投资活动产生的现金流量:	12		
211	收回投资收到的现金	13	-	
212	取得投资收益收到的现金	14	-	

图 4-42　编制完成的现金流量表

项目总结

经过本项目的学习，要求学生从整体上掌握企业会计报表管理系统的建立思路和方法。通过操作熟练掌握会计科目汇总表、会计科目余额表的创建方法，资产负债表、利润表、现金流量表的编制方法，培养学生自我学习、信息处理和数字运用等能力，并在学习过程中提高自身解决问题的能力和培养创新的意识。

综合技能强化训练

【实　训　四】

实训目标：通过完成本项目的综合实训，学习者能够进行会计报表系统工作簿的制作；并从中学习掌握 Excel、公式与函数及宏的基本操作方法。

实训资料：

【资料 1】同项目一

【资料 2】同项目一

实训要求：根据以上资料建立天德公司会计报表管理系统，具体要求包括：

（1）建立天德公司科目汇总表；

（2）建立天德公司科目余额表；

（3）建立天德公司资产负债表；

（4）建立天德公司利润表；

（5）建立天德公司现金流量表。

学习评价

▲专业能力测评表

（在□中打√，A 掌握，B 基本掌握，C 未掌握）

业务能力	评价指标	自测结果	备注
科目汇总表的编制	1. 生成科目汇总表数据 2. 科目汇总表的美化 3. 数据的自动更新	□A　□B　□C □A　□B　□C □A　□B　□C	
科目余额表的建立	1. 科目余额表的结构设计 2. 期初余额的链接调用 3. 本期发生额的链接调用 4. 期末余额的生成	□A　□B　□C □A　□B　□C □A　□B　□C □A　□B　□C	
资产负债表的编制	1. 资产负债表的格式设计 2. 资产负债表的编制步骤	□A　□B　□C □A　□B　□C	
利润表的编制	1. 利润表的结构设计 2. 利润表的编制步骤	□A　□B　□C □A　□B　□C	
现金流量表的编制	1. 现金流量表的结构设计 2. 现金流量表的编制准备 3. 现金流量表的编制步骤	□A　□B　□C □A　□B　□C □A　□B　□C	
教师评语：			
成绩		教师签字	

模块二

Excel在会计实务中的应用范例

05

项目五

薪酬管理实务

【工作目标】

薪酬管理是管理单位职工每月的各项薪酬，包括基本工资、考勤扣款、奖金、福利补贴、社会保险扣款等。单位性质不同，薪酬的计算项目也不相同。但是，用手工计算这些数据工作效率低，也容易出错。利用Excel进行薪酬管理能提高工作效率并规范管理企业人员的薪酬。同时，一旦建立了薪酬管理系统后，每月核算员工薪酬时，只需要更改少量的数据即可自动计算出每位员工的最终应发薪酬。这样，不仅能有效地减轻薪酬管理人员和财务人员的工作负担，而且能提高工作效率、规范工资核算，同时也为查询、汇总、管理工资数据提供极大的方便。

通过完成本项目的四个工作任务，学习者能够利用Excel进行薪酬管理系统工作簿的制作，并从中学习掌握Excel数据清单的制作、有关函数的应用、数据名称的定义方法，数据分类汇总功能和数据透视表透视图功能的基本操作方法。

【工作思路】

本项目的工作思路是建立一个薪酬管理系统工作簿，创建完成各种基本表页，如“职工基本情况表”、“社会福利表”、“职工考勤表”等；编制完成工资结算表并计算应发工资；生成并打印工资条；建立有关薪酬数据的统计分析。项目五工作思路如图5-1所示。

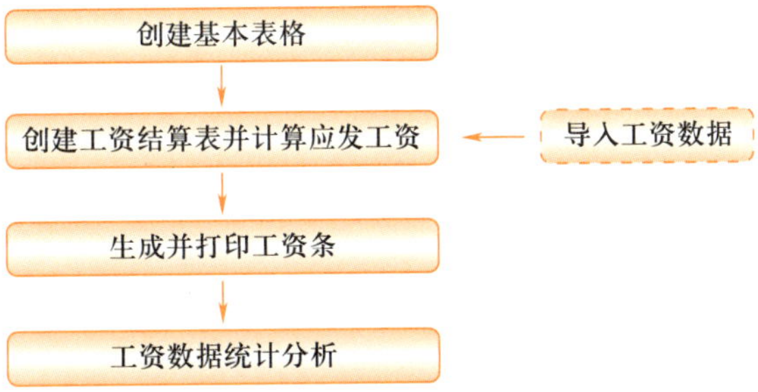

图5-1　项目五工作思路图示

【背景资料】

某企业为生产型中小企业，现欲构建一个企业的薪酬管理系统，该企业 2012 年 1 月有关薪酬管理的基本资料如下。

【资料 1】职工基本情况表，如表 5-1 所示。

表 5-1 职工基本情况表

编号	姓名	所属部门	职务	职称	性别	参加工作时间	联系电话	银行账号
0001	张 力	企划部	主 任	工 程 师	男	1995-8-3	略	略
0002	李 铭	设计部	经 理	工 程 师	男	1998-2-6		
0003	王 域	设计部	设计人员	助理工程师	男	2004-8-6		
0004	赵 新	企划部	企划人员	助理工程师	男	2004-8-6		
0005	杨 阳	销售部	销售人员	助理工程师	女	2005-2-5		
0006	陈 苗	企划部	企划人员	助理工程师	女	2004-4-23		
0007	高 敏	生产部	主 任	工 程 师	女	2000-8-1		
0008	王 洁	销售部	经 理	工 程 师	女	1995-8-3		
0009	鲁 力	销售部	销售人员	助理工程师	男	2003-12-1		
0010	欧阳锋	生产部	生产人员	助理工程师	男	2005-3-1		

【资料 2】职工基本工资表，如表 5-2 所示。

表 5-2 职工基本工资表

编号	姓名	部门	基础工资（元）	岗位工资（元）	工龄工资（元）	基本工资（元）
0001	张 力	企划部	11 150	1 000	200	12 350
0002	李 铭	设计部	3 950	900	200	5 050
0003	王 域	设计部	4 020	1 000	300	5 320
0004	赵 新	企划部	2 800	600	100	3 500
0005	杨 阳	销售部	5 750	500	200	6 450
0006	陈 苗	企划部	2 750	600	100	3 450
0007	高 敏	生产部	2 780	1 200	300	4 280
0008	王 洁	销售部	3 750	600	200	4 550
0009	鲁 力	销售部	2 660	600	100	3 360
0010	欧阳锋	生产部	1 680	500	200	2 380

【资料 3】职工福利表，如表 5-3 所示。

表 5-3　　职工福利表

编号	姓名	部门	住房补贴（元）	伙食补贴（元）	医疗补助（元）	合计（元）
0001	张　力	企划部	533	200	80	813
0002	李　铭	设计部	533	200	80	813
0003	王　域	设计部	450	200	80	730
0004	赵　新	企划部	450	200	80	730
0005	杨　阳	销售部	450	200	80	730
0006	陈　苗	企划部	450	200	80	730
0007	高　敏	生产部	533	200	80	813
0008	王　洁	销售部	533	200	80	813
0009	鲁　力	销售部	450	200	80	730
0010	欧阳锋	生产部	450	200	80	730

【资料 4】职工社会保险表，如表 5-4 所示。

表 5-4　　职工社会保险表

编号	姓名	部门	养老保险（元）	失业保险（元）	医疗保险（元）	合计（元）
0001	张　力	企划部	245	35	60	340
0002	李　铭	设计部	233	30	55	318
0003	王　域	设计部	165	23	45	233
0004	赵　新	企划部	165	21	45	231
0005	杨　阳	销售部	174	21	45	240
0006	陈　苗	企划部	174	18	45	237
0007	高　敏	生产部	200	30	55	285
0008	王　洁	销售部	180	33	55	268
0009	鲁　力	销售部	165	18	45	228
0010	欧阳锋	生产部	174	22	45	241

【资料 5】职工考勤记录表，如表 5–5 所示。

表 5–5 职工考勤表

编号	姓名	部门	病假天数	事假天数
0001	张　力	企划部		
0002	李　铭	设计部	2	
0003	王　域	设计部		3
0004	赵　新	企划部	1	
0005	杨　阳	销售部	4	
0006	陈　苗	企划部		
0007	高　敏	生产部	4	
0008	王　洁	销售部		
0009	鲁　力	销售部		2
0010	欧阳锋	生产部		

该企业的请假扣款计算公式为：

$$请假扣款 = 50 \times（病假天数 + 事假天数）$$

即请假一天扣 50 元。

【资料 6】职工业绩考核表，如表 5–6 所示。

表 5–6 职工业绩考核表

编号	姓名	部门	销售业绩额	业绩总奖金（元）
0001	张　力	企划部		
0002	李　铭	设计部		
0003	王　域	设计部		
0004	赵　新	企划部		
0005	杨　阳	销售部	500 000	500
0006	陈　苗	企划部		
0007	高　敏	生产部		
0008	王　洁	销售部	800 000	800
0009	鲁　力	销售部	200 000	200
0010	欧阳锋	生产部		

【资料 7】个人所得税税率表（工资薪金所得），如表 5–7 所示。

表 5-7　个人所得税税率表

级数	全月应纳税所得额	全月应纳税所得额（不含税级距）	税率（%）	速算扣除数
1	不超过1 500元	不超过1 455元的	3	0
2	超过1 500元至4 500元的部分	超过1 455元至4 155元的部分	10	105
3	超过4 500元至9 000元的部分	超过4 155元至7 755元的部分	20	555
4	超过9 000元至35 000元的部分	超过7 755元至27 255元的部分	25	1 005
5	超过35 000元至55 000元的部分	超过27 255元至41255元的部分	30	2 755
6	超过55 000元至80 000元的部分	超过41 255元至57 505元的部分	35	5 505
7	超过80 000元的部分	超过57 505元的部分	45	13 505

应纳税所得额按下列公式计算：

每月应纳税所得额 = 月工资、薪金所得 − 3 500 ①

每月应纳个人所得税税额 = 每月应纳税所得额 × 适用税率 − 速算扣除数

【工作准备】

首先建立一个名为“项目五薪酬管理实务”的工作簿，在此工作簿中建立“职工基本情况表”、“职工基本工资表”、“职工福利表”、“职工社会保险表”、“职工考勤记录表”、“职工业绩考核表”等工作表，各工作表分别完成相应的工作任务。

下面分别介绍各工作表的设计方法和步骤。

工作任务一　薪酬管理系统基本表格的建立与数据输入

项目活动一　职工基本情况表的建立

职工基本情况表是企业职工的基本信息的汇总表，其中包括每个职工的编号、姓名、所属部门、职务、职称、性别、参加工作时间、联系电话、工资卡银行账号等。具体建立步骤如下：

① 注：自2011年9月1日起调整后，个税免征额为3 500元。

（1）单击“职工基本情况表”工作表。

（2）单击单元格 A1，输入“职工基本情况表”的标题“职工基本情况一览表”（如图 5-2 所示）。

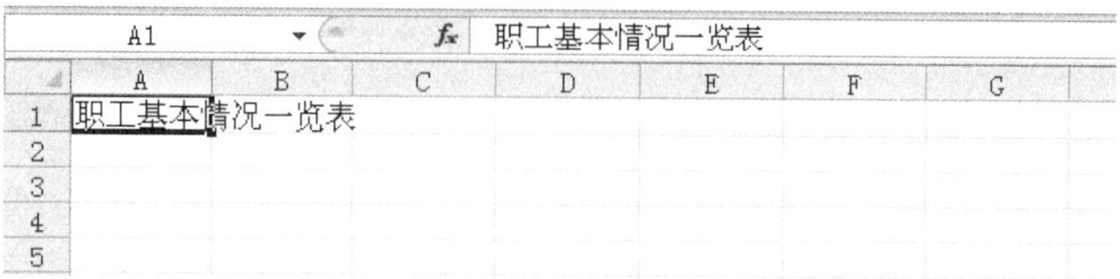

图 5-2　输入标题

（3）选择 A1 : J1 单元格区域，在【开始】选项卡上单击【对齐方式】组旁边的【设置单元格格式】，在弹出的对话框中选择“水平对齐”-“居中”，“垂直对齐”-“居中”，在“合并单元格”前的方框打钩（如图 5-3、图 5-4 所示）。

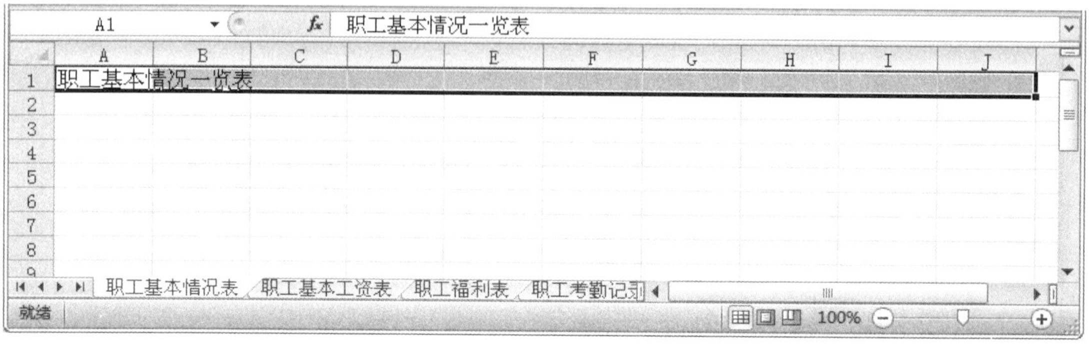

图 5-3　选择区域

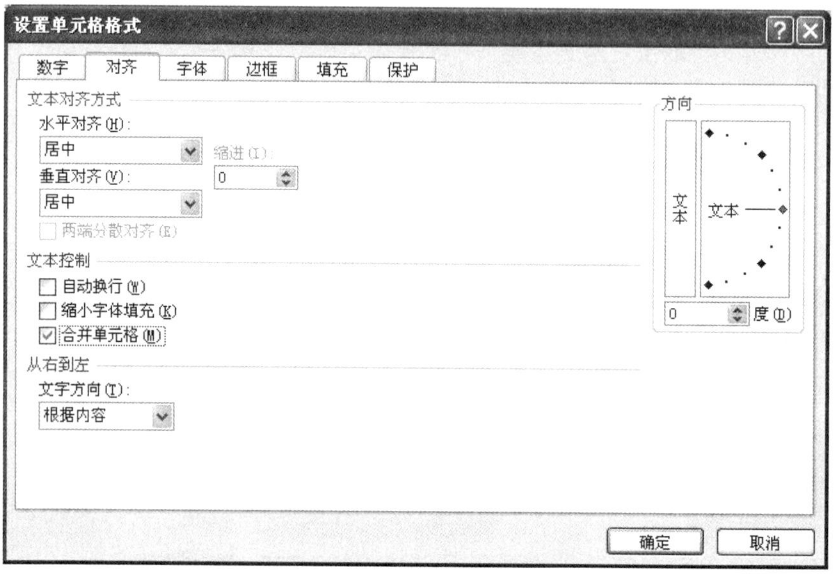

图 5-4　单元格对齐设置

（4）在【开始】选项卡上单击【字体】组旁边的【设置单元格格式】，在弹出的对话框中选择“字体”－“黑体”，“字形”－“加粗”，“字号”－“22”，“下划线”－“会计用双下划线”（如图 5–5 所示）。

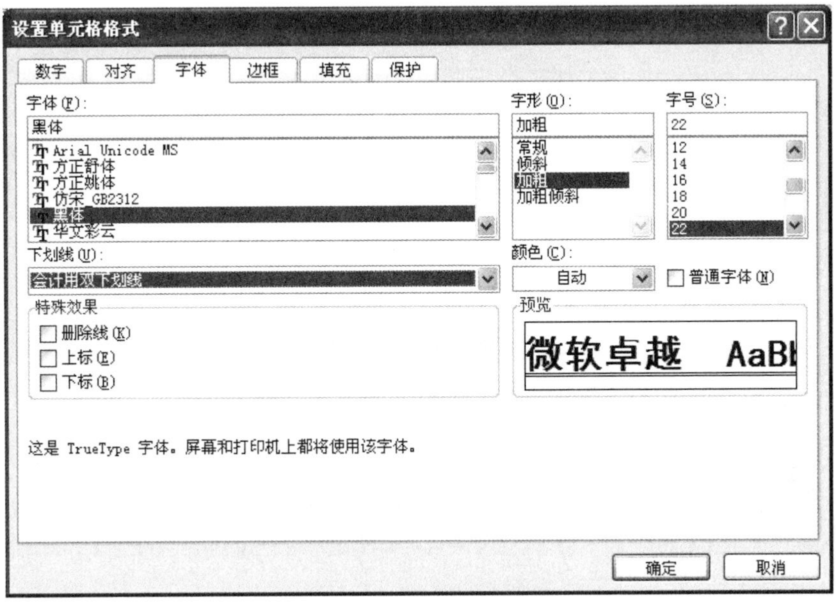

图 5–5　单元格字体设置

（5）单击【确定】按钮，效果如图 5–6 所示。

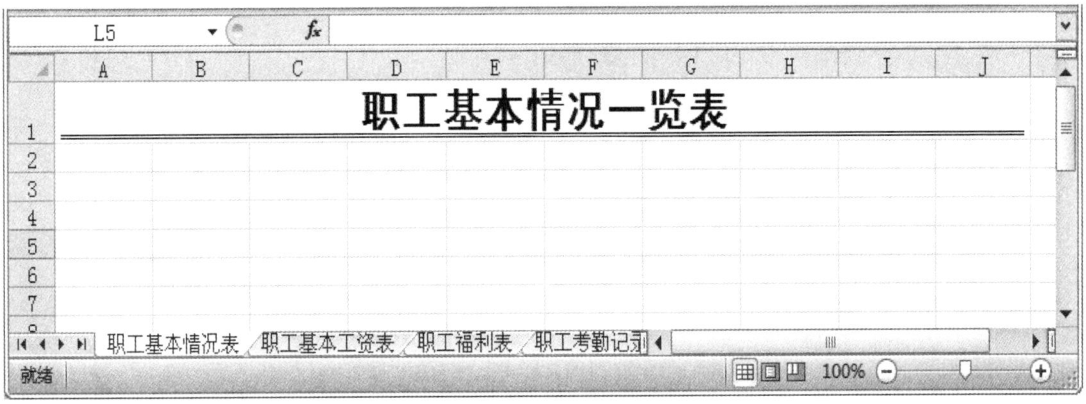

图 5–6　职工基本情况表标题

（6）输入职工基本情况一览表中表格的表头，如“编号”、“姓名”、“所属部门”等（如图 5–7 所示）。

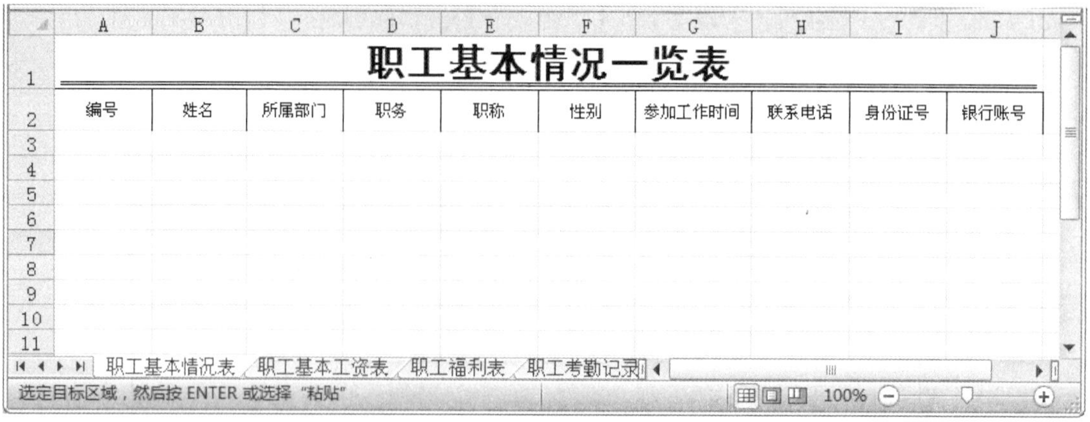

图 5-7　输入职工基本情况一览表表头

（7）选择单元格区域 A2 : J12，在【开始】选项卡上【单元格】组中单击【格式】选择【设置单元格格式】，在弹出的对话框中选择“边框”选项卡，单击“外边框”、“内部”（如图 5-8 所示），单击【确定】按钮（如图 5-9 所示）。

（8）在第三行（A3 : J3）输入第一位职工的基本数据。

（9）单击左上角【Office 按钮】选项卡 -【Excel 选项】-【自定义】-【常用命令】下拉 -【不在功能区中的命令】- 找到【记录单】命令再添加到工具栏里，单击【确定】按钮退出（如图 5-10 所示）。

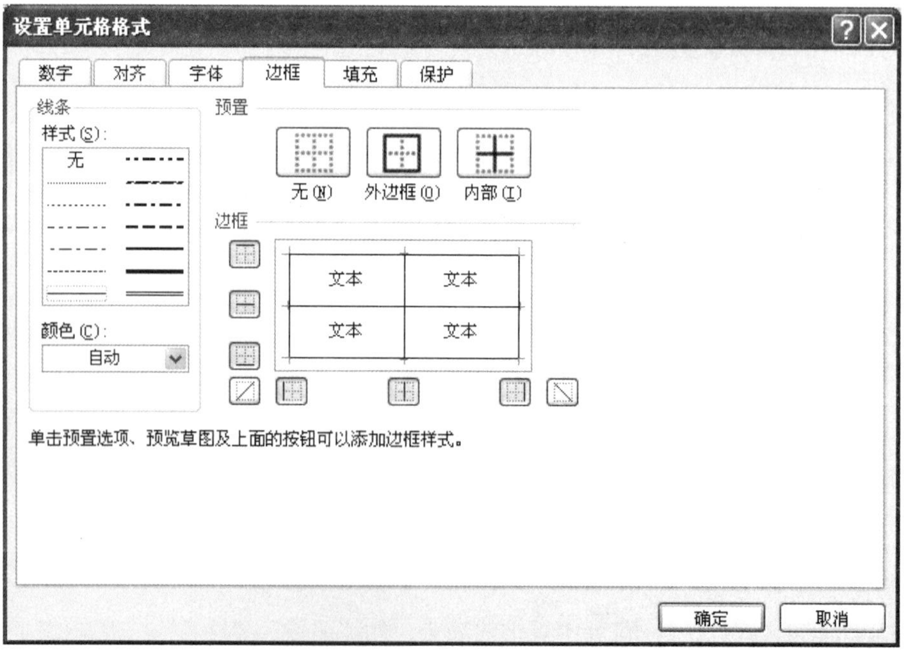

图 5-8　设置表格边框

图 5-9　表格画框线

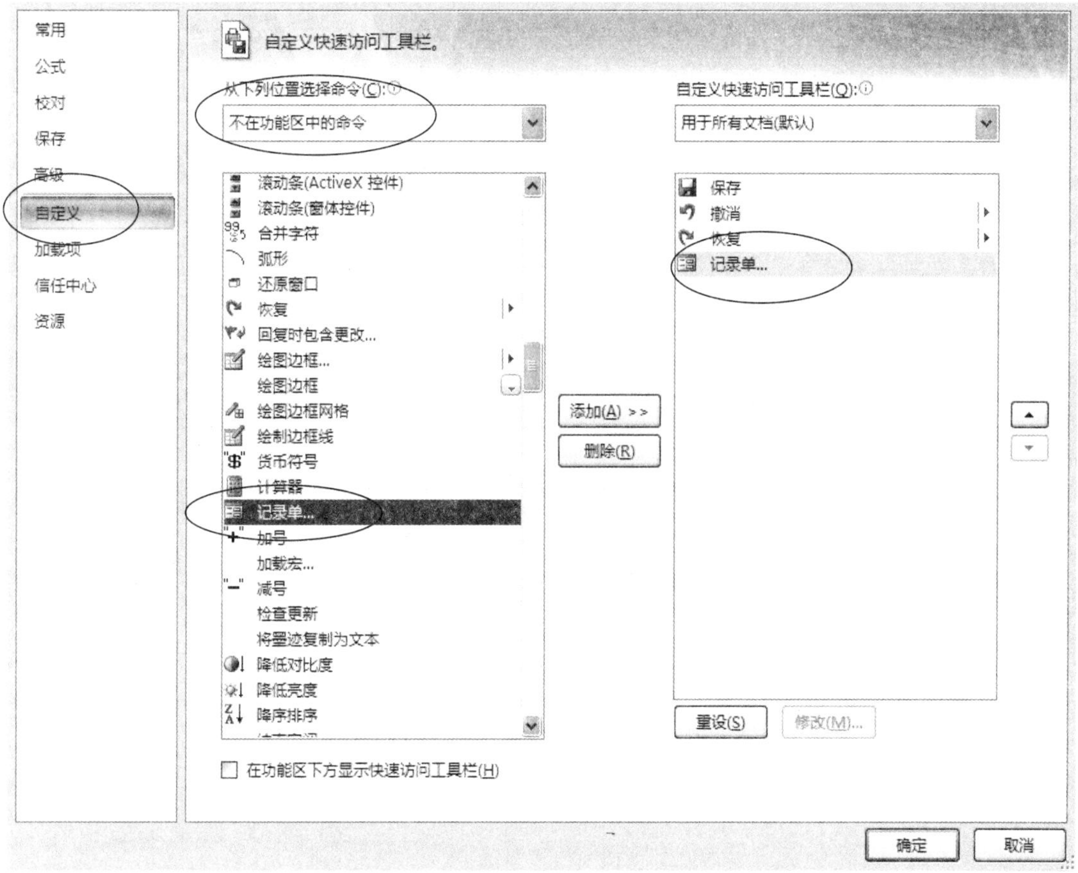

图 5-10　添加“记录单”命令

（10）单击 A3 : J3 区域内的任意单元格，单击文件【快速访问工具栏】中【记录单】命令，弹出“职工基本情况表”记录单（如图 5-11 所示）。

图 5-11 “职工基本情况表”记录单

（11）单击【新建】按钮，根据其他职工的基本情况输入相关信息。每次输入完毕一个职工的基本信息后可按回车键或者单击【新建】按钮，则刚刚输入的信息自动添加到表格中，对话框自动变为空白对话框，然后再输入下一条数据。职工基本信息输入完毕后的效果如图 5-12 所示。

图 5-12 职工基本情况输入完毕

项目活动二 职工基本工资表的建立

职工基本工资表是用来记录职工的工资结构和数据的表格，包括的项目主要有职工编号、职工姓名、所属部门、基础工资、岗位工资、工龄工资、基本工资等。在实际工作中，职工基本工资表可根据各个企业不同的情况进行设计。具体步骤如下：

（1）设置“职工基本工资表”格式的方法与“项目活动一职工基本情况表的建立”相似，此处不作赘述。在第一行输入标题“职工基本工资表”，设置单元格格式，包括设置文本对齐方式、字体等，画表格线，输入表格表头“编号”、“姓名”、“部门”、“基础工资”、“岗位工资”“工龄工资”、“基本工资”，效果如图 5–13 所示。

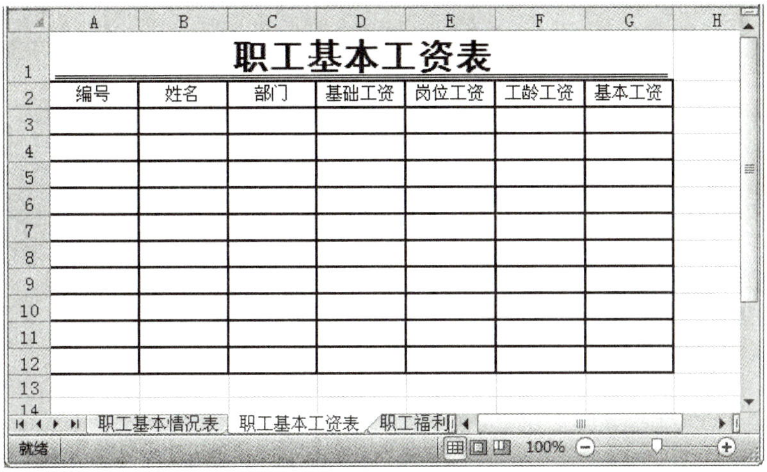

图 5–13　职工基本工资表

（2）表格内前三列“编号”、“姓名”、“部门”与“职工基本情况表”内的前三列相同，因此可使用公式直接输入。单击 A3 单元格，在公式编辑栏输入公式“= 职工基本情况表 ! A3”。

（3）单击 B3 单元格，在公式编辑栏输入公式“= 职工基本情况表 ! B3”。

（4）单击 C3 单元格，在公式编辑栏输入公式“= 职工基本情况表 ! C3”。

（5）利用 Excel 的自动填充功能，选择 A3 : C3 区域，将鼠标放置在 C3 单元格右下角，当出现十字形时，单击鼠标左键，向下拖动至 C12 单元格，松开鼠标左键后，A3 : C12 自动显示数据（如图 5–14 所示）。

（6）根据【资料 2】输入职工各项工资数据（如图 5–15 所示）。

（7）单击 G3 单元格，在公式编辑栏内输入公式“= SUM（D3 : F3）”（基本工资 = 基础工资 + 岗位工资 + 工龄工资），单击回车键，G3 单元格内便自动显示数额（如图 5–16 所示）。

（8）利用 Excel 的自动填充功能，计算其他职工基本工资。结果如图 5–17 所示。

职工基本工资表

编号	姓名	部门	基础工资	岗位工资	工龄工资	基本工资
0001	张力	企划部				
0002	李铭	设计部				
0003	王域	设计部				
0004	赵新	企划部				
0005	杨阳	销售部				
0006	陈苗	企划部				
0007	高敏	生产部				
0008	王洁	销售部				
0009	鲁力	销售部				
0010	欧阳锋	生产部				

图 5-14　自动导入职工基本信息

职工基本工资表

编号	姓名	部门	基础工资	岗位工资	工龄工资	基本工资
0001	张力	企划部	11150	1000	200	
0002	李铭	设计部	3950	900	200	
0003	王域	设计部	4020	1000	300	
0004	赵新	企划部	2800	600	100	
0005	杨阳	销售部	5750	500	200	
0006	陈苗	企划部	2750	600	100	
0007	高敏	生产部	2780	1200	300	
0008	王洁	销售部	3750	600	200	
0009	鲁力	销售部	2660	600	100	
0010	欧阳锋	生产部	1680	500	200	

图 5-15　职工基本工资表数据

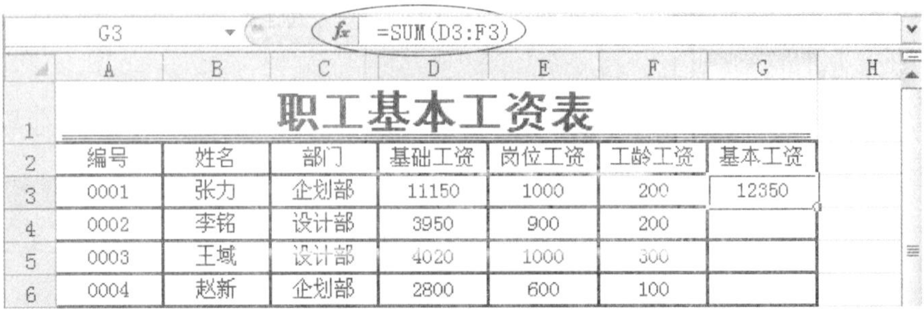

职工基本工资表

编号	姓名	部门	基础工资	岗位工资	工龄工资	基本工资
0001	张力	企划部	11150	1000	200	12350
0002	李铭	设计部	3950	900	200	
0003	王域	设计部	4020	1000	300	
0004	赵新	企划部	2800	600	100	

图 5-16　输入公式

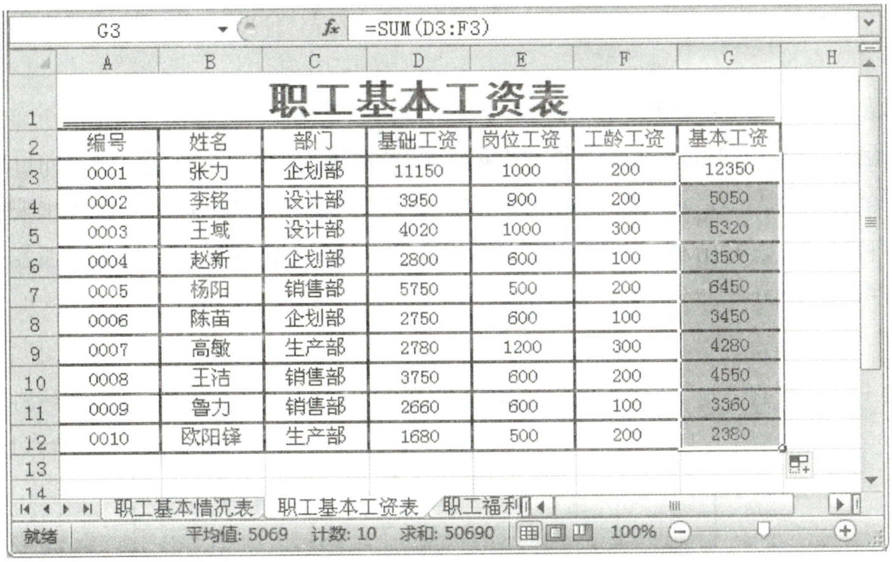
G3　=SUM(D3:F3)

职工基本工资表

编号	姓名	部门	基础工资	岗位工资	工龄工资	基本工资
0001	张力	企划部	11150	1000	200	12350
0002	李铭	设计部	3950	900	200	5050
0003	王域	设计部	4020	1000	300	5320
0004	赵新	企划部	2800	600	100	3500
0005	杨阳	销售部	5750	500	200	6450
0006	陈苗	企划部	2750	600	100	3450
0007	高敏	生产部	2780	1200	300	4280
0008	王洁	销售部	3750	600	200	4550
0009	鲁力	销售部	2660	600	100	3360
0010	欧阳铎	生产部	1680	500	200	2380

图 5-17　计算其他职工基本工资

项目活动三　职工福利表的建立

职工福利表是用来记录各个职工的基本福利的表格，包括住房补贴、伙食补贴、交通补贴、医疗补助等，企业可根据自身情况增加或减少各项福利。建立职工福利表的具体步骤如下：

（1）设置“职工福利表”的格式与“项目活动一职工基本情况表的建立”相似，在此不作赘述。在第一行输入标题“职工福利表”，设置单元格格式，包括设置文本对齐方式、字体等，画表格线，输入表格表头“编号”、“姓名”、“部门”、“住房补贴”、“伙食补贴”“医疗补助”、“合计”，效果如图 5-18 所示。

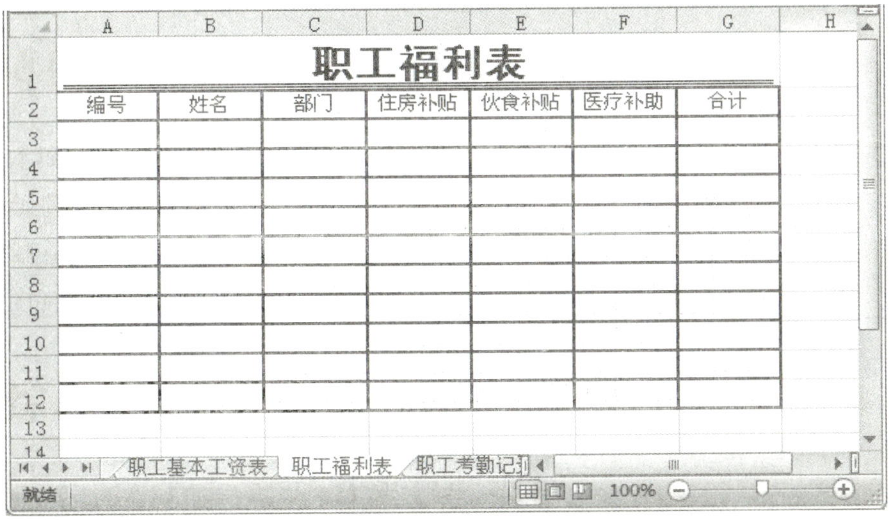
职工福利表

编号	姓名	部门	住房补贴	伙食补贴	医疗补助	合计

图 5-18　职工福利表

（2）表格内前三列“编号”、“姓名”、“部门”与“职工基本情况表”内的前三列相同，因此可使用公式直接输入。具体步骤在“项目活动二”中已作介绍，在此不作赘述，自动导入职工基本信息后的结果如图 5-19 所示。

（3）根据【资料 3】的内容输入职工各项基本福利费用。

（4）单击 G3 单元格，在公式编辑栏内输入公式“= SUM（D3 : F3）”（合计 = 住房补贴 + 伙食补贴 + 医疗补助），单击回车键，G3 单元格内便自动显示合计数。

（5）利用自动填充功能将该列其他单元格数据填充完毕（如图 5-20 所示）。

编号	姓名	部门	住房补贴	伙食补贴	医疗补助	合计
0001	张力	企划部				
0002	李铭	设计部				
0003	王域	设计部				
0004	赵新	企划部				
0005	杨阳	销售部				
0006	陈苗	企划部				
0007	高敏	生产部				
0008	王洁	销售部				
0009	鲁力	销售部				
0010	欧阳锋	生产部				

图 5-19　自动导入职工基本信息

编号	姓名	部门	住房补贴	伙食补贴	医疗补助	合计
0001	张力	企划部	533	200	80	813
0002	李铭	设计部	533	200	80	813
0003	王域	设计部	450	200	80	730
0004	赵新	企划部	450	200	80	730
0005	杨阳	销售部	450	200	80	730
0006	陈苗	企划部	450	200	80	730
0007	高敏	生产部	533	200	80	813
0008	王洁	销售部	533	200	80	813
0009	鲁力	销售部	450	200	80	730
0010	欧阳锋	生产部	450	200	80	730

图 5-20　职工福利表

项目活动四　职工社会保险表的建立

职工社会保险表是用来记录各个职工缴纳的各项社会保险费用的表格，包括养老保险、失业保险、医疗保险等，企业可根据职工缴纳各项保险的情况进行计算。具体步骤如下：

（1）设置“职工社会保险表”的格式与“项目活动一职工基本情况表的建立”相似，在此不作赘述。在第一行输入标题“职工社会保险缴纳一览表”，设置单元格格式，包括设置文本对齐方式、字体等，画表格线，输入表格表头“编号”、“姓名”、“部门”、“养老保险”、“失业保险”“医疗保险”、“合计”，效果如图 5-21 所示。

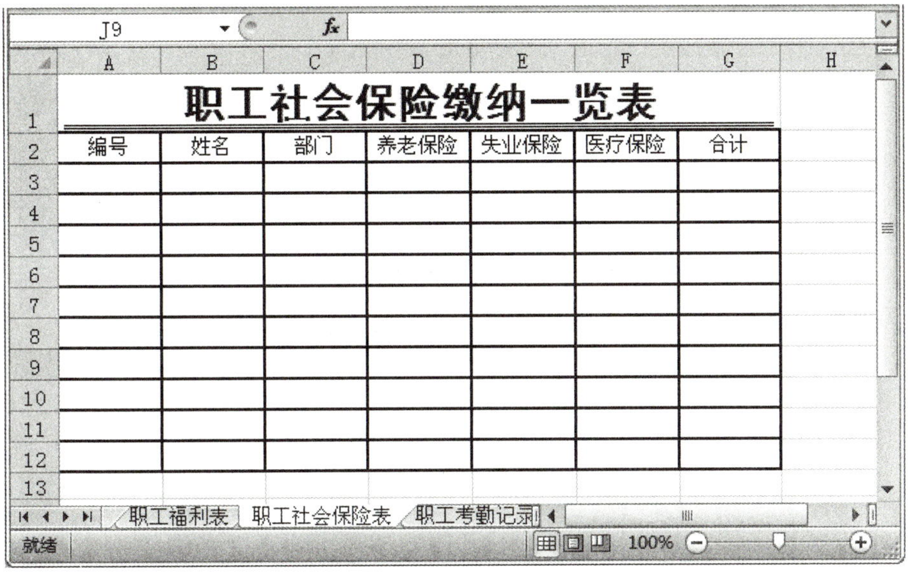

图 5-21　职工社会保险表

（2）表格内前三列“编号”、“姓名”、“部门”与“职工基本情况表”内的前三列相同，因此可使用公式直接输入。具体步骤在“项目活动二”中已作介绍，在此不作赘述，自动导入职工基本信息后的结果如图 5-22 所示。

（3）根据【资料 4】的内容输入职工各项基本社会保险费用。

（4）单击 G3 单元格，在公式编辑栏内输入公式“=SUM（D3 : F3）”（合计 = 养老保险 + 失业保险 + 医疗保险），单击回车键，G3 单元格内便自动显示合计数。

（5）利用自动填充功能将该列其他单元格数据填充完毕（如图 5-23 所示）。

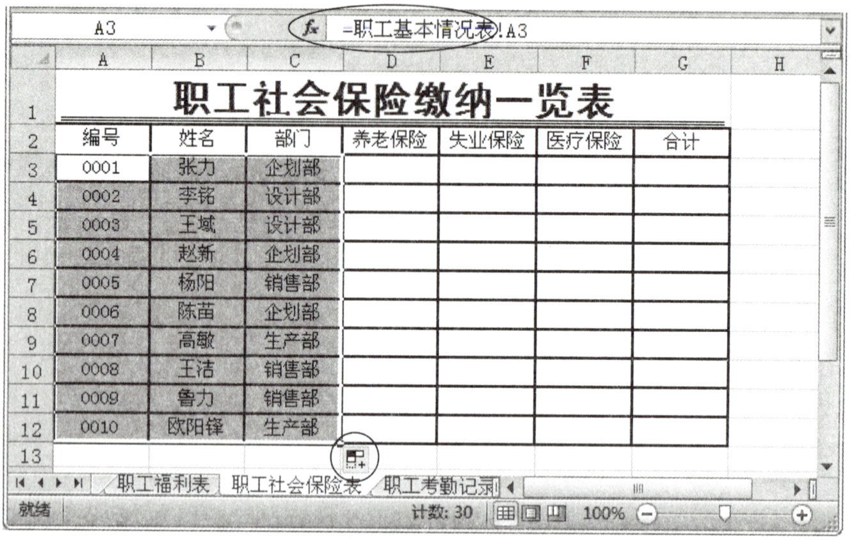

A3　=职工基本情况表!A3

职工社会保险缴纳一览表						
编号	姓名	部门	养老保险	失业保险	医疗保险	合计
0001	张力	企划部				
0002	李铭	设计部				
0003	王域	设计部				
0004	赵新	企划部				
0005	杨阳	销售部				
0006	陈苗	企划部				
0007	高敏	生产部				
0008	王洁	销售部				
0009	鲁力	销售部				
0010	欧阳锋	生产部				

图 5-22　自动导入职工基本信息

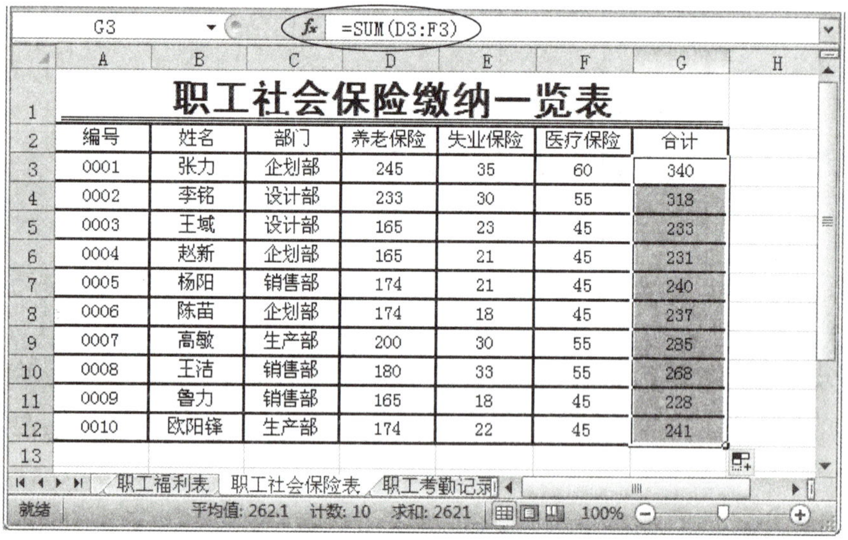

G3　=SUM(D3:F3)

职工社会保险缴纳一览表						
编号	姓名	部门	养老保险	失业保险	医疗保险	合计
0001	张力	企划部	245	35	60	340
0002	李铭	设计部	233	30	55	318
0003	王域	设计部	165	23	45	233
0004	赵新	企划部	165	21	45	231
0005	杨阳	销售部	174	21	45	240
0006	陈苗	企划部	174	18	45	237
0007	高敏	生产部	200	30	55	285
0008	王洁	销售部	180	33	55	268
0009	鲁力	销售部	165	18	45	228
0010	欧阳锋	生产部	174	22	45	241

图 5-23　职工社会保险缴纳一览表

项目活动五　职工考勤表的建立

职工考勤表是用来记录各个职工平时的出勤情况，根据每个人的出勤情况计算应扣发的工资数的表格。具体步骤如下：

（1）设置“职工考勤记录表”的格式与“项目活动一职工基本情况表的建立”相似，在此不作赘述。在第一行输入标题“职工考勤表”，设置单元格格式，包括设置文本对齐方式、字体等，画表格线，输入表格表头“编号”、“姓名”、“部门”、“病假天数”、“事假天数”、“扣发合计”，效果如图 5-24 所示。

职工考勤表

编号	姓名	部门	病假天数	事假天数	扣发合计

图 5-24　职工考勤表

（2）表格内前三列“编号”、“姓名”、“部门”与“职工基本情况表”内的前三列相同，因此可使用公式直接输入。具体步骤在“项目活动二”中已作介绍，在此不作赘述，自动导入职工基本信息后的结果如图 5-25 所示。

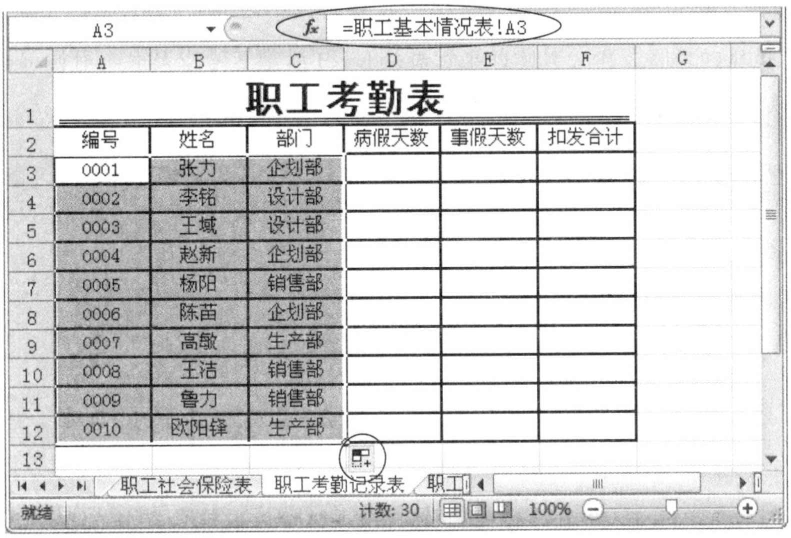

=职工基本情况表!A3

职工考勤表

编号	姓名	部门	病假天数	事假天数	扣发合计
0001	张力	企划部			
0002	李铭	设计部			
0003	王域	设计部			
0004	赵新	企划部			
0005	杨阳	销售部			
0006	陈苗	企划部			
0007	高敏	生产部			
0008	王洁	销售部			
0009	鲁力	销售部			
0010	欧阳锋	生产部			

图 5-25　自动导入职工基本信息

（3）根据【资料 5】的内容输入职工请假天数。

（4）单击 F3 单元格，在公式编辑栏内输入公式“=50*（D3+E3）”（扣款合计 =50×（请假天数 + 事假天数）），单击回车键，F3 单元格内便自动显示合计数。

（5）利用自动填充功能将该列其他单元格数据填充完毕（如图 5-26 所示）。

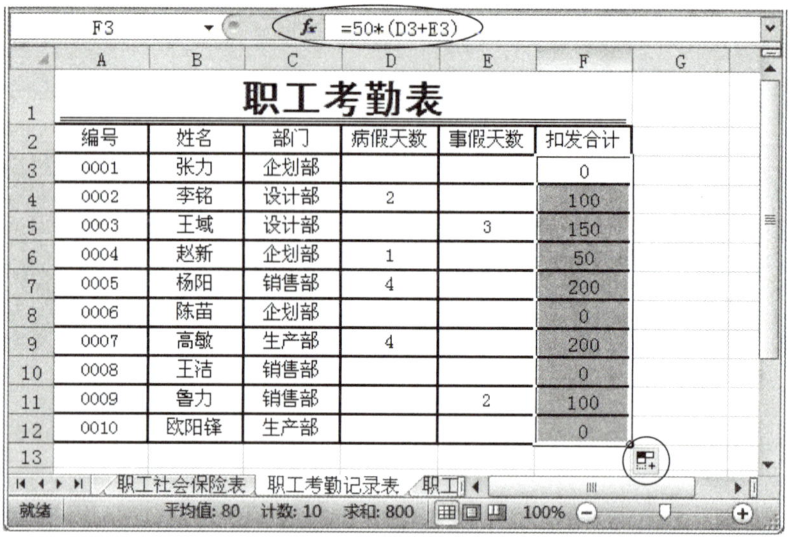

图 5-26　职工考勤表

项目活动六　职工业绩考核表的建立

职工业绩考核表是用来统计职工业绩表现的数据以及所应获得的业绩奖金的记录。其项目主要包括职工编号、职工姓名、所属部门、销售业绩额和业绩奖金等。具体步骤如下：

（1）设置“职工业绩考核表”的格式与“项目活动一职工基本情况表的建立”相似，在此不作赘述。在第一行输入标题“职工业绩考核表”，设置单元格格式，包括设置文本对齐方式、字体等，画表格线，输入表格表头“编号”、“姓名”、“部门”、“销售业绩额”、“业绩总奖金”（效果如图 5-27 所示）。

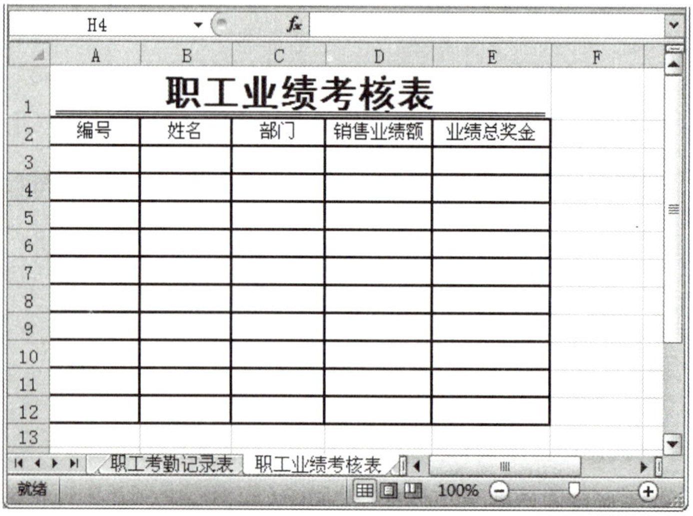

图 5-27　职工业绩考核表

（2）表格内前三列“编号”、“姓名”、“部门”与“职工基本情况表”内的前三列相同，因此可使用公式直接输入。具体步骤在“项目活动二”中已作介绍，在此不作赘述，自动导入职工基本信息后的结果如图 5-28 所示。

（3）根据【资料 6】的内容输入职工业绩考核内容，结果如图 5-29 所示。

A3　=职工基本情况表!A3

职工业绩考核表

编号	姓名	部门	销售业绩额	业绩总奖金
0001	张力	企划部		
0002	李铭	设计部		
0003	王域	设计部		
0004	赵新	企划部		
0005	杨阳	销售部		
0006	陈苗	企划部		
0007	高敏	生产部		
0008	王洁	销售部		
0009	鲁力	销售部		
0010	欧阳锋	生产部		

图 5-28　自动导入职工基本信息

F27

职工业绩考核表

编号	姓名	部门	销售业绩额	业绩总奖金
0001	张力	企划部		
0002	李铭	设计部		
0003	王域	设计部		
0004	赵新	企划部		
0005	杨阳	销售部	500000	500
0006	陈苗	企划部		
0007	高敏	生产部		
0008	王洁	销售部	800000	800
0009	鲁力	销售部	200000	200
0010	欧阳锋	生产部		

图 5-29　职工业绩考核表

工作任务二　职工工资结算单的创建

职工工资结算单是由职工基本工资表、职工福利表、职工社会保险表、职工考勤记录表、职工业绩考核表中的各项数据组合而成的，但是如果逐一填入数据，工作会非常地烦琐，而且容易出错。因此，可以利用 Excel 提供的“定义数据名称”功能和“引用函数”功能从各个表格中提取数据，简化操作。职工工资结算单的具体创建步骤如下：

（1）确定各类计算比率（如图 5-30 所示）。

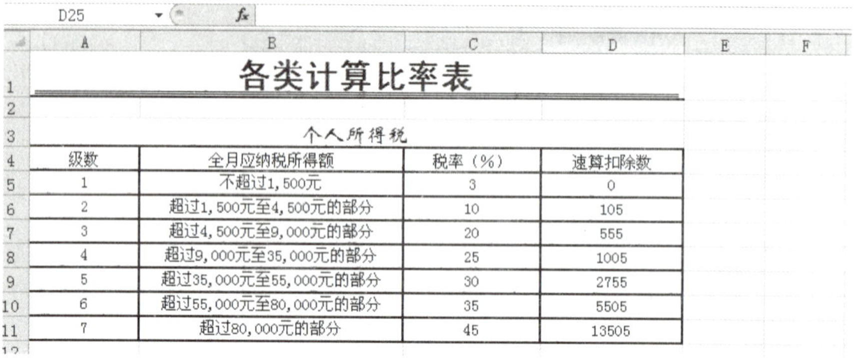

各类计算比率表

个人所得税

级数	全月应纳税所得额	税率（%）	速算扣除数
1	不超过1,500元	3	0
2	超过1,500元至4,500元的部分	10	105
3	超过4,500元至9,000元的部分	20	555
4	超过9,000元至35,000元的部分	25	1005
5	超过35,000元至55,000元的部分	30	2755
6	超过55,000元至80,000元的部分	35	5505
7	超过80,000元的部分	45	13505

图 5-30　各类计算比率表

（2）激活“职工基本工资表”，并选择数据区域 A2 : G12（如图 5-31 所示）。

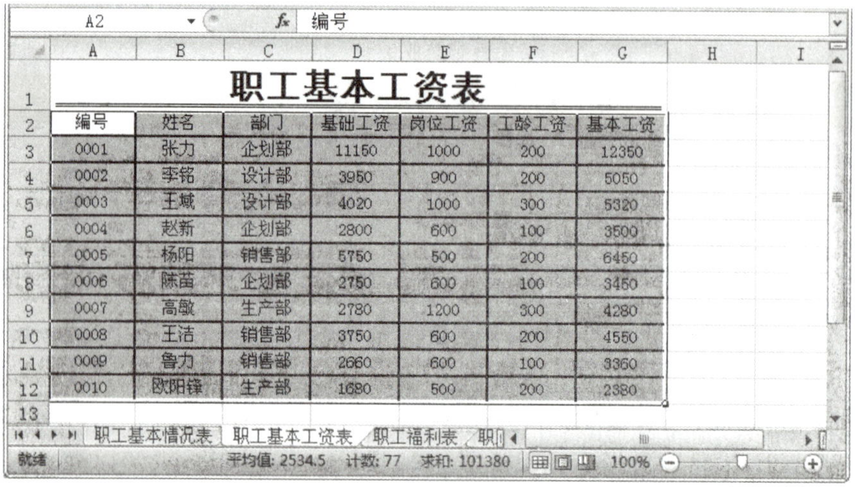

职工基本工资表

编号	姓名	部门	基础工资	岗位工资	工龄工资	基本工资
0001	张力	企划部	11150	1000	200	12350
0002	李铭	设计部	3950	900	200	5050
0003	王域	设计部	4020	1000	300	5320
0004	赵新	企划部	2800	600	100	3500
0005	杨阳	销售部	5750	500	200	6450
0006	陈苗	企划部	2750	600	100	3450
0007	高敏	生产部	2780	1200	300	4280
0008	王洁	销售部	3750	600	200	4550
0009	鲁力	销售部	2660	600	100	3360
0010	欧阳锋	生产部	1680	500	200	2380

图 5-31　选中职工基本工资记录表的数据区域

（3）在【公式】选项卡上【定义的名称】组中单击【定义名称】（如图 5-32 所示）。

（4）在弹出的对话框中，在“名称”内输入“职工基本工资表”，“范围”选择“工作簿”，“引用位置”为当前所选内容，无须变动，若要输入其他单元格引用作为参数，则单击 ▣（暂时缩小对话框），选择工作表中的单元格，然后单击 以将对话框还原为正常大小（如图 5-33 所示）。

（5）单击【确定】按钮完成数据名称定义。

（6）按上述方法分别对职工福利表、职工社会保险表、职工考勤表、职工业绩考核表定义名称。

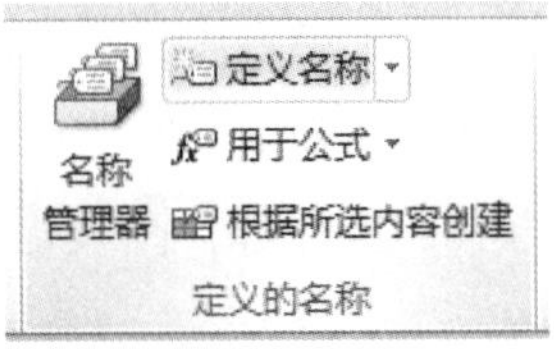

图 5-32 【定义名称】命令

（7）要查看已经定义的名称，可在【公式】选项卡上的【定义的名称】组中，单击【名称管理器】（如图 5-34 所示）。

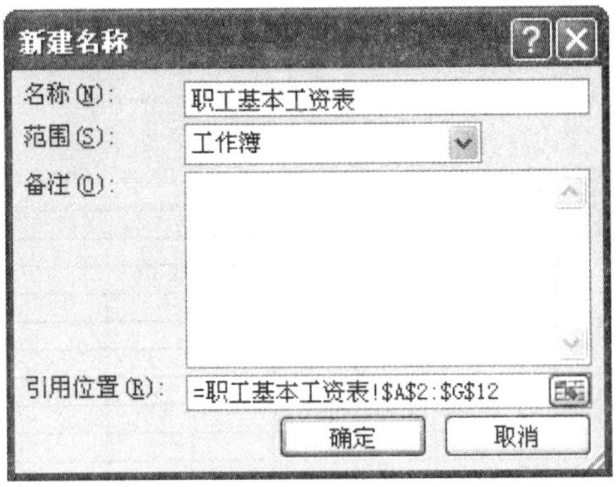

图 5-33　定义名称

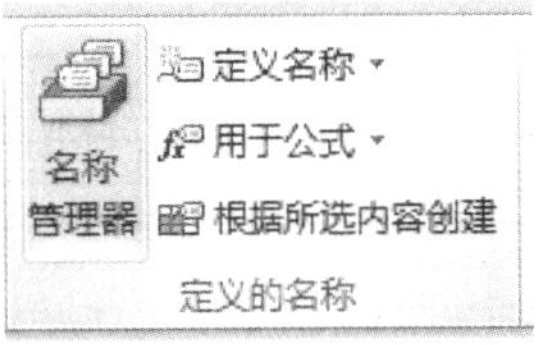

图 5-34 【名称管理器】命令

（8）在“名称管理器”对话框中，可以查看、编辑或者删除已定义的名称（如图 5-35 所示）。

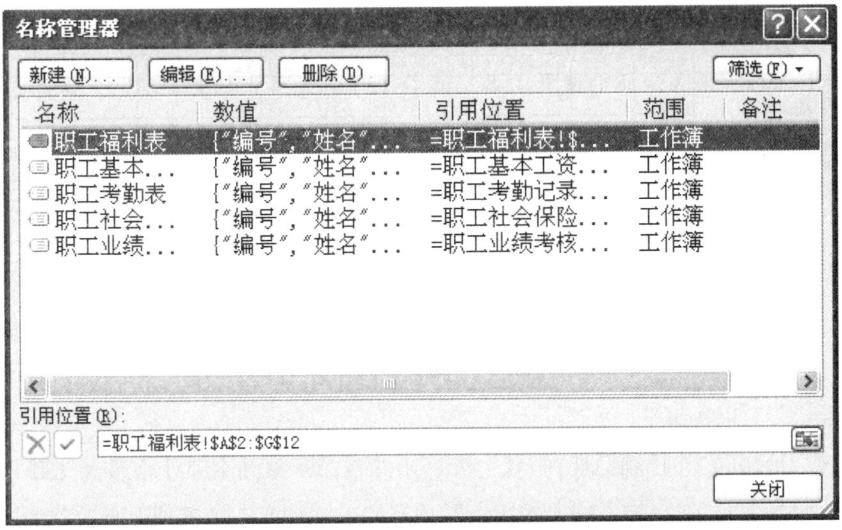

图 5-35　名称管理器

（9）设置“职工工资结算单”的格式方法与“项目活动一职工基本情况表的建立”相似，在此不作赘述。在第一行输入标题“职工工资结算单”，设置单元格格式，包括设置文本对齐方式、字体等，画表格线，输入表格表头“编号”、“姓名”、“部门”、“基础工资”、“岗位工资”、“工龄工资”、“住房补贴”、“伙食补贴”、“医疗补助”、“业绩奖金”、“养老保险”、“失业保险”、“医疗保险”、“请假扣款”、“应发工资”、“应扣所得税”、“实发工资”，效果如图 5-36 所示。

（10）输入职工基本信息的输入方法在“项目活动二”中已作介绍，在此不作赘述，效果如图 5-37 所示。

编号	姓名	部门	基础工资	岗位工资	工龄工资	住房补贴	伙食补贴	医疗补助	业绩奖金	养老保险	失业保险	医疗保险	请假扣款	应发工资	应扣所得税	实发工资

图 5-36　职工工资结算单

编号	姓名	部门	基础工资	岗位工资	工龄工资	住房补贴	伙食补贴	医疗补助	业绩奖金	养老保险	失业保险	医疗保险	请假扣款	应发工资	应扣所得税	实发工资
0001	张力	企划部														
0002	李铭	设计部														
0003	王域	设计部														
0004	赵新	企划部														
0005	杨阳	销售部														
0006	陈苗	企划部														
0007	高敏	生产部														
0008	王洁	销售部														
0009	鲁力	销售部														
0010	欧阳锋	生产部														

图 5-37　自动导入职工基本信息

（11）以计算张力的基础工资为例，单击 D3 单元格，在【公式】选项卡上【函数库】组中单击【插入函数】，在弹出的【插入函数】对话框中，在“或选择类别”下拉列表中选择“查找与引用”，在“选择函数”中点击“VLOOKUP”函数，点击【确定】(如图 5-38 所示)。

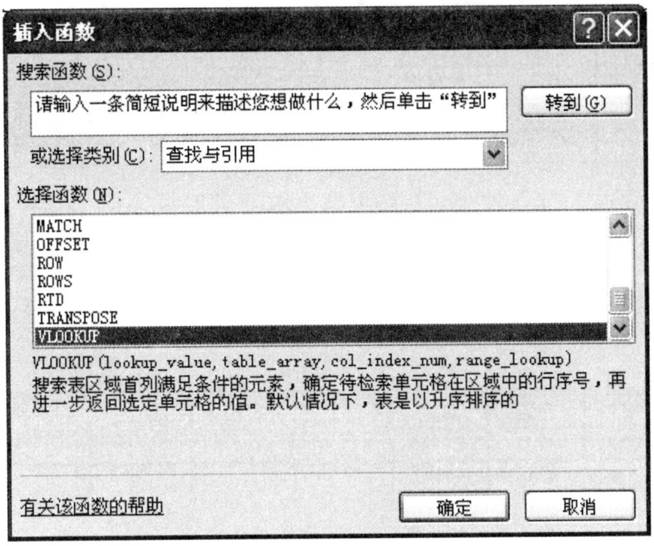

图 5-38　插入函数

（12）在弹出的【函数参数】对话框中，进行如图 5-39 所示的内容设置。

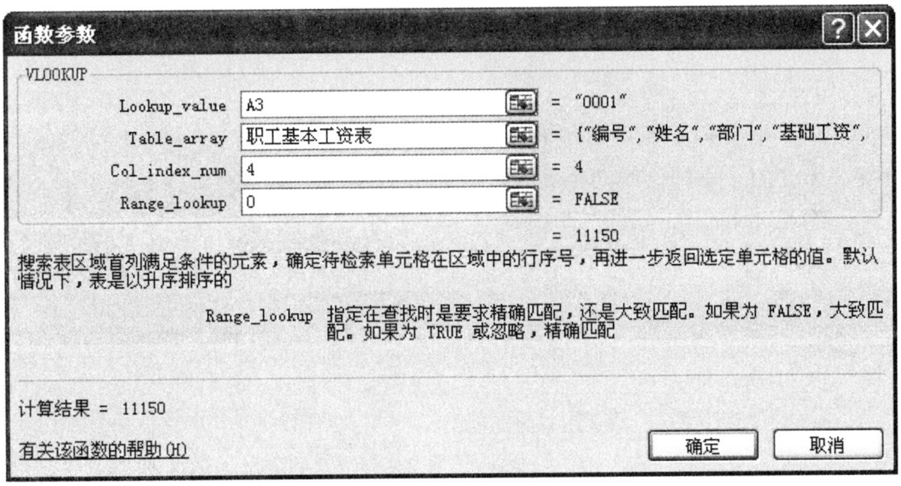

图 5-39　输入函数参数

（13）单击【确定】按钮，则在职工工资结算单的 D3 单元格中显示的数据就是在“职工基本工资表”中第一位职工的基础工资数额（如图 5-40、图 5-41 所示）。

在输入数据时，对已经定义名称的数据表中已有的数据，如职工基本工资表、职工福利表、

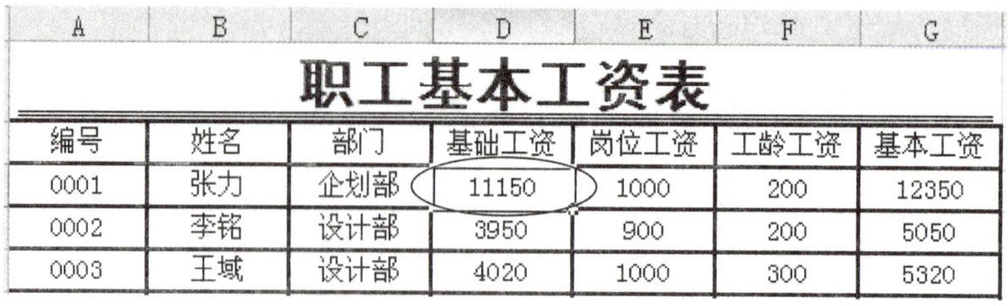

A	B	C	D	E	F	G
职工基本工资表						
编号	姓名	部门	基础工资	岗位工资	工龄工资	基本工资
0001	张力	企划部	11150	1000	200	12350
0002	李铭	设计部	3950	900	200	5050
0003	王域	设计部	4020	1000	300	5320

图 5-40 原职工基本工资表数据

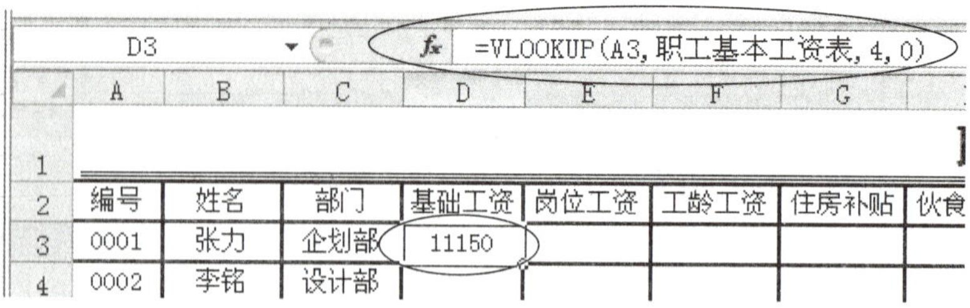

图 5-41 运用函数输入数据

职工社会保险表、职工业绩考核表和职工考勤表中的数据，使用 VLOOKUP（ ）函数直接引用即可。

VLOOKUP（ ）函数是指在表格或数值组的首列查找指定的数值，并由此返回表格或数组当前行中指定列处的数值。

（14）利用同样的方法输入 D3 : D12 区域的其他数据，完成其他单元格数据的输入。

（15）利用同样的方法，输入职工福利费中的住房补贴（如图 5-42 所示）。

（16）输入职工业绩奖金（如图 5-43 所示）。

（17）输入职工社会保险费中的养老保险（如图 5-44 所示）。

（18）输入职工请假扣款（如图 5-45 所示）。

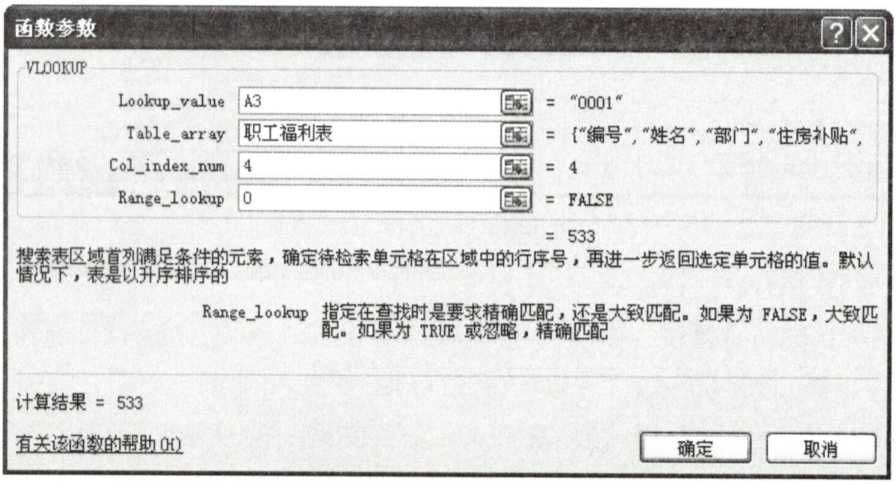

图 5-42 自动导入职工福利费

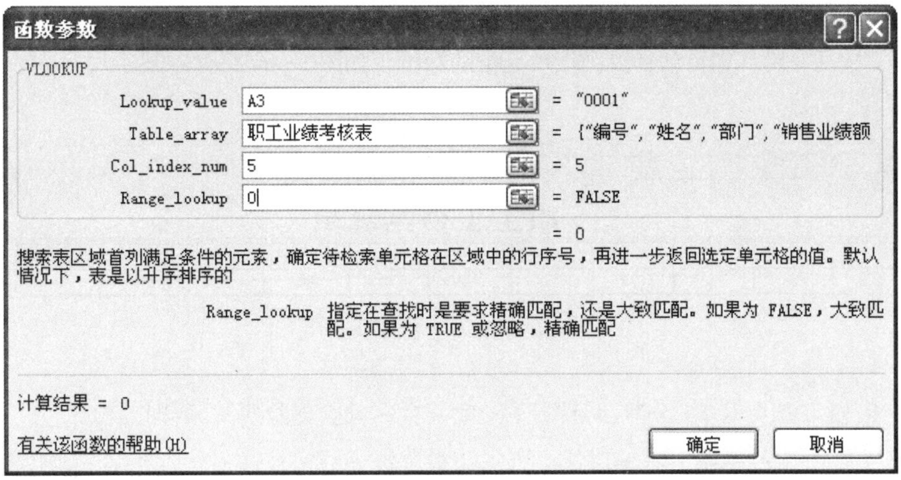

图 5-43　自动导入职工业绩奖金

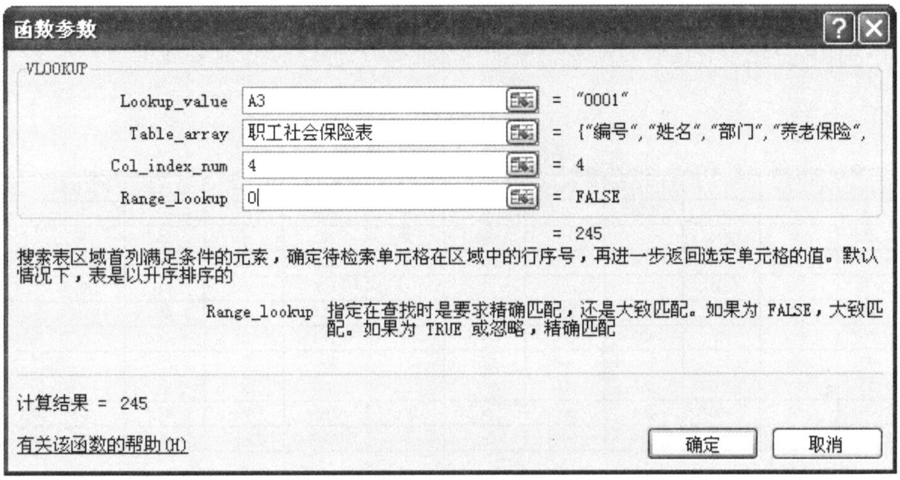

图 5-44　自动导入职工社会保险费

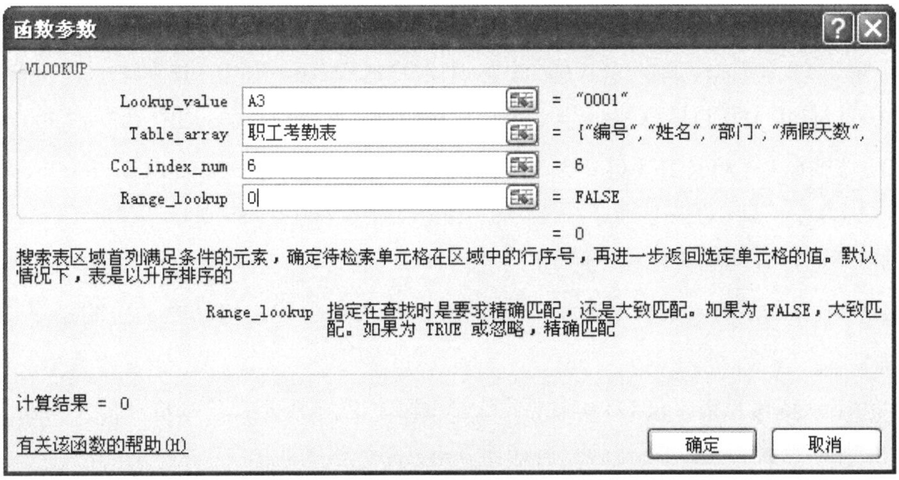

图 5-45　自动导入职工请假扣款

（19）单击 O3 单元格，在公式编辑栏中输入公式“=D3+E3+F3+G3+H3+I3+J3−K3−L3−M3−N3”，按回车键，则自动计算出该单元格的数据（如图 5−46 所示）。即：

=D3+E3+F3+G3+H3+I3+J3-K3-L3-M3-N3

职工工资结算单

C	D	E	F	G	H	I	J	K	L	M	N	O
部门	基础工资	岗位工资	工龄工资	住房补贴	伙食补贴	医疗补助	业绩奖金	养老保险	失业保险	医疗保险	请假扣款	应发工资
企划部	11150	1000	200	533	200	80	0	245	35	60	0	12823

图 5−46　应发工资计算

应发工资 = 基本工资 + 福利费 + 业绩奖金 − 社会保险费 − 请假扣款

　　　　= 基础工资 + 岗位工资 + 工龄工资 + 住房补贴 + 伙食补贴 + 医疗补助

　　　　　+ 业绩奖金 − 养老保险 − 失业保险 − 医疗保险 − 请假扣款

实发工资 = 应发工资 − 个人所得税

（20）使用自动填充功能计算所有员工的应发工资（如图 5−47 所示）。

职工工资结算单

部门	基础工资	岗位工资	工龄工资	住房补贴	伙食补贴	医疗补助	业绩奖金	养老保险	失业保险	医疗保险	请假扣款	应发工资	应
企划部	11150	1000	200	533	200	80	0	245	35	60	0	12823	
设计部	3950	900	200	533	200	80	0	233	30	55	100	5445	
设计部	4020	1000	300	450	200	80	0	165	23	45	150	5667	
企划部	2800	600	100	450	200	80	0	165	21	45	50	3949	
销售部	5750	500	200	450	200	80	500	174	21	45	200	7240	
企划部	2750	600	100	450	200	80	0	174	18	45	0	3943	
生产部	2780	1200	300	533	200	80	0	200	30	55	200	4608	
销售部	3750	600	200	533	200	80	800	180	33	55	0	5895	
销售部	2660	600	100	450	200	80	200	165	18	45	100	3862	
生产部	1680	500	200	450	200	80	0	174	22	45	0	2869	

保险表 / 职工考勤记录表 / 职工业绩考核表 / 各类计算比率表 / 职工工资结算单

图 5−47　职工应发工资

（21）单击 P3 单元格，输入公式如下：“= IF（O3 − 3 500<=0，0，IF（O3 − 3 500 <= 1 500，0.03*（O3 − 3 500），IF（O3 − 3 500 <= 4 500，0.1*（O3 − 3 500）− 105，IF（O3 − 3 500 <= 9 000，0.2*（O3 − 3 500）− 555，IF（O3−3 500 <= 35 000，0.25*（O3−3 500）−1 005，IF（O3−3 500 <= 55 000，0.3*（O3 − 3 500）− 2 755，IF（O3 − 3 500 <= 80 000，0.35*（O3−3 500）− 5 505，0.45*（O3 − 3 500）− 13 505）））））））”。

（22）利用自动填充功能计算所有员工的应纳个人所得税，自动填充后的结果如图 5−48 所示。

（23）单击 Q3 单元格，在 Q3 单元格的公式编辑栏内输入公式“=O3−P3”（实发工资 = 应发工资 − 应扣所得税），按回车键后则自动计算出该单元格的数据。

（24）利用自动填充功能计算所有员工的实发工资（如图 5−49 所示）。

fx =IF(O3-3500<0,0,IF(O3-3500<=1500,0.05*(O3-3500),IF(O3-3500<=4500,0.1*(O3-3500)-105,IF(O3-3500<=9000,0.2*(O3-3500)-555,IF(O3-3500<=35000,0.25*(O3-3500)-1005,IF(O3-3500<=55000,0.3*(O3-3500)-2755,IF(O3-3500<=80000,0.35*(O3-3500)-5505,0.45*(O3-3500)-13505)))))))

职工工资结算单

基础工资	岗位工资	工龄工资	住房补贴	伙食补贴	医疗补助	业绩奖金	养老保险	失业保险	医疗保险	请假扣款	应发工资	应扣所得税	实发工资
11150	1000	200	533	200	80	0	245	35	60	0	12823	1325.75	11497.25
3950	900	200	533	200	80	0	233	30	55	100	5445	89.5	5355.5
4020	1000	300	450	200	80	0	165	23	45	150	5667	111.7	5555.3
2800	600	100	450	200	80	0	165	21	45	50	3949	22.45	3926.55
5750	500	200	450	200	80	500	174	21	45	200	7240	269	6971
2750	600	100	450	200	80	0	174	18	45	0	3943	22.15	3920.85
2780	1200	300	533	200	80	0	200	30	55	200	4608	55.4	4552.6
3750	600	200	533	200	80	800	180	33	55	0	5895	134.5	5760.5
2660	600	100	450	200	80	200	165	18	45	100	3962	23.1	3938.9
1680	500	200	450	200	80	0	174	22	45	0	2869	0	2869

图 5-48　应扣个人所得税

fx =O3-P3

职工工资结算单

基础工资	岗位工资	工龄工资	住房补贴	伙食补贴	医疗补助	业绩奖金	养老保险	失业保险	医疗保险	请假扣款	应发工资	应扣所得税	实发工资
11150	1000	200	533	200	80	0	245	35	60	0	12823	1325.75	11497.25
3950	900	200	533	200	80	0	233	30	55	100	5445	89.5	5355.5
4020	1000	300	450	200	80	0	165	23	45	150	5667	111.7	5555.3
2800	600	100	450	200	80	0	165	21	45	50	3949	22.45	3926.55
5750	500	200	450	200	80	500	174	21	45	200	7240	269	6971
2750	600	100	450	200	80	0	174	18	45	0	3943	22.15	3920.85
2780	1200	300	533	200	80	0	200	30	55	200	4608	55.4	4552.6
3750	600	200	533	200	80	800	180	33	55	0	5895	134.5	5760.5
2660	600	100	450	200	80	200	165	18	45	100	3962	23.1	3938.9
1680	500	200	450	200	80	0	174	22	45	0	2869	0	2869

图 5-49　计算实发工资

工作任务三　工资条的生成

工资条是发放给企业职工的工资清单，其中要求职工的每一项工资数据都清晰记载，包括工资的各个组成部分的数值。生成工资条的具体步骤如下：

（1）将“职工工资结算单”的内容复制到“工资条”工作表，将标题改为“职工工资条”，结果如图 5-50 所示。

H9　fx =VLOOKUP(A9,职工福利表,5,0)

职工工资条

编号	姓名	部门	基础工资	岗位工资	工龄工资	住房补贴	伙食补贴	医疗补助	业绩奖金	养老保险	失业保险	医疗保险	请假扣款	应发工资
0001	张力	企划部	11150	1000	200	533	200	80	0	245	35	60	0	12823
0002	李铭	设计部	3950	900	200	533	200	80	0	233	30	55	100	5445
0003	王域	设计部	4020	1000	300	450	200	80	0	165	23	45	150	5667
0004	赵新	企划部	2800	600	100	450	200	80	0	165	21	45	50	3949
0005	杨阳	销售部	5750	500	200	450	200	80	500	174	21	45	200	7240
0006	陈苗	企划部	2750	600	100	450	200	80	0	174	18	45	0	3943
0007	高敏	生产部	2780	1200	300	533	200	80	0	200	30	55	200	4608
0008	王洁	销售部	3750	600	200	533	200	80	800	180	33	55	0	5895
0009	鲁力	销售部	2660	600	100	450	200	80	200	165	18	45	100	3962
0010	欧阳锋	生产部	1680	500	200	450	200	80	0	174	22	45	0	2869

职工业绩考核表 / 各类计算比率表 / 职工工资结算单 / 工资条

图 5-50　复制数据

（2）单击第4行任意单元格，在【开始】选项卡上【单元格】组中单击【插入】选择【插入工作表行】，此操作在各个员工之间进行两次，结果如图5-51所示。

（3）单击第2行，单击右键选择【复制】（如图5-52所示）。

（4）单击A5单元格，单击右键选择【粘贴】，用同样的方法粘贴其他员工的工资信息的标题，结果如图5-53所示。

图5-51 在各员工行之间插入两空白行

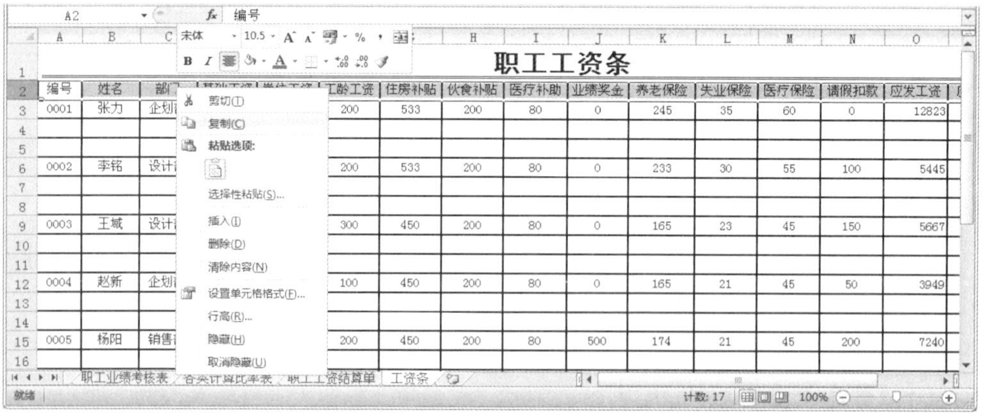

图5-52 复制表格首行标题

图5-53 粘贴各员工工资信息标题

（5）选择 A4:Q4 单元格区域，在【开始】选项卡上【单元格】组中单击【格式】选择【设置单元格格式】，在弹出的对话框中，选择【边框】选项卡，将边框样式改为只有上边框和下边框（如图 5-54 所示）。

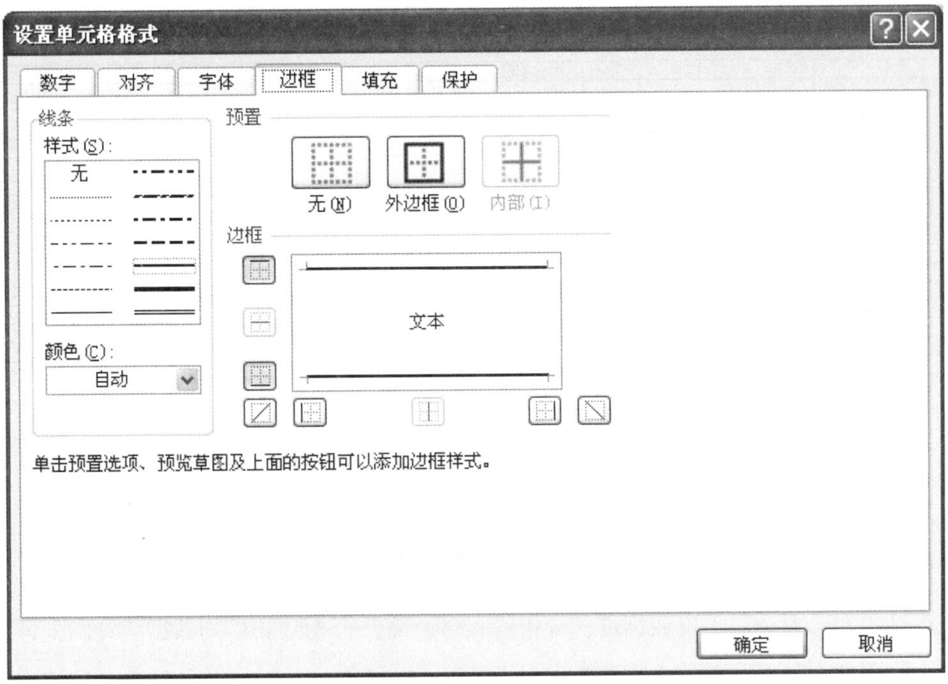

图 5-54　修改边框样式

（6）单击【确定】按钮，结果如图 5-55 所示。

（7）将其他的空白行也按上述方法进行边框设置，结果如图 5-56 所示。

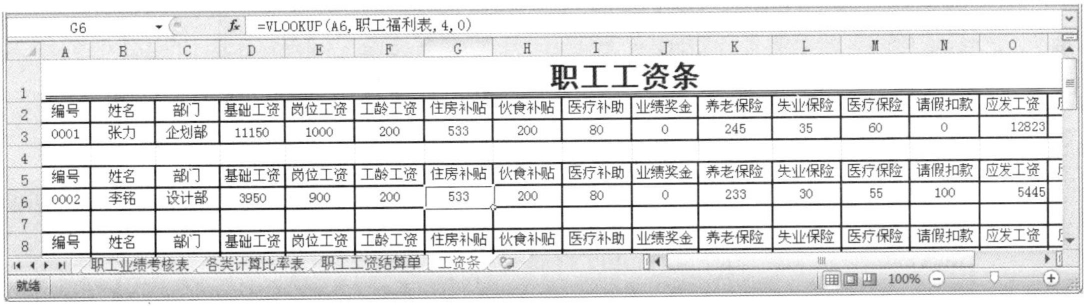

图 5-55　设置边框样式

职工工资条

编号	姓名	部门	基础工资	岗位工资	工龄工资	住房补贴	伙食补贴	医疗补助	业绩奖金	养老保险	失业保险	医疗保险	请假扣款	应发工资	应扣所得税	实发工资
0001	张力	企划部	11150	1000	200	533	200	80	0	245	35	60	0	12823	1325.75	11497.25
编号	姓名	部门	基础工资	岗位工资	工龄工资	住房补贴	伙食补贴	医疗补助	业绩奖金	养老保险	失业保险	医疗保险	请假扣款	应发工资	应扣所得税	实发工资
0002	李铭	设计部	3950	900	200	533	200	80	0	233	30	55	100	5445	89.5	5355.5
编号	姓名	部门	基础工资	岗位工资	工龄工资	住房补贴	伙食补贴	医疗补助	业绩奖金	养老保险	失业保险	医疗保险	请假扣款	应发工资	应扣所得税	实发工资
0003	王域	设计部	4020	1000	300	450	200	80	0	165	23	45	150	5667	111.7	5555.3
编号	姓名	部门	基础工资	岗位工资	工龄工资	住房补贴	伙食补贴	医疗补助	业绩奖金	养老保险	失业保险	医疗保险	请假扣款	应发工资	应扣所得税	实发工资
0004	赵新	企划部	2800	600	100	450	200	80	0	165	21	45	50	3949	22.45	3926.55
编号	姓名	部门	基础工资	岗位工资	工龄工资	住房补贴	伙食补贴	医疗补助	业绩奖金	养老保险	失业保险	医疗保险	请假扣款	应发工资	应扣所得税	实发工资
0005	杨阳	销售部	5750	500	200	450	200	80	500	174	21	45	200	7240	269	6971
编号	姓名	部门	基础工资	岗位工资	工龄工资	住房补贴	伙食补贴	医疗补助	业绩奖金	养老保险	失业保险	医疗保险	请假扣款	应发工资	应扣所得税	实发工资
0006	陈苗	企划部	2750	600	100	450	200	80	0	174	18	45	0	3943	22.15	3920.85
编号	姓名	部门	基础工资	岗位工资	工龄工资	住房补贴	伙食补贴	医疗补助	业绩奖金	养老保险	失业保险	医疗保险	请假扣款	应发工资	应扣所得税	实发工资
0007	高敏	生产部	2780	1200	300	533	200	80	0	200	30	55	200	4608	55.4	4552.6
编号	姓名	部门	基础工资	岗位工资	工龄工资	住房补贴	伙食补贴	医疗补助	业绩奖金	养老保险	失业保险	医疗保险	请假扣款	应发工资	应扣所得税	实发工资
0008	王洁	销售部	3750	600	200	533	200	80	800	180	33	55	0	5895	134.5	5760.5
编号	姓名	部门	基础工资	岗位工资	工龄工资	住房补贴	伙食补贴	医疗补助	业绩奖金	养老保险	失业保险	医疗保险	请假扣款	应发工资	应扣所得税	实发工资
0009	鲁力	销售部	2660	600	100	450	200	80	200	165	18	45	100	3962	23.1	3938.9

图 5-56　职工工资条

工作任务四　工资总额汇总表的创建

工资总额汇总表是对工资数据进行分析的表格，需要将相同类型的数据统计出来，这也就是数据的分类和汇总。在 Excel 中提供了两种功能进行分析，一种功能是分类汇总功能，另一种功能是数据透视表功能。具体步骤如下：

（1）将“职工工资结算单”的内容复制到工作表“职工工资汇总表”，修改标题。

（2）单击表格区域内任何一个单元格，在【开始】选项卡上【编辑】组中单击【排序和筛选】再选择【自定义排序】，在弹出的对话框中“主要关键字”选择“部门”，“排序依据”选择“数值”，“次序”选择“升序”，单击【确定】按钮（如图 5-57 所示）。

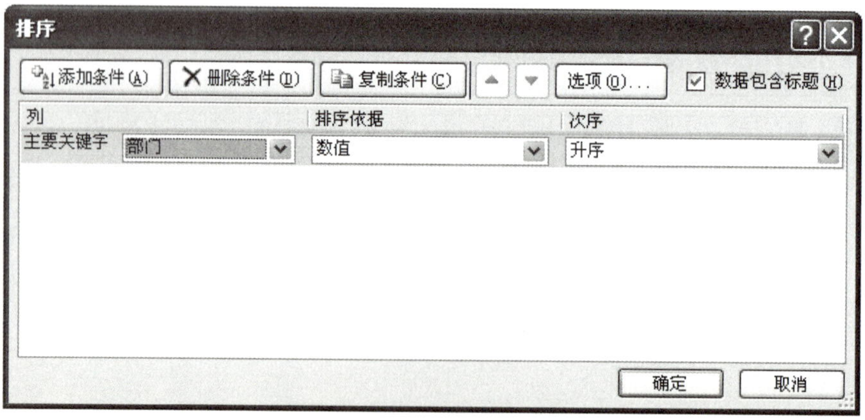

图 5-57　按部门排序数据

（3）单击数据清单中任意一个非空单元格，在【数据】选项卡上【分级显示】组中单击【分类汇总】在弹出的对话框中按图 5–58 所示进行设置。

从图 5–58 中可以发现除了按照部门进行汇总，还可以按照各类工资、福利费、社会保险费、合计等进行汇总，汇总的方式多种多样，企业可以根据自身的需要进行设置。

（4）单击【确定】按钮，分类汇总结果如图 5–59 所示。

图 5–59 中左边的【－】为隐藏按钮，单击此按钮将隐藏本级的明细数据，同时【－】变为【＋】。

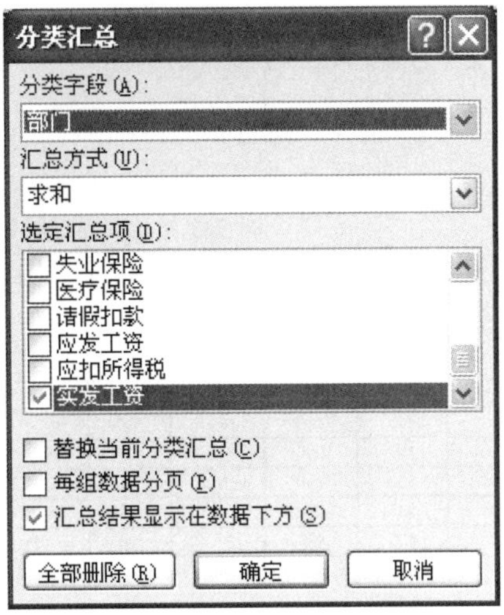

图 5–58　分类汇总设置

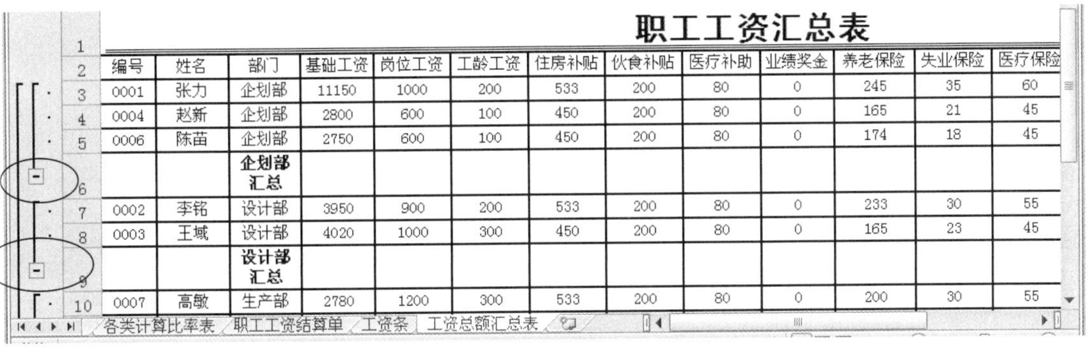

职工工资汇总表

	编号	姓名	部门	基础工资	岗位工资	工龄工资	住房补贴	伙食补贴	医疗补助	业绩奖金	养老保险	失业保险	医疗保险
3	0001	张力	企划部	11150	1000	200	533	200	80	0	245	35	60
4	0004	赵新	企划部	2800	600	100	450	200	80	0	165	21	45
5	0006	陈苗	企划部	2750	600	100	450	200	80	0	174	18	45
6			企划部 汇总										
7	0002	李铭	设计部	3950	900	200	533	200	80	0	233	30	55
8	0003	王域	设计部	4020	1000	300	450	200	80	0	165	23	45
9			设计部 汇总										
10	0007	高敏	生产部	2780	1200	300	533	200	80	0	200	30	55

图 5–59　工资总额按部门汇总表

（5）在【插入】选项卡上【表】组中单击【数据透视表】，弹出【创建数据透视表】对话框（如图 5–60 所示）。

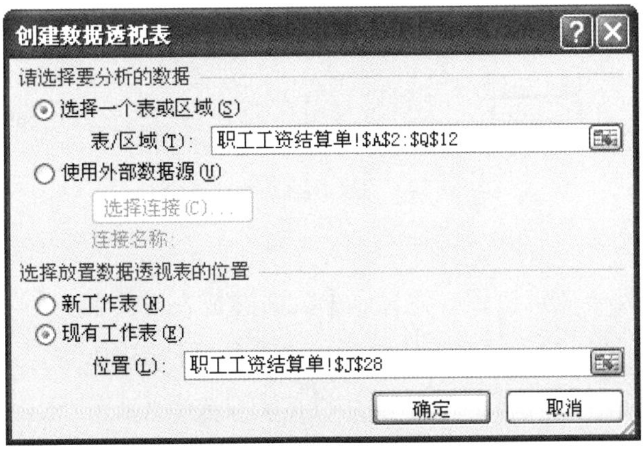

图 5–60　创建数据透视表

（6）单击“选择一个表或区域”右侧的 ，在“职工工资结算单”工作表中，选择A2∶Q12区域（如图5-61所示）。

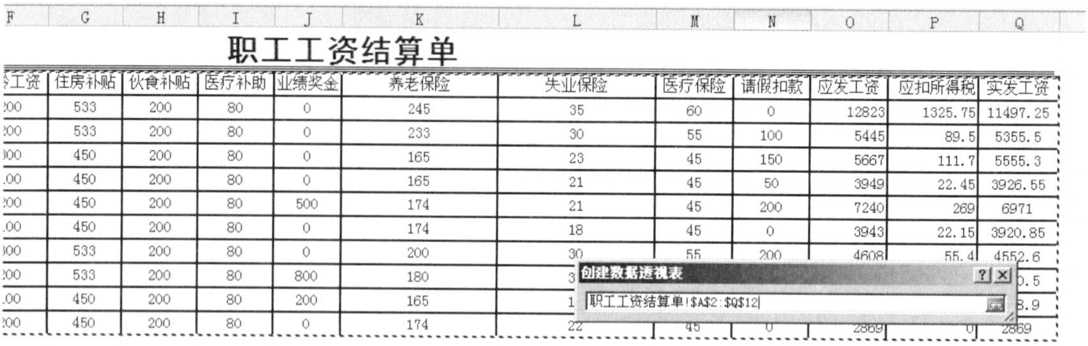

住房补贴	伙食补贴	医疗补助	业绩奖金	养老保险	失业保险	医疗保险	请假扣款	应发工资	应扣所得税	实发工资
533	200	80	0	245	35	60	0	12823	1325.75	11497.25
533	200	80	0	233	30	55	100	5445	89.5	5355.5
450	200	80	0	165	23	45	150	5667	111.7	5555.3
450	200	80	0	165	21	45	50	3949	22.45	3926.55
450	200	80	500	174	21	45	200	7240	269	6971
450	200	80	0	174	18	45	0	3943	22.15	3920.85
533	200	80	0	200	30	55	200	4608	55.4	4552.6
533	200	80	800	180	3					0.5
450	200	80	200	165	1					8.9
450	200	80	0	174	22	45	0	2869	0	2869

图5-61　选择数据区域

（7）选好区域后再单击 ，对话框还原为正常大小，在“选择放置数据透视表的位置”选择“现有工作表”，单击【确定】按钮完成（如图5-62所示）。

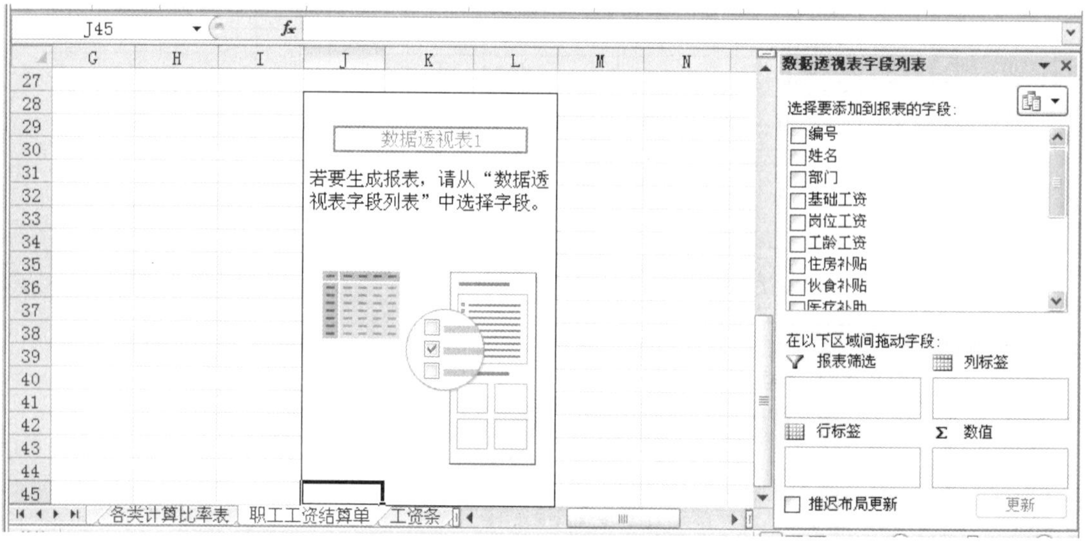

图5-62　完成数据透视表设置

（8）单击数据透视表任意位置，将显示【数据透视表工具】，其中包含【选项】和【设计】。在【设计】选项卡上【布局】组中单击【报表布局】选择【以表格形式显示】，也可以按需要选择其他布局（如图5-63所示）。

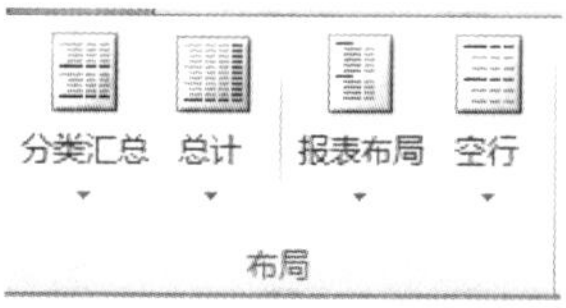

图5-63　设置透视表布局

（9）在【数据透视表字段列表】中将部门名称添加到行区域（如图 5-64 所示）。

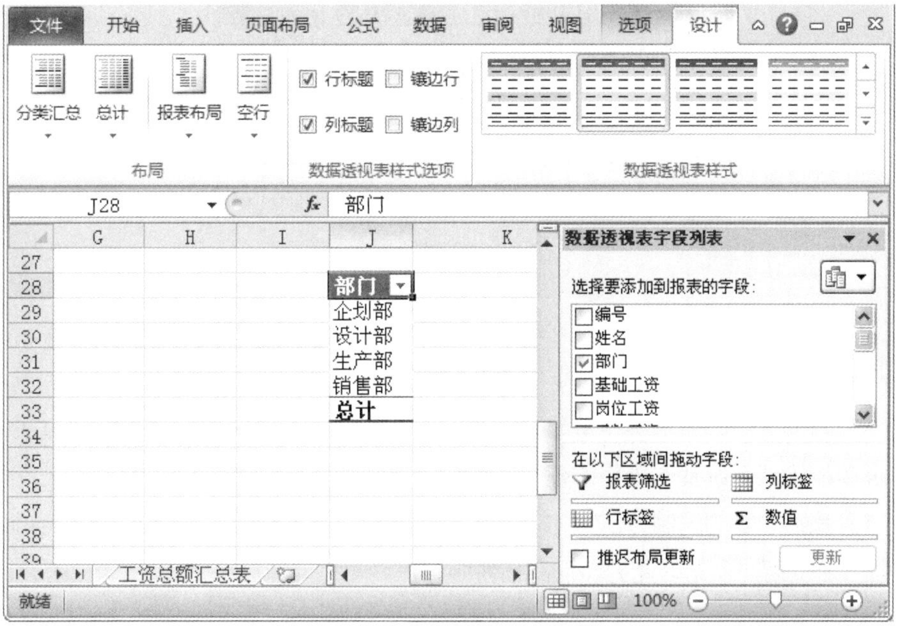

图 5-64　添加行标签

（10）在【数据透视表字段列表】中将“应发工资”、“实发工资”依次添加到数据区域（如图 5-65 所示）。

图 5-65　添加数据区域

（11）在表格上方的行内输入表格标题“职工工资总额汇总表”，并设置文字格式，最后效果如图 5-66 所示。

职工工资总额汇总表

部门	求和项:应发工资	求和项:实发工资
企划部	20715	19344.65
设计部	11112	10910.8
生产部	7477	7421.6
销售部	17097	16670.4
总计	56401	54347.45

图 5-66　职工工资总额汇总表

项目总结

经过本项目的学习，要求学生从整体上掌握企业薪酬管理系统的建立思路和方法，通过操作熟练掌握薪酬管理系统基本表格的建立与数据输入；工资结算单的创建方法；工资条的生成方法；工资总额汇总表的编制方法。培养学生自我学习、信息处理和数字运用等能力，并在学习过程中提高独立解决问题的能力和提高创新的意识。

学习评价

▲专业能力测评表

（在□中打√，A 掌握，B 基本掌握，C 未掌握）

业务能力	评价指标	自测结果	备注
薪酬管理系统基本表格的建立与数据输入	1. 职工基本情况表的建立	□A　□B　□C	
	2. 职工基本工资表的建立	□A　□B　□C	
	3. 职工福利表的建立	□A　□B　□C	
	4. 职工社会保险表的建立	□A　□B　□C	
	5. 职工考勤表的建立	□A　□B　□C	
	6. 职工业绩考核表的建立	□A　□B　□C	
职工工资结算单的创建	创建职工工资结算单	□A　□B　□C	
工资条的生成	生成工资条	□A　□B　□C	
工资结算汇总表的创建	创建工资结算汇总表	□A　□B　□C	
教师评语：			
成绩		教师签字	

06

项目六

固定资产管理实务

【工作目标】

固定资产卡片是指按照固定资产的项目开设，用以进行固定资产明细核算的账簿，是固定资产管理中的基础数据。一般来说，在固定资产卡片中填列固定资产的信息主要包括固定资产编号、固定资产名称、增加方式、原值、累计折旧和折旧方法等，通过这些项目可以方便地对固定资产相关的数据进行查询和进一步处理。

一个企业的固定资产往往很多，日常的核算和管理非常烦琐，特别是折旧的核算工作量很大。利用 Excel 进行固定资产的核算和管理，可以避免财会人员因烦琐的手工劳动而出现错误，也减轻了财会人员的负担。

通过完成本项目的五个工作任务，学习者能够利用 Excel 进行固定资产卡片的制作，并从中学习掌握 Excel 数据有效性定义、有关函数的应用，筛选功能，回顾数据透视表和透视图的基本操作方法。

【工作思路】

本项目的工作思路是创建一个固定资产管理系统，建立固定资产卡片，对固定资产进行管理，选择恰当的折旧方法对各项固定资产计提折旧，最后对折旧费用进行分析。项目六工作思路如图 6-1 所示。

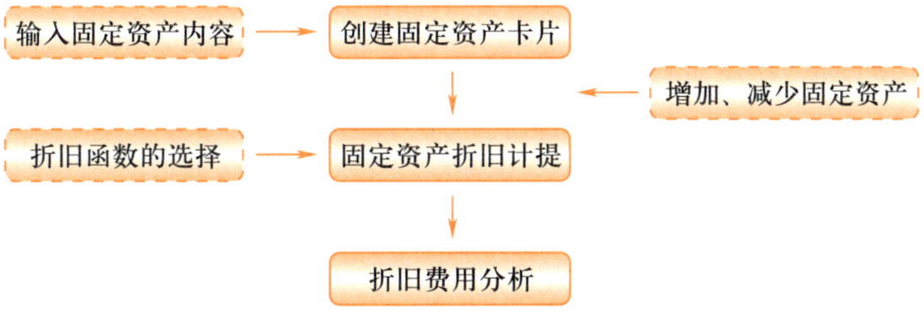

图 6-1　项目六工作思路图示

【背景资料】

某企业为生产型中小企业，现欲构建一个企业的固定资产管理系统，该企业的固定资产卡片（明细账）如图 6-2 所示。

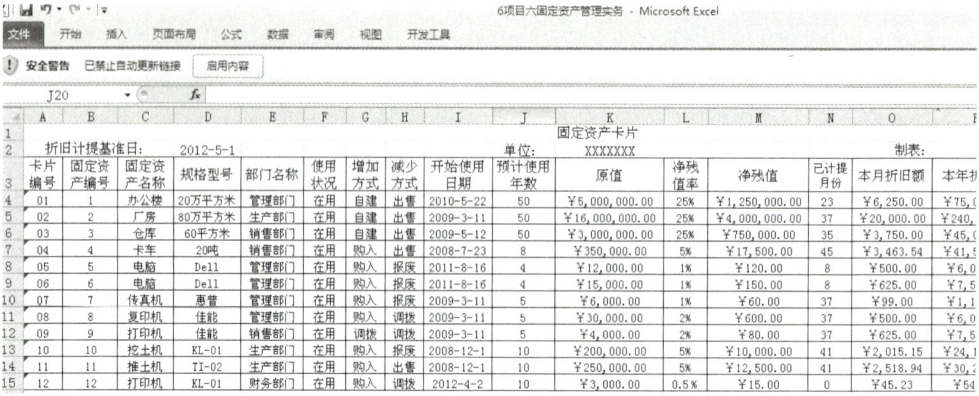

卡片编号	固定资产编号	固定资产名称	规格型号	部门名称	使用状况	增加方式	减少方式	开始使用日期	预计使用年数	原值	净残值率	净残值	已计提月份	本月折旧额	本年折
01	1	办公楼	20万平方米	管理部门	在用	自建	出售	2010-5-22	50	¥5,000,000.00	25%	¥1,250,000.00	23	¥6,250.00	¥75,
02	2	厂房	80万平方米	生产部门	在用	自建	出售	2009-3-11	50	¥16,000,000.00	25%	¥4,000,000.00	37	¥20,000.00	¥240,
03	3	仓库	60平方米	销售部门	在用	自建	出售	2009-5-12	50	¥3,000,000.00	25%	¥750,000.00	35	¥3,750.00	¥45,
04	4	卡车	20吨	销售部门	在用	购入	出售	2008-7-23	8	¥350,000.00	5%	¥17,500.00	45	¥3,463.54	¥41,
05	5	电脑	Dell	管理部门	在用	购入	报废	2011-8-16	4	¥12,000.00	1%	¥120.00	8	¥500.00	¥6,0
06	6	电脑	Dell	管理部门	在用	购入	报废	2011-8-16	4	¥15,000.00	1%	¥150.00	8	¥625.00	¥7,5
07	7	传真机	惠普	管理部门	在用	购入	报废	2009-3-11	5	¥6,000.00	1%	¥60.00	37	¥99.00	¥1,1
08	8	复印机	佳能	管理部门	在用	购入	调拨	2009-3-11	5	¥30,000.00	2%	¥600.00	37	¥500.00	¥6,0
09	9	打印机	佳能	销售部门	在用	调拨	调拨	2009-3-11	5	¥4,000.00	2%	¥80.00	37	¥625.00	¥7,5
10	10	挖土机	KL-01	生产部门	在用	购入	报废	2008-12-1	10	¥200,000.00	5%	¥10,000.00	41	¥2,015.15	¥24,1
11	11	推土机	TI-02	生产部门	在用	购入	出售	2008-12-1	10	¥250,000.00	5%	¥12,500.00	41	¥2,518.94	¥30,
12	12	打印机	KL-01	财务部门	在用	购入	调拨	2012-4-2	10	¥3,000.00	0.5%	¥15.00	0	¥45.23	¥54

图 6-2　某企业固定资产卡片

【资料 1】固定资产信息表，如表 6-1 所示。

表 6-1　固定资产信息表

固定资产名称	规格型号	使用部门	使用状态	增加方式	减少方式	购置时间	购置成本	预计使用年限	预计净残值率	折旧方法
办公楼	20万平方米	管理部门	在用	自建	出售	2010-5-22	5 000 000.00	50	25%	直线法
厂房	80万平方米	生产部门	在用	自建	出售	2009-3-11	16 000 000.00	50	25%	直线法
仓库	60平方米	销售部门	在用	自建	出售	2009-5-12	3 000 000.00	50	25%	直线法
卡车	20吨	销售部门	在用	购入	出售	2008-7-23	350 000.00	8	5%	直线法
电脑	Dell	管理部门	在用	购入	报废	2011-8-16	12 000.00	4	1%	双倍余额递减法
电脑	Dell	管理部门	在用	购入	报废	2011-8-16	15 000.00	4	1%	双倍余额递减法
传真机	惠普	管理部门	在用	购入	调拨	2009-3-11	6 000.00	5	1%	直线法
复印机	佳能	管理部门	在用	购入	调拨	2009-3-11	30 000.00	5	2%	直线法
打印机	佳能	管理部门	在用	购入	报废	2009-3-11	4 000.00	5	2%	直线法

续表

固定资产名称	规格型号	使用部门	使用状态	增加方式	减少方式	购置时间	购置成本	预计使用年限	预计净残值率	折旧方法
挖土机	KL-01	生产部门	在用	购入	报废	2008-12-1	200 000.00	10	5%	年数总和法
推土机	TI-02	生产部门	在用	购入	出售	2008-12-1	250 000.00	10	5%	年数总和法

【资料 2】该企业财务部门在 2012 年 4 月 2 日又购入了一台新的打印机，型号为 KL-01，在用，预计使用年限为 10 年，原值 ¥3 000，净残值率为 0.5%，使用平均年限法折旧。

【资料 3】该企业管理部门的打印机调拨到销售部门。

【资料 4】该企业固定资产编号为 7 的传真机报废。

【工作准备】

首先建立一个名为“项目六固定资产管理实务”的工作簿，在此工作簿中建立“固定资产卡片”，根据【资料 1】的各项内容输入固定资产卡片信息。下面介绍固定资产卡片的设计方法和步骤。

工作任务一　固定资产卡片的建立

固定资产卡片是指按照固定资产的项目开设，用以进行固定资产明细核算的账簿，是固定资产管理中的基础数据。

建立卡片的任务是在 Excel 环境中，将一张固定资产卡片的内容输入进去，充分利用 Excel 强大的公式管理功能进行公式输入，由计算机自动计算，自动填列数据，这样可以大大减少人工工作量。利用 Excel 所建立的固定资产卡片格式可能不同，但是方法基本类似，现以图 6-2 所示格式的固定资产卡片为例，介绍如何设置固定资产卡片格式。具体建立步骤如下：

（1）新建一个工作簿并将其命名为“项目六固定资产管理实务”。

（2）双击 Sheet1 工作表，将其命名为“固定资产卡片”（如图 6–3 所示）。

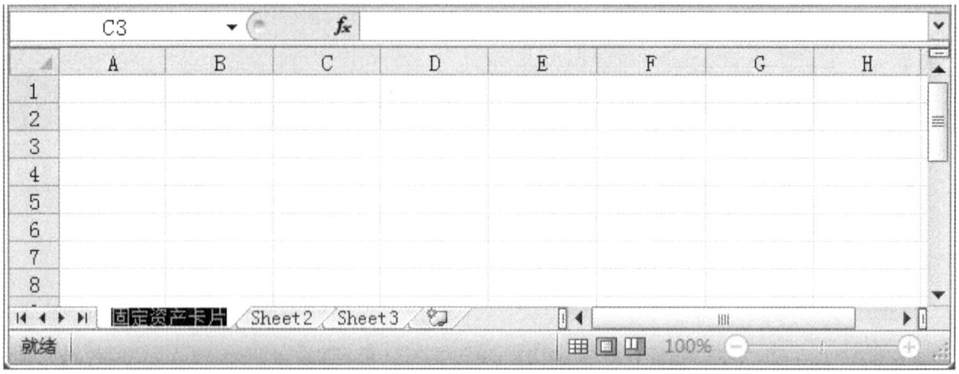

图 6–3 输入“固定资产卡片”工作表名称

（3）在第一行中输入标题“固定资产卡片”，单击第 2 行各单元格，输入【资料 1】中固定资产卡片的各个项目，效果如图 6–4 所示。

图 6–4 固定资产卡片项目录入

（4）单击 F3 单元格，在【数据】选项卡上的【数据工具】组中，单击【数据有效性】（如图 6–5 所示）。

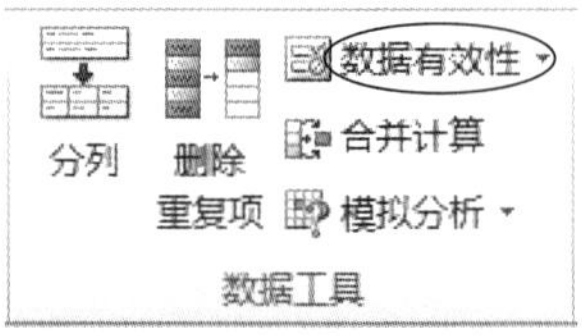

图 6–5 【数据有效性】命令

（5）在【数据有效性】对话框中，单击“设置”选项卡，在“允许”框中，选择“序列”，并在“来源”文本框中输入“在用，季节性停用，停用”等内容（如图 6–6 所示）。注意：在“来源”录入时各内容之间的逗号必须是英文半角状态下录入。

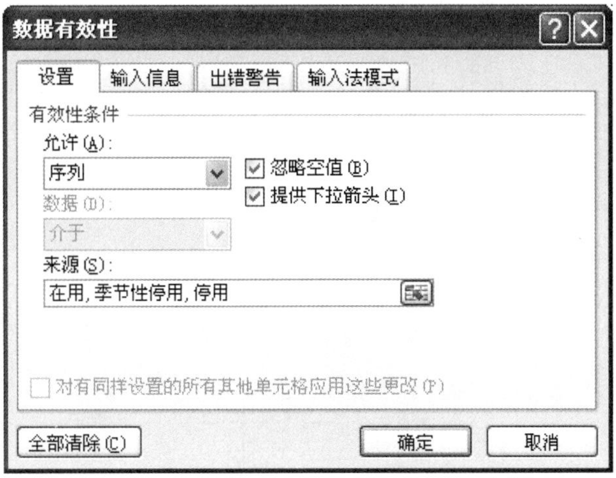

图 6-6　数据有效性

（6）单击【确定】按钮，则在 F3 单元格出现一个下拉按钮（如图 6-7 所示）。

图 6-7　显示下拉按钮

（7）使用自动填充功能，将该设置自动填充到该列其他单元格中。

（8）单击 G3 单元格，打开【数据有效性】对话框在“来源”中输入“自建，购入，调拨，捐赠”，其他设置都和 F3 单元格相同。设置完毕后，利用自动填充功能，将其复制到该列的其他单元格中。

（9）单击 H3 单元格，打开【数据有效性】对话框在“来源”中输入“出售，报废，调拨，投资”，其他设置都和 F3 单元格相同。设置完毕后，利用自动填充功能，将其复制到该列的其他单元格中。

（10）单击 E3 单元格，打开【数据有效性】对话框在“来源”中输入“管理部门，生产部门，销售部门，财务部门”，其他设置都和 F3 单元格相同。设置完毕后，利用自动填充功能，将其复制到该列的其他单元格中。

（11）单击 O3 单元格，打开【数据有效性】对话框在“来源”中输入“双倍余额递减法，年数总和法，直线法，工作量法”，其他设置都和 F3 单元格相同。设置完毕后，利用自动填充功能，将其复制到该列的其他单元格中。

（12）根据【资料 1】中的内容，在已经设置了数据有效性的项目中选择相应的内容，并输入【资料 1】中包含的其他信息，效果如图 6-8 所示。

K23　fx

	A	B	C	D	E	F	G	H	I	J	K	L	M	N	O
1										固定资产卡片					
2	折旧计提基准日:			2012-5-1						单位:	XXXXXXX			制表:	XXX
3	卡片编号	固定资产编号	固定资产名称	规格型号	部门名称	使用状况	增加方式	减少方式	开始使用日期	预计使用年数	原值	净残值率	净残值	本年折旧额	折旧方法
4	01	1	办公楼	20万平方米	管理部门	在用	自建	出售	2010-5-22	50	¥5,000,000.00	25%			直线法
5	02	2	厂房	80万平方米	生产部门	在用	自建	出售	2009-3-11	50	¥16,000,000.00	25%			直线法
6	03	3	仓库	60平方米	销售部门	在用	自建	出售	2009-5-12	50	¥3,000,000.00	25%			直线法
7	04	4	卡车	20吨	销售部门	在用	购入	出售	2008-7-23	8	¥350,000.00	5%			直线法
8	05	5	电脑	Dell	管理部门	在用	购入	报废	2011-8-16	4	¥12,000.00	1%			双倍余额递减法
9	06	6	电脑	Dell	管理部门	在用	购入	报废	2011-8-16	4	¥15,000.00	1%			双倍余额递减法
10	07	7	传真机	惠普	管理部门	在用	购入	报废	2009-3-11	5	¥6,000.00	1%			直线法
11	08	8	复印机	佳能	管理部门	在用	购入	调拨	2009-3-11	5	¥30,000.00	2%			直线法
12	09	9	打印机	佳能	销售部门	在用	调拨	调拨	2009-3-11	5	¥4,000.00	2%			直线法
13	10	10	挖土机	KL-01	生产部门	在用	购入	报废	2008-12-1	10	¥200,000.00	5%			年数总和法
14	11	11	推土机	TI-02	生产部门	在用	购入	出售	2008-12-1	10	¥250,000.00	5%			年数总和法
15	12	12	打印机	KL-01	财务部门	在用	购入	调拨	2012-4-2	10	¥3,000.00	0.5%			直线法

图 6-8　输入卡片内容

如果要设置单元格格式，例如设置 K 列的数值用货币表示，则选中要设置格式的单元格，在【开始】选项卡上的【数字】组中，单击【数字】旁边的【对话框启动器】，弹出【设置单元格格式】对话框进行设置。

（13）单击 M4 单元格，在公式编辑栏内输入公式“=K4*L4”（净残值=原值 × 净残值率），按回车键，计算出净残值。

（14）利用自动填充功能计算出该列其他单元格的净残值（如图 6-9 所示）。

M4　fx　=K4*L4

	A	B	C	D	E	F	G	H	I	J	K	L	M	N	O
1										固定资产卡片					
2	折旧计提基准日:			2012-5-1						单位:	XXXXXXX			制表:	XXX
3	卡片编号	固定资产编号	固定资产名称	规格型号	部门名称	使用状况	增加方式	减少方式	开始使用日期	预计使用年数	原值	净残值率	净残值	本年折旧额	折旧方法
4	01	1	办公楼	20万平方米	管理部门	在用	自建	出售	2010-5-22	50	¥5,000,000.00	25%	¥1,250,000.00		直线法
5	02	2	厂房	80万平方米	生产部门	在用	自建	出售	2009-3-11	50	¥16,000,000.00	25%	¥4,000,000.00		直线法
6	03	3	仓库	60平方米	销售部门	在用	自建	出售	2009-5-12	50	¥3,000,000.00	25%	¥750,000.00		直线法
7	04	4	卡车	20吨	销售部门	在用	购入	出售	2008-7-23	8	¥350,000.00	5%	¥17,500.00		直线法
8	05	5	电脑	Dell	管理部门	在用	购入	报废	2011-8-16	4	¥12,000.00	1%	¥120.00		双倍余额递减法
9	06	6	电脑	Dell	管理部门	在用	购入	报废	2011-8-16	4	¥15,000.00	1%	¥150.00		双倍余额递减法
10	07	7	传真机	惠普	管理部门	在用	购入	报废	2009-3-11	5	¥6,000.00	1%	¥60.00		直线法
11	08	8	复印机	佳能	管理部门	在用	购入	调拨	2009-3-11	5	¥30,000.00	2%	¥600.00		直线法
12	09	9	打印机	佳能	销售部门	在用	调拨	调拨	2009-3-11	5	¥4,000.00	2%	¥80.00		直线法
13	10	10	挖土机	KL-01	生产部门	在用	购入	报废	2008-12-1	10	¥200,000.00	5%	¥10,000.00		年数总和法
14	11	11	推土机	TI-02	生产部门	在用	购入	出售	2008-12-1	10	¥250,000.00	5%	¥12,500.00		年数总和法
15	12	12	打印机	KL-01	财务部门	在用	购入	调拨	2012-4-2	10	¥3,000.00	1%			直线法

图 6-9　计算净残值

工作任务二　固定资产变动情况的管理

项目活动一　固定资产增加的管理

固定资产的增加是根据需要将购入或以其他方式增加的固定资产添加到固定资产卡片中，增加的固定资产信息见【资料 2】，具体增加步骤如下：

（1）单击左上角【Office 按钮】－【Excel 选项】－【自定义】－【常用命令】下拉－【不在功能区的命令】－找到【记录单】命令再添加到工具栏里，点击【确定】按钮退出（如图 6-10 所示）。

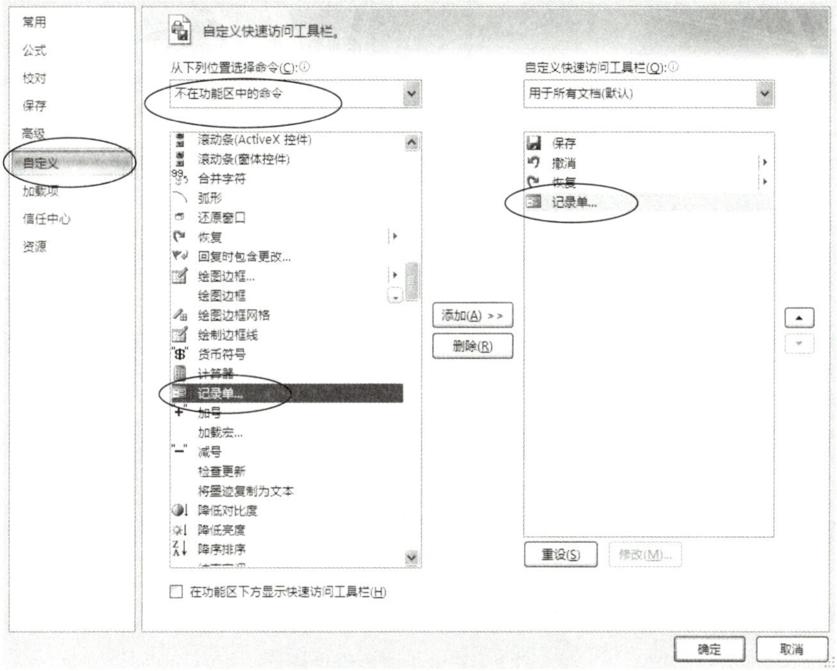

图 6-10　添加【记录单】命令

（2）单击文件【快速访问工具栏】中【记录单】命令弹出【固定资产卡片】对话框（如图 6-11 所示）。

（3）单击【新建】按钮，显示空白的记录单，录入【资料 2】固定资产的信息（如图 6-12 所示）。

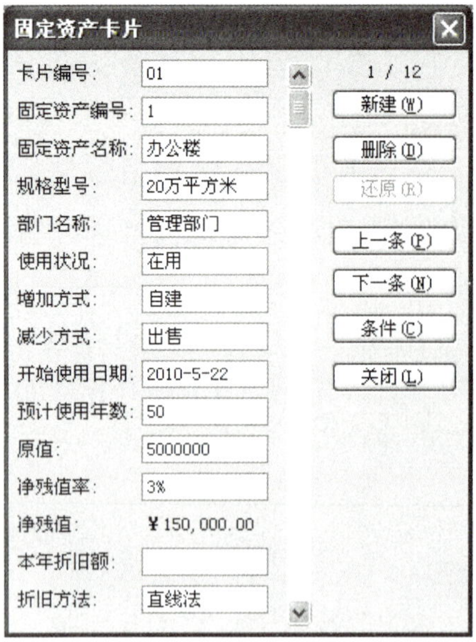

图 6-11　固定资产卡片

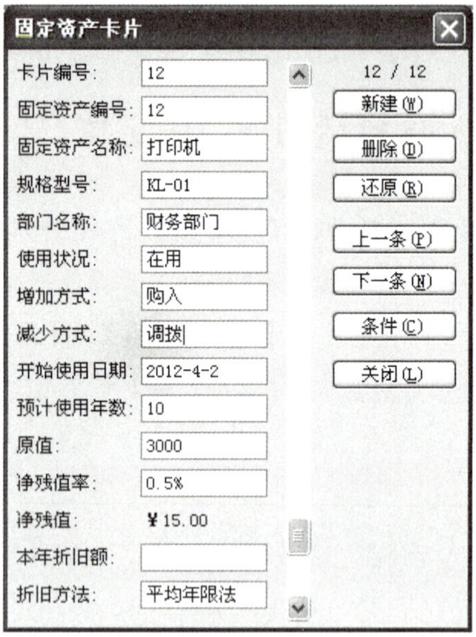

图 6-12　录入新资产内容

（4）单击【新建】，新的固定资产便加入到固定资产卡片中（如图 6-13 所示）。

A15　　fx　12

	A	B	C	D	E	F	G	H	I	J	K	L	M	N	O
1										固定资产卡片					
2	折旧计提基准日:			2012-5-1						单位:	XXXXXXX			制表:	XXX
3	卡片编号	固定资产编号	固定资产名称	规格型号	部门名称	使用状况	增加方式	减少方式	开始使用日期	预计使用年数	原值	净残值率	净残值	本年折旧额	折旧方法
4	01	1	办公楼	20万平方米	管理部门	在用	自建	出售	2010-5-22	50	¥5,000,000.00	25%	¥1,250,000.00		直线法
5	02	2	厂房	80万平方米	生产部门	在用	自建	出售	2009-3-11	50	¥16,000,000.00	25%	¥4,000,000.00		直线法
6	03	3	仓库	60平方米	销售部门	在用	自建	出售	2009-5-12	50	¥3,000,000.00	25%	¥750,000.00		直线法
7	04	4	卡车	20吨	销售部门	在用	购入	出售	2008-7-23	8	¥350,000.00	5%	¥17,500.00		直线法
8	05	5	电脑	Dell	管理部门	在用	购入	报废	2011-8-16	4	¥12,000.00	1%	¥120.00		双倍余额递减法
9	06	6	电脑	Dell	管理部门	在用	购入	报废	2011-8-16	4	¥15,000.00	1%	¥150.00		双倍余额递减法
10	07	7	传真机	惠普	管理部门	在用	购入	报废	2009-3-11	5	¥6,000.00	1%	¥60.00		直线法
11	08	8	复印机	佳能	管理部门	在用	购入	调拨	2009-3-11	5	¥30,000.00	2%	¥600.00		直线法
12	09	9	打印机	佳能	销售部门	在用	调拨	调拨	2009-3-11	5	¥4,000.00	2%	¥80.00		直线法
13	10	10	挖土机	KL-01	生产部门	在用	购入	报废	2008-12-1	10	¥200,000.00	5%	¥10,000.00		年数总和法
14	1	11	推土机	TI-02	生产部门	在用	购入	出售	2008-12-1	10	¥250,000.00	5%	¥12,500.00		年数总和法
15	12	12	打印机	KL-01	财务部门	在用	购入	调拨	2012-4-2	10	¥3,000.00	0.5%	¥15.00		直线法

图 6-13　显示新增的固定资产

项目活动二　固定资产调拨的管理

固定资产调拨是将固定资产从一个部门调拨到另一个部门。固定资产的调拨信息见【资料 3】，具体步骤如下：

（1）在【数据】选项卡上的【排序和筛选】组中单击【筛选】命令，使工作表处于筛选状态（如图 6-14 所示）。

	A	B	C	D	E	F	G	H	I	J	K	L	M	N	O
1										固定资产卡片					
2	折旧计提基准日:			2012-5-1						单位:	XXXXXXX			制表:	XXX
3	卡片编号	固定资产编号	固定资产名称	规格型号	部门名称	使用状况	增加方式	减少方式	开始使用日期	预计使用年数	原值	净残值率	净残值	本年折旧额	折旧方法
4	01	1	办公楼	20万平方米	管理部门	在用	自建	出售	2010-5-22	50	¥5,000,000.00	25%	¥1,250,000.00		直线法
5	02	2	厂房	80万平方米	生产部门	在用	自建	出售	2009-3-11	50	¥16,000,000.00	25%	¥4,000,000.00		直线法
6	03	3	仓库	60平方米	销售部门	在用	自建	出售	2009-5-12	50	¥3,000,000.00	25%	¥750,000.00		直线法
7	04	4	卡车	20吨	销售部门	在用	购入	出售	2008-7-23	8	¥350,000.00	5%	¥17,500.00		直线法
8	05	5	电脑	Dell	管理部门	在用	购入	报废	2011-8-16	4	¥12,000.00	1%	¥120.00		双倍余额递减法
9	06	6	电脑	Dell	管理部门	在用	购入	报废	2011-8-16	4	¥15,000.00	1%	¥150.00		双倍余额递减法
10	07	7	传真机	惠普	管理部门	在用	购入	报废	2009-3-11	5	¥6,000.00	1%	¥60.00		直线法
11	08	8	复印机	佳能	管理部门	在用	购入	调拨	2009-3-11	5	¥30,000.00	2%	¥600.00		直线法
12	09	9	打印机	佳能	销售部门	在用	调拨	调拨	2009-3-11	5	¥4,000.00	2%	¥80.00		直线法
13	10	10	挖土机	KL-01	生产部门	在用	购入	报废	2008-12-1	10	¥200,000.00	5%	¥10,000.00		年数总和法
14	11	11	推土机	TI-02	生产部门	在用	购入	出售	2008-12-1	10	¥250,000.00	5%	¥12,500.00		年数总和法
15	12	12	打印机	KL-01	财务部门	在用	购入	调拨	2012-4-2	10	¥3,000.00	0.5%	¥15.00		直线法

图 6-14 使工作表处于筛选状态

（2）单击“卡片编号”右侧的下拉按钮，在下拉列表框中选择要调拨的固定资产编号，显示出筛选的结果（如图 6-15 所示）。

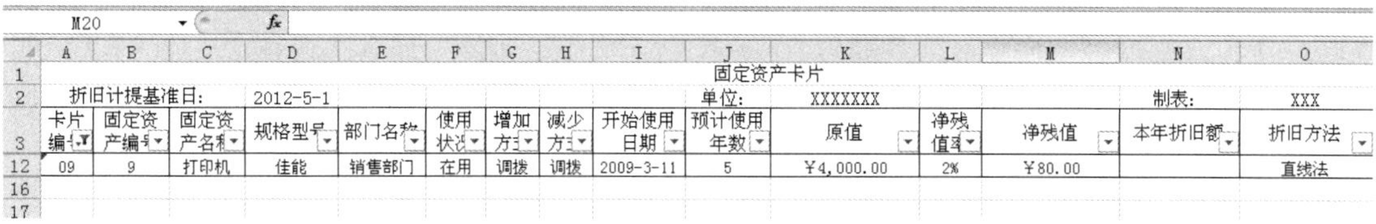

	A	B	C	D	E	F	G	H	I	J	K	L	M	N	O
1										固定资产卡片					
2	折旧计提基准日:			2012-5-1						单位:	XXXXXXX			制表:	XXX
3	卡片编号	固定资产编号	固定资产名称	规格型号	部门名称	使用状况	增加方式	减少方式	开始使用日期	预计使用年数	原值	净残值率	净残值	本年折旧额	折旧方法
12	09	9	打印机	佳能	销售部门	在用	调拨	调拨	2009-3-11	5	¥4,000.00	2%	¥80.00		直线法

图 6-15 筛选结果

（3）选中 H12 单元格，单击此单元格右侧的下拉按钮，选择减少方式为“调拨”（如图 6-16 所示）。

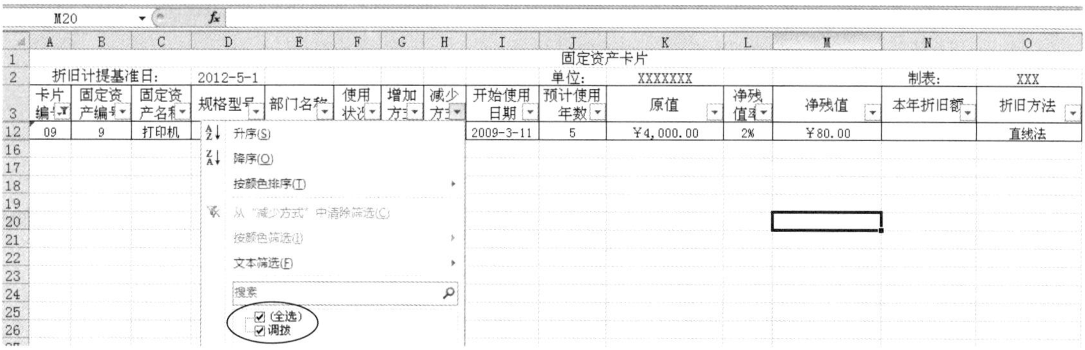

图 6-16 减少方式选择“调拨”

（4）在下月初，单击 G12 单元格，将增加方式改为“调拨”，将部门名称改为“销售部门”（如图 6-17 所示）。

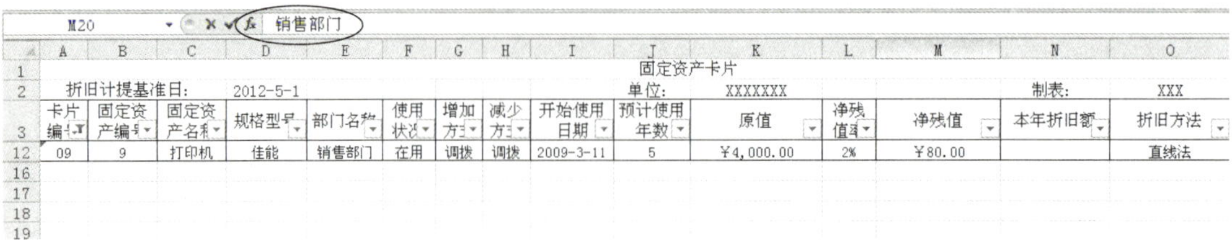

	A	B	C	D	E	F	G	H	I	J	K	L	M	N	O
1										固定资产卡片					
2	折旧计提基准日:			2012-5-1						单位:	XXXXXXX			制表:	XXX
3	卡片编号	固定资产编号	固定资产名称	规格型号	部门名称	使用状况	增加方式	减少方式	开始使用日期	预计使用年数	原值	净残值率	净残值	本年折旧额	折旧方法
12	09	9	打印机	佳能	销售部门	在用	调拨	调拨	2009-3-11	5	¥4,000.00	2%	¥80.00		直线法
16															
17															
18															
19															

图 6-17　固定资产部门调拨

项目活动三　固定资产减少的管理

固定资产减少是由于出售、毁损、报废等原因，将固定资产从固定资产卡片中删除。减少的固定资产信息见【资料 4】，具体步骤如下：

（1）使固定资产处于筛选状态，在固定资产调拨中已作介绍，此处不作赘述。

（2）选择要报废的固定资产，类似于选择要调拨的固定资产，此处不作赘述。

（3）选中 H3 单元格，单击右侧的下拉按钮，选择固定资产减少方式为“报废”，完成减少操作（如图 6-18 所示）。

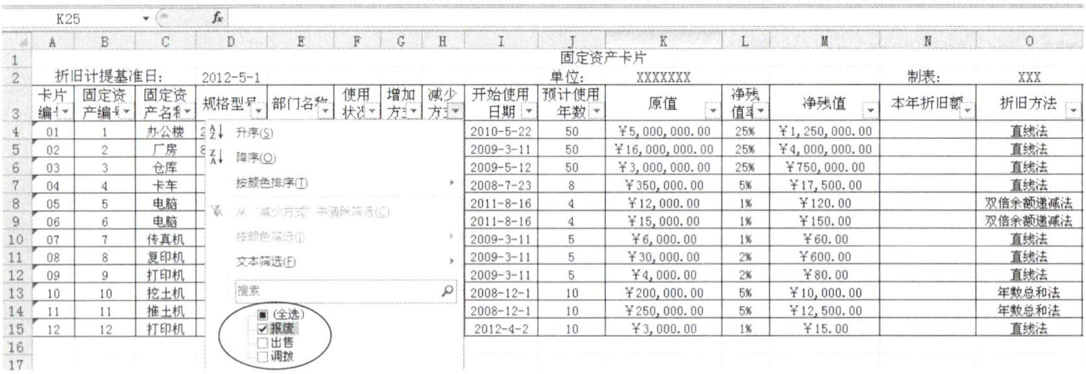

	A	B	C	D	E	F	G	H	I	J	K	L	M	N	O
1										固定资产卡片					
2	折旧计提基准日:			2012-5-1						单位:	XXXXXXX			制表:	XXX
3	卡片编号	固定资产编号	固定资产名称	规格型号	部门名称	使用状况	增加方式	减少方式	开始使用日期	预计使用年数	原值	净残值率	净残值	本年折旧额	折旧方法
4	01	1	办公楼						2010-5-22	50	¥5,000,000.00	25%	¥1,250,000.00		直线法
5	02	2	厂房						2009-3-11	50	¥16,000,000.00	25%	¥4,000,000.00		直线法
6	03	3	仓库						2009-5-12	50	¥3,000,000.00	25%	¥750,000.00		直线法
7	04	4	卡车						2008-7-23	8	¥350,000.00	5%	¥17,500.00		直线法
8	05	5	电脑						2011-8-16	4	¥12,000.00	1%	¥120.00		双倍余额递减法
9	06	6	电脑						2011-8-16	4	¥15,000.00	1%	¥150.00		双倍余额递减法
10	07	7	传真机						2009-3-11	5	¥6,000.00	1%	¥60.00		直线法
11	08	8	复印机						2009-3-11	5	¥30,000.00	2%	¥600.00		直线法
12	09	9	打印机						2009-3-11	5	¥4,000.00	2%	¥80.00		直线法
13	10	10	挖土机						2008-12-1	10	¥200,000.00	5%	¥10,000.00		年数总和法
14	11	11	推土机						2008-12-1	10	¥250,000.00	5%	¥12,500.00		年数总和法
15	12	12	打印机						2012-4-2	10	¥3,000.00	1%	¥15.00		直线法
16															
17															

图 6-18　减少固定资产

工作任务三　固定资产折旧计算表的编制

固定资产折旧是企业的固定资产在使用过程中，通过损耗而逐渐转移到产品成本或商品流通费用中去的那部分价值。为了保证企业将来有能力重置固定资产，把固定资产的成本分配到各个收益期，实现期间收入与费用的正确配比，企业必须在固定资产的有效使用年限内，计提一定数额的折旧费。

企业一般应该按月提取折旧，当月增加的固定资产，当月不计提折旧；当月减少的固定资产，当月要计提折旧。

在计提固定资产折旧时，首先应考虑折旧计提方法，不同的折旧方法对应的各期折旧值也各不相同，固定资产的折旧方法主要有平均年限法、双倍余额递减法、年数总和法等。

项目活动一　平均年限法计提折旧

平均年限法又称为直线法，它是根据固定资产的原值、预计净残值以及预计清理费用，按照预计使用年限平均计算折旧的一种方法。计算公式如下：

年折旧额 =（固定资产 − 净残值）/ 使用年限

年折旧率 =（1− 预计净残值率）/ 预计使用年限 *100%

月折旧率 = 年折旧率 /12

月折旧额 = 固定资产原值 * 月折旧率

按平均年限法计算折旧额可以使用 SLN 函数来计算。SLN 函数返回固定资产在一个期间的线形折旧值。使用 SLN 函数计算出每个月份或年份的折旧额是相等的。

语法形式：SLN（cost，salvage，life）

cost：表示资产原值。

salvage：表示资产在折旧期末的价值，即资产残值。

life：表示折旧期限，即资产的使用寿命。

具体计提折旧步骤如下：

（1）单击 N2 单元格，在【开始】选项卡上的【单元格】组中单击【插入】，选择【插入工作表列】，在固定资产卡片中插入两列，依次为“已计提月份”、“本月折旧额”（如图 6-19 所示）。

	E	F	G	H	I	J	K	L	M	N	O	P	Q
							固定资产卡片						
-1						单位:	XXXXXXX				制表:		XXX
号	部门名称	使用状况	增加方式	减少方式	开始使用日期	预计使用年数	原值	净残值率	净残值	已计提月份	本月折旧额	本年折旧额	折旧方法
米	管理部门	在用	自建	出售	2010-5-22	50	¥5,000,000.00	25%	¥1,250,000.00				直线法
米	生产部门	在用	自建	出售	2009-3-11	50	¥16,000,000.00	25%	¥4,000,000.00				直线法
K	销售部门	在用	自建	出售	2009-5-12	50	¥3,000,000.00	25%	¥750,000.00				直线法
	销售部门	在用	购入	出售	2008-7-23	8	¥350,000.00	5%	¥17,500.00				直线法
	管理部门	在用	购入	报废	2011-8-16	4	¥12,000.00	1%	¥120.00				双倍余额递减法
	管理部门	在用	购入	报废	2011-8-16	4	¥15,000.00	1%	¥150.00				双倍余额递减法
	管理部门	在用	购入	报废	2009-3-11	5	¥6,000.00	1%	¥60.00				直线法
	管理部门	在用	购入	调拨	2009-3-11	5	¥30,000.00	2%	¥600.00				直线法
	销售部门	在用	调拨	调拨	2009-3-11	5	¥4,000.00	2%	¥80.00				直线法
	生产部门	在用	购入	报废	2008-12-1	10	¥200,000.00	5%	¥10,000.00				年数总和法
	生产部门	在用	购入	出售	2008-12-1	10	¥250,000.00	5%	¥12,500.00				年数总和法
	财务部门	在用	购入	调拨	2012-4-2	10	¥3,000.00	0.5%	¥15.00				直线法

图 6-19　新增两列

（2）单击 A2 单元格，在【开始】选项卡上的【单元格】组中单击【插入】，选择【插入工作表行】，在第 2 行上再插入一行，录入企业基本信息（如图 6-20 所示）。

A2　　折旧计提基准日:

	A	B	C	D	E	F	G	H	I	J	K	L	M	N	O	P
1											固定资产卡片					
2	折旧计提基准日:			2012-5-1						单位:	XXXXXXX				制表:	
3	卡片编号	固定资产编号	固定资产名称	规格型号	部门名称	使用状况	增加方式	减少方式	开始使用日期	预计使用年数	原值	净残值率	净残值	已计提月份	本月折旧额	本年折旧额
4	01	1	办公楼	20万平方米	管理部门	在用	自建	出售	2010-5-22	50	¥5,000,000.00	25%	¥1,250,000.00			
5	02	2	厂房	80万平方米	生产部门	在用	自建	出售	2009-3-11	50	¥16,000,000.00	25%	¥4,000,000.00			
6	03	3	仓库	60平方米	销售部门	在用	自建	出售	2009-5-12	50	¥3,000,000.00	25%	¥750,000.00			
7	04	4	卡车	20吨	销售部门	在用	购入	出售	2008-7-23	8	¥350,000.00	5%	¥17,500.00			

图 6-20　录入企业基本信息

（3）单击 N4 单元格，输入公式"= INT（DAYS360（I4, D2）/30）"，按回车键计算出第一项固定资产的已计提月份。

（4）使用同样的方法，计算出其他各项固定资产的已计提月份（如图 6-21 所示）。

=INT(DAYS360(I4,D2)/30)

D	E	F	G	H	I	J	K	L	M	N	O
							固定资产卡片				
2012-5-1						单位:	XXXXXXX				制表:
规格型号	部门名称	使用状况	增加方式	减少方式	开始使用日期	预计使用年数	原值	净残值率	净残值	已计提月份	本月折旧额
20万平方米	管理部门	在用	自建	出售	2010-5-22	50	¥5,000,000.00	25%	¥1,250,000.00	23	
80万平方米	生产部门	在用	自建	出售	2009-3-11	50	¥16,000,000.00	25%	¥4,000,000.00	37	
60平方米	销售部门	在用	自建	出售	2009-5-12	50	¥3,000,000.00	25%	¥750,000.00	35	
20吨	销售部门	在用	购入	出售	2008-7-23	8	¥350,000.00	5%	¥17,500.00	45	
Dell	管理部门	在用	购入	报废	2011-8-16	4	¥12,000.00	1%	¥120.00	8	
Dell	管理部门	在用	购入	报废	2011-8-16	4	¥15,000.00	1%	¥150.00	8	

图 6-21　计算已计提月份

（5）单击 O4 单元格，在公式编辑栏内输入公式"= IF（F4 = " 报废 "，0，SLN（K4，M4，J4）/12）"，按回车键后即可计算出该固定资产本月折旧额。

（6）编号为 2~4、7~9 的固定资产均使用直线法计提折旧，因此可以使用同样的方法计算此六项固定资产的折旧额（如图 6-22 所示）。

O4　　=IF(F4="报废",0,SLN(K4,M4,J4)/12)

	A	B	C	D	E	F	G	H	I	J	K	L	M	N	O	P	Q
1											固定资产卡片						
2	折旧计提基准日:			2012-5-1						单位:	XXXXXXX				制表:		XXX
3	卡片编号	固定资产编号	固定资产名称	规格型号	部门名称	使用状况	增加方式	减少方式	开始使用日期	预计使用年数	原值	净残值率	净残值	已计提月份	本月折旧额	本年折旧额	折旧方法
4	01	1	办公楼	20万平方米	管理部门	在用	自建	出售	2010-5-22	50	¥5,000,000.00	25%	¥1,250,000.00	23	¥6,250.00		直线法
5	02	2	厂房	80万平方米	生产部门	在用	自建	出售	2009-3-11	50	¥16,000,000.00	25%	¥4,000,000.00	37	¥20,000.00		直线法
6	03	3	仓库	60平方米	销售部门	在用	自建	出售	2009-5-12	50	¥3,000,000.00	25%	¥750,000.00	35	¥3,750.00		直线法
7	04	4	卡车	20吨	销售部门	在用	购入	出售	2008-7-23	8	¥350,000.00	5%	¥17,500.00	45	¥3,463.54		直线法
8	05	5	电脑	Dell	管理部门	在用	购入	报废	2011-8-16	4	¥12,000.00	1%	¥120.00	8			双倍余额递减法
9	06	6	电脑	Dell	管理部门	在用	购入	报废	2011-8-16	4	¥15,000.00	1%	¥150.00	8			双倍余额递减法
10	07	7	传真机	惠普	管理部门	在用	购入	报废	2009-3-11	5	¥6,000.00	1%	¥60.00	37	¥99.00		直线法
11	08	8	复印机	佳能	管理部门	在用	购入	调拨	2009-3-11	5	¥30,000.00	2%	¥600.00	37	¥490.00		直线法
12	09	9	打印机	佳能	销售部门	在用	调拨	调拨	2009-3-11	5	¥4,000.00	2%	¥80.00	37	¥65.33		直线法
13	10	10	挖土机	KL-01	生产部门	在用	购入	报废	2008-12-1	10	¥200,000.00	5%	¥10,000.00	41			年数总和法
14	11	11	推土机	TI-02	生产部门	在用	购入	出售	2008-12-1	10	¥250,000.00	5%	¥12,500.00	41			年数总和法
15	12	12	打印机	KL-01	财务部门	在用	购入	调拨	2012-4-2	10	¥3,000.00	0.5%	¥15.00	0	¥24.88		直线法

图 6-22　平均年限法计提折旧

项目活动二　双倍余额递减法计提折旧

双倍余额递减法是在不考虑固定资产净残值的情况下，根据每期期初固定资产账面余额和双倍的直线法折旧率计算固定资产折旧的一种方法。实行双倍余额递减法计提折旧的固定资产，应当在其固定资产折旧年限到期以前两年内，按直线法将固定资产净值（扣除净残值）平均摊销。其计算公式如下：

月折旧率 = 年折旧率 /12

月折旧额 = 固定资产账面净值 * 月折旧率

年折旧率 = 2/ 预计使用年限 *100%

年折旧额 = 固定资产净值 * 年折旧率

按双倍余额递减法计算折旧额可以使用 DDB 函数来计算。DDB 函数以加速比率计算折旧，第一阶段的折旧额最高，在后继阶段中会逐渐减少。

语法形式：DDB（cost，salvage，life，period，factor）

cost：表示为资产原值。

salvage：表示为资产在折旧期末的价值，即称为资产残值。

life：表示为折旧期限，即称为资产的使用寿命。

period：表示为需要计算折旧值的期间。period 必须使用与 life 相同的单位。

factor：表示为余额递减速率。若省略，则假设为 2。

具体计提折旧步骤如下：

（1）单击 O8 单元格，在公式编辑栏内输入公式 “=DDB（K8, M8, J8, INT（N8/12）+1）/12”。因为用 DDB 函数计算得出的每年折旧额也是各不相同的，所以要计算出本月折旧额，则需要先计算出当年的折旧额，然后除以 12 得到每月折旧额。该项固定资产已计提 8 个月，所以公式 DDB（K8, M8, J8, INT（N8/12）+1）计算出第 1 年的折旧额，然后除以 12 则得出第 1 年每月的折旧额。

（2）按回车键，即可计算出该项固定资产本月折旧额。

（3）由于编号为 6 的固定资产的折旧方式也为双倍余额递减法，因此使用同样的方法计算该项固定资产的折旧额，最后结果如图 6-23 所示。

O8　=DDB(K8,M8,J8,INT(N8/12)+1)/12

固定资产卡片

折旧计提基准日：2012-5-1　单位：XXXXXXX　制表：XXX

卡片编号	固定资产编号	固定资产名称	规格型号	部门名称	使用状况	增加方式	减少方式	开始使用日期	预计使用年数	原值	净残值率	净残值	已计提月份	本月折旧额	本年折旧额	折旧方法
01	1	办公楼	20万平方米	管理部门	在用	自建	出售	2010-5-22	50	￥5,000,000.00	25%	￥1,250,000.00	23	￥6,250.00		直线法
02	2	厂房	80万平方米	生产部门	在用	自建	出售	2009-3-11	50	￥16,000,000.00	25%	￥4,000,000.00	37	￥20,000.00		直线法
03	3	仓库	60平方米	销售部门	在用	自建	出售	2009-5-12	50	￥3,000,000.00	25%	￥750,000.00	35	￥3,750.00		直线法
04	4	卡车	20吨	销售部门	在用	购入	出售	2008-7-23	8	￥350,000.00	5%	￥17,500.00	45	￥3,463.54		直线法
05	5	电脑	Dell	管理部门	在用	购入	报废	2011-8-16	4	￥12,000.00	1%	￥120.00	8	￥500.00		双倍余额递减法
06	6	电脑	Dell	管理部门	在用	购入	报废	2011-8-16	4	￥15,000.00	1%	￥150.00	8	￥625.00		双倍余额递减法
07	7	传真机	惠普	管理部门	在用	购入	报废	2009-3-11	5	￥6,000.00	1%	￥60.00	37	￥99.00		直线法
08	8	复印机	佳能	管理部门	在用	购入	调拨	2009-3-11	5	￥30,000.00	2%	￥600.00	37	￥490.00		直线法
09	9	打印机	佳能	销售部门	在用	调拨	调拨	2009-3-11	5	￥4,000.00	2%	￥80.00	37	￥65.33		直线法
10	10	挖土机	KL-01	生产部门	在用	购入	报废	2008-12-1	10	￥200,000.00	5%	￥10,000.00	41			年数总和法
11	11	推土机	TI-02	生产部门	在用	购入	出售	2008-12-1	10	￥250,000.00	5%	￥12,500.00	41			年数总和法
12	12	打印机	KL-01	财务部门	在用	购入	调拨	2012-4-2	10	￥3,000.00	1%	￥15.00	0			直线法

图 6-23　双倍余额递减法计提折旧

项目活动三　年数总和法计提折旧

年数总和法又称为合计年限法，是将固定资产的原值减去净残值后的净额乘以一个逐年递减的分数计算每年的折旧额。这个分数的分子代表固定资产尚可使用的年数，分母代表使用年限的逐年数字总和。其计算公式如下：

年折旧率 =（预计使用年限 − 已使用年限）/［预计使用年限 *（预计使用年限 + 1）/2］*100%

年折旧额 =（固定资产原值 − 预计净残值）* 年折旧率

月折旧率 = 年折旧率 /12

月折旧额 =（固定资产原值 − 预计净残值）* 月折旧率

按年数总和法计算折旧额可以使用 SYD 函数来计算。

语法形式：SYD（cost，salvage，life，per）

cost：表示资产原值。

salvage：表示资产在折旧期末的价值，即资产残值。

life：表示折旧期限，即资产的使用寿命。

per：表示期间，单位与 life 相同。

具体计提折旧步骤如下：

（1）单击 O13 单元格，在公式编辑栏内输入公式“=SYD（K13，M13，J13，INT（N13/12）+1）/12”。因为用 SYD 函数计算得出的每年折旧额也是各不相同的，所以要计算出本月折旧额，则需要先计算出当年的折旧额，然后除以 12 得到每月折旧额。该项固定资产已经使用 41 个月，即已计提 3 年 5 个月，所以公式 SYD（K13，M13，J13，INT（N13/12）+1）计算出第 4 年的折旧额，然后除以 12 则得出第 4 年每月的折旧额。

（2）按回车键，即可计算出该项固定资产本月折旧额。

（3）编号为 11 的固定资产的折旧方式也为年数总和法，因此使用同样的方法计算该项固定资产的折旧额（如图 6-24 所示）。

O13　=SYD(K13,M13,J13,INT(N13/12)+1)/12

	A	B	C	D	E	F	G	H	I	J	K	L	M	N	O	P	Q
1											固定资产卡片						
2	折旧计提基准日:			2012-5-1						单位:	XXXXXXX				制表:		XXX
3	卡片编号	固定资产编号	固定资产名称	规格型号	部门名称	使用状况	增加方式	减少方式	开始使用日期	预计使用年数	原值	净残值率	净残值	已计提月份	本月折旧额	本年折旧额	折旧方法
4	01	1	办公楼	20万平方米	管理部门	在用	自建	出售	2010-5-22	50	￥5,000,000.00	25%	￥1,250,000.00	23	￥6,250.00		直线法
5	02	2	厂房	80万平方米	生产部门	在用	自建	出售	2009-3-11	50	￥16,000,000.00	25%	￥4,000,000.00	37	￥20,000.00		直线法
6	03	3	仓库	60平方米	销售部门	在用	自建	出售	2009-5-12	50	￥3,000,000.00	25%	￥750,000.00	35	￥3,750.00		直线法
7	04	4	卡车	20吨	销售部门	在用	购入	出售	2008-7-23	8	￥350,000.00	5%	￥17,500.00	45	￥3,463.54		直线法
8	05	5	电脑	Dell	管理部门	在用	购入	报废	2011-8-16	4	￥12,000.00	1%	￥120.00	8	￥500.00		双倍余额递减法
9	06	6	电脑	Dell	管理部门	在用	购入	报废	2011-8-16	4	￥15,000.00	1%	￥150.00	8	￥625.00		双倍余额递减法
10	07	7	传真机	惠普	管理部门	在用	购入	报废	2009-3-11	5	￥6,000.00	1%	￥60.00	37	￥99.00		直线法
11	08	8	复印机	佳能	管理部门	在用	购入	调拨	2009-3-11	5	￥30,000.00	2%	￥600.00	37	￥490.00		直线法
12	09	9	打印机	佳能	销售部门	在用	调拨	调拨	2009-3-11	5	￥4,000.00	2%	￥80.00	37	￥65.33		直线法
13	10	10	挖土机	KL-01	生产部门	在用	购入	报废	2008-12-1	10	￥200,000.00	5%	￥10,000.00	41	￥2,015.15		年数总和法
14	11	11	推土机	TI-02	生产部门	在用	购入	出售	2008-12-1	10	￥250,000.00	5%	￥12,500.00	41	￥2,518.94		年数总和法

图 6-24　年数总和法计提折旧

（4）单击 P4 单元格，在公式编辑栏内输入公式“= O4*12”，按回车键后即可计算出该项固定资产的本年折旧额。

（5）利用自动填充功能将该列其他固定资产的本年折旧额计算出来（如图 6–25 所示）。

本年折旧额 = 每月折旧额 *12，但对于本年度新增加的固定资产则应根据实际计提月数进行计算。如图 6–25 所示 2012 年 5 月开始计提的打印机年折旧额为本月折旧额 * 8 = 199.00（元）。

P4　=O4*12

固定资产卡片

折旧计提基准日:			2012-5-1						单位:	XXXXXXX			制表:			XXX
卡片编号	固定资产编号	固定资产名称	规格型号	部门名称	使用状况	增加方式	减少方式	开始使用日期	预计使用年数	原值	净残值率	净残值	已计提月份	本月折旧额	本年折旧额	折旧方法
01	1	办公楼	20万平方米	管理部门	在用	自建	出售	2010-5-22	50	￥5,000,000.00	25%	￥1,250,000.00	23	￥6,250.00	￥75,000.00	直线法
02	2	厂房	80万平方米	生产部门	在用	自建	出售	2009-3-11	50	￥16,000,000.00	25%	￥4,000,000.00	37	￥20,000.00	￥240,000.00	直线法
03	3	仓库	60平方米	销售部门	在用	自建	出售	2009-5-12	50	￥3,000,000.00	25%	￥750,000.00	35	￥3,750.00	￥45,000.00	直线法
04	4	卡车	20吨	销售部门	在用	购入	出售	2008-7-23	8	￥350,000.00	5%	￥17,500.00	45	￥3,463.54	￥41,562.50	直线法
05	5	电脑	Dell	管理部门	在用	购入	报废	2011-8-16	4	￥12,000.00	1%	￥120.00	8	￥500.00	￥6,000.00	双倍余额递减法
06	6	电脑	Dell	管理部门	在用	购入	报废	2011-8-16	4	￥15,000.00	1%	￥150.00	8	￥625.00	￥7,500.00	双倍余额递减法
07	7	传真机	惠普	管理部门	在用	购入	报废	2009-3-11	5	￥6,000.00	1%	￥60.00	37	￥99.00	￥1,188.00	直线法
08	8	复印机	佳能	管理部门	在用	购入	调拨	2009-3-11	5	￥30,000.00	2%	￥600.00	37	￥490.00	￥5,880.00	直线法
09	9	打印机	佳能	销售部门	在用	调拨	调拨	2009-3-11	5	￥4,000.00	2%	￥80.00	37	￥65.33	￥784.00	直线法
10	10	挖土机	KL-01	生产部门	在用	购入	报废	2008-12-1	10	￥200,000.00	5%	￥10,000.00	41	￥2,015.15	￥24,181.82	年数总和法
11	11	推土机	TI-02	生产部门	在用	购入	出售	2008-12-1	10	￥250,000.00	5%	￥12,500.00	41	￥2,518.94	￥30,227.27	年数总和法
12	12	打印机	KL-01	财务部门	在用	购入	调拨	2012-4-2	10	￥3,000.00	0.5%	￥15.00	0	￥24.88	￥199.00	直线法

图 6–25　计提本年折旧额

工作任务四　固定资产折旧费用分配表的建立

固定资产折旧费用的分配是指在建立当月固定资产报表时，需要对折旧费用的分配情况进行分析。例如，按费用类别分析折旧费用的分配情况、按使用部门分析折旧费用的分配情况等。

项目活动一　按固定资产折旧费用类别分析折旧费用分配情况

固定资产折旧费用类别一般分为“管理费用”、“销售费用”、“制造费用”几类，通过建立固定资产折旧分配表可以直观地查看本期折旧额中各项费用类别所占的份额。具体分配步骤如下：

（1）在【插入】选项卡上的【表】组中单击【数据透视表】，弹出【创建数据透视表】对话框（如图 6–26 所示）。

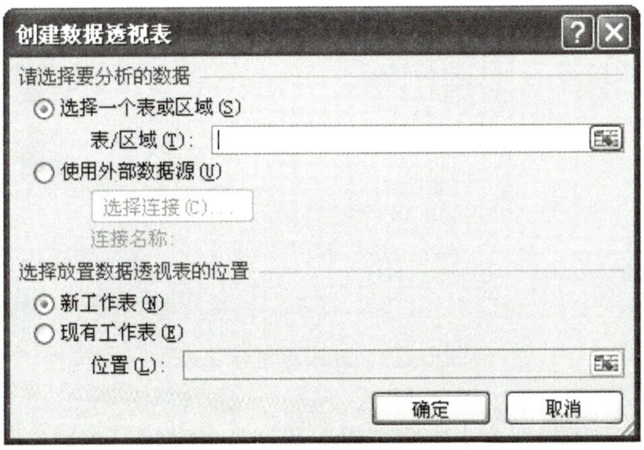

图 6–26　创建数据透视表

（2）单击选定区域右侧的▦，选择要建立数据透视表的数据区域（如图 6-27 所示）。

图 6-27　选择数据区域向导

（3）在“固定资产卡片”工作表中，选择 A3 : R15 区域（如图 6-28 所示）。

									固定资产卡片							
日计提基准日:		2012-5-1						单位:	XXXXXXX				制表:		XXX	
固定资产编号	固定资产名称	规格型号	部门名称	使用状况	增加方式	减少方式	开始使用日期	预计使用年数	原值	净残值率	净残值	已计提月份	本月折旧额	本年折旧额	折旧方法	折旧科目
1	办公楼	20万平方米	管理部门	在用	自建	出售	2010-5-22	50	¥5,000,000.00	25%	¥1,250,000.00	23	6250.00	¥75,000.00	直线法	管理费用
2	厂房	80万平方米	生产部门	在用	自建	出售	2009-3-11	50					0.00	¥240,000.00	直线法	制造费用
3	仓库	60平方米	销售部门	在用	自建	出售	2009-5-12	50					.00	¥45,000.00	直线法	销售费用
4	卡车	20吨	销售部门	在用	购入	出售	2008-7-23	8					.54	¥41,562.50	直线法	销售费用
5	电脑	Dell	管理部门	在用	购入	报废	2011-8-16	4	¥12,000.00	1%	¥120.00	8	500.00	¥6,000.00	双倍余额递减法	管理费用
6	电脑	Dell	管理部门	在用	购入	报废	2011-8-16	4	¥15,000.00	1%	¥150.00	8	625.00	¥7,500.00	双倍余额递减法	管理费用
7	传真机	惠普	管理部门	在用	购入	报废	2009-3-11	5	¥6,000.00	1%	¥60.00	37	99.00	¥1,188.00	直线法	管理费用
8	复印机	佳能	管理部门	在用	购入	调拨	2009-3-11	5	¥30,000.00	2%	¥600.00	37	490.00	¥5,880.00	直线法	管理费用
9	打印机	佳能	销售部门	在用	调拨	调拨	2009-3-11	5	¥4,000.00	2%	¥80.00	37	65.33	¥784.00	直线法	销售费用
10	挖土机	KL-01	生产部门	在用	购入	报废	2008-12-1	10	¥200,000.00	5%	¥10,000.00	41	2015.15	¥24,181.82	年数总和法	制造费用
11	推土机	TI-02	生产部门	在用	购入	出售	2008-12-1	10	¥250,000.00	5%	¥12,500.00	41	2518.94	¥30,227.27	年数总和法	制造费用
12	打印机	KL-01	财务部门	在用	购入	调拨	2012-4-2	10	¥3,000.00	0.5%	¥15.00	0	24.88	¥199.00	直线法	管理费用

图 6-28　选择数据区域

（4）放置数据透视表的位置选择“新工作表”。

（5）单击【确定】按钮，将新建的空白数据透视表重命名为“折旧费用分配表”（如图 6-29 所示）。

（6）单击数据透视表工具中的【设计】按钮，将报表布局选为【以大纲形式显示】。

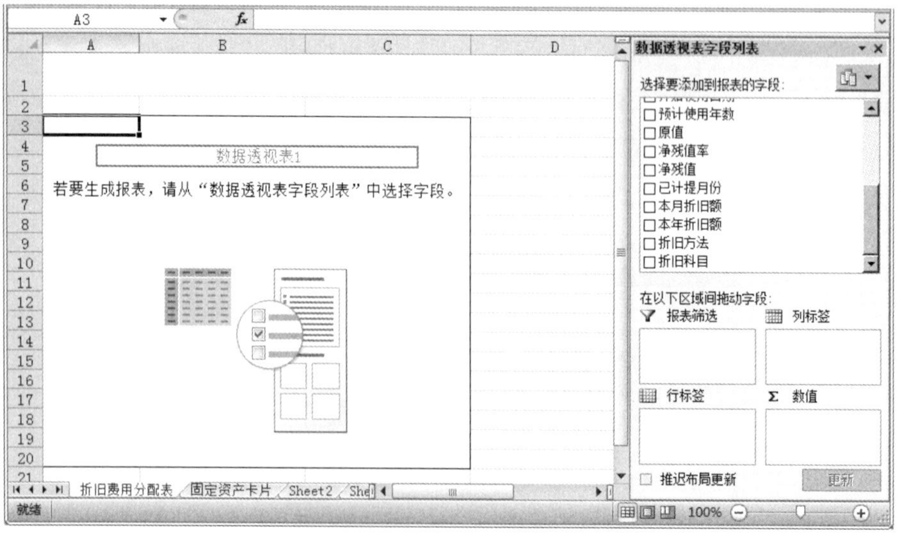

图 6-29　折旧费用分配表

（7）在【数据透视表字段列表】中将“折旧科目”和“部门名称”依次添加到行标签（如图 6-30 所示）。

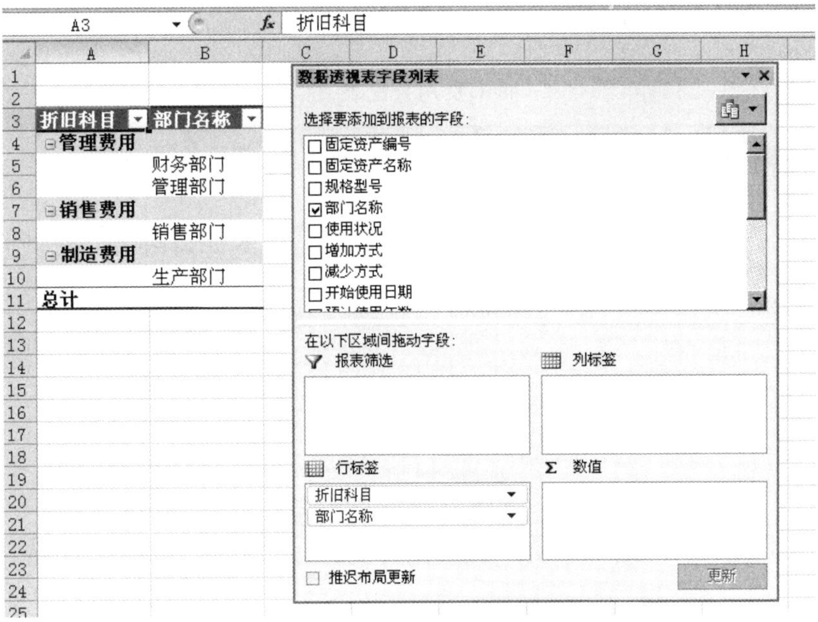

图 6-30　添加行标签

（8）在【数据透视表字段列表】中将“原值”、“本月折旧额”、“本年折旧额”依次添加到数值区域（如图 6-31 所示）。

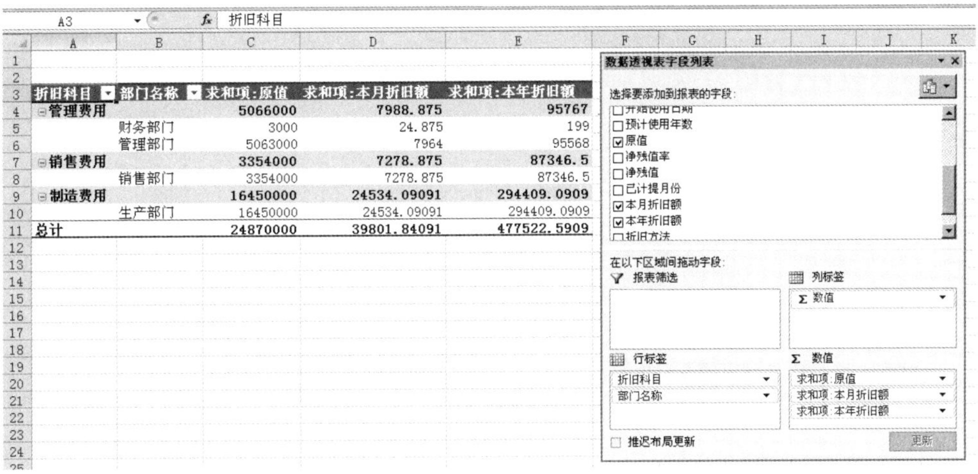

图 6-31　添加数值区域

（9）在第一行输入表格标题“折旧费用分配表”，并设置文字格式，设置好的折旧费用分配表如图 6-32 所示。

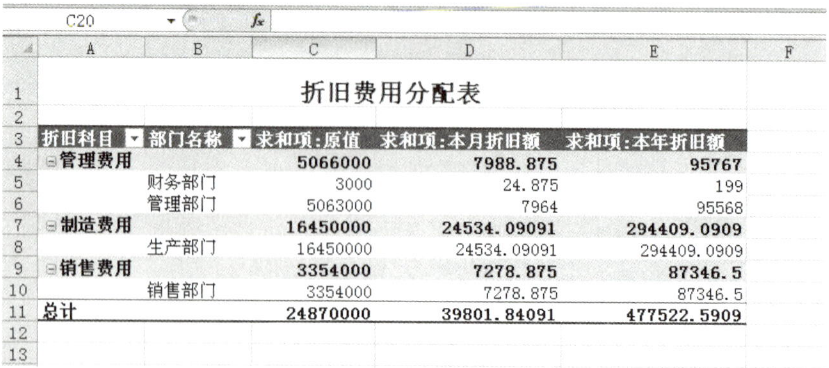

折旧费用分配表

折旧科目	部门名称	求和项:原值	求和项:本月折旧额	求和项:本年折旧额
管理费用		**5066000**	**7988.875**	**95767**
	财务部门	3000	24.875	199
	管理部门	5063000	7964	95568
制造费用		**16450000**	**24534.09091**	**294409.0909**
	生产部门	16450000	24534.09091	294409.0909
销售费用		**3354000**	**7278.875**	**87346.5**
	销售部门	3354000	7278.875	87346.5
总计		**24870000**	**39801.84091**	**477522.5909**

图 6-32　折旧费用分配表

项目活动二　按固定资产使用部门分析折旧费用分配情况

固定资产按使用部门分析折旧费用分配情况，可以直观地查看本期折旧额中各个不同部门所占份额。具体步骤如下：

（1）前两个步骤和按折旧费用类别分析相同，即在添加到行标签时添加“部门名称”即可，在此不作赘述。生成空白的数据透视表，修改工作表名为“按部门分类的折旧费用分配表”（结果如图 6-33 所示）。

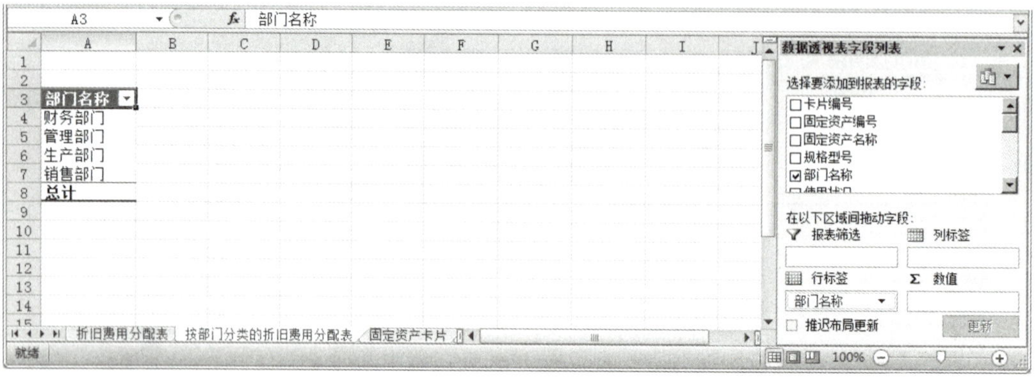

图 6-33　空白的折旧费用分配表

（2）在【数据透视表字段列表】中将“原值”、“本月折旧额”、“本年折旧额”依次添加到数值区域（如图 6-34 所示）。

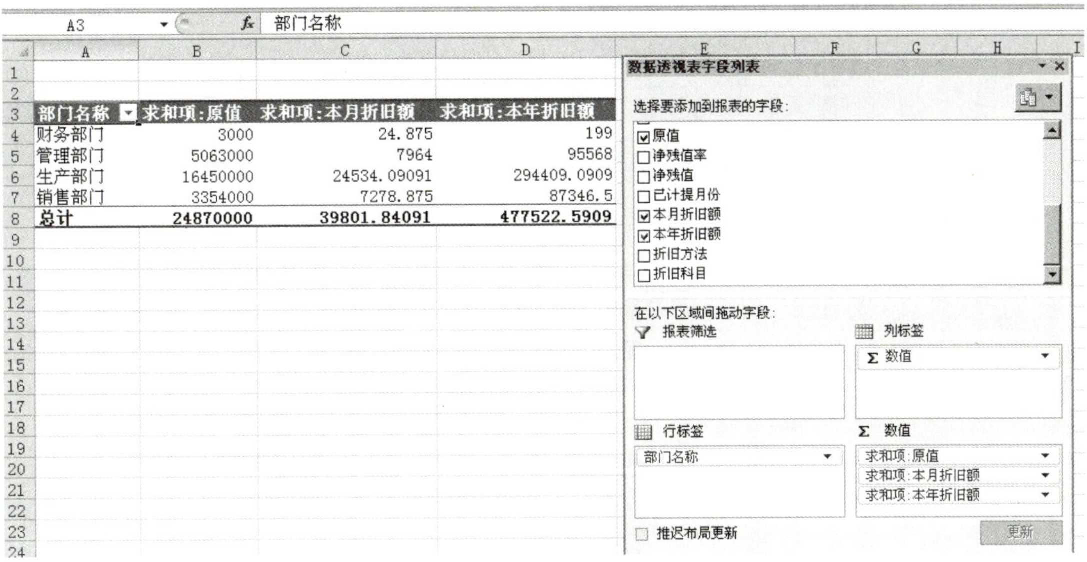

图 6-34　添加数值区域

（3）在第 1 行输入表格标题“按使用部门分类的折旧费用分配表”，并设置文字格式，最后的折旧费用分配表如图 6-35 所示。

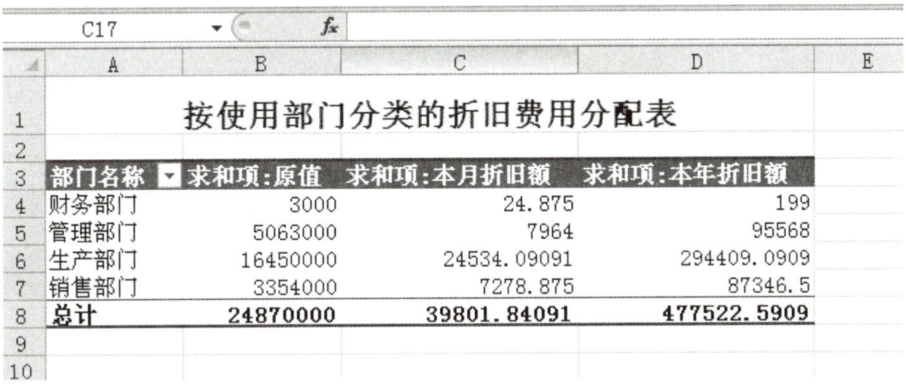

图 6-35　按使用部门分类的折旧费用分配表

工作任务五　建立独立的固定资产卡片

前面介绍了将所有的固定资产记录在一张固定资产卡片上的方法，有时候单位需要为一项固定资产单独建立一张卡片，所有的固定资产均以单独的卡片保存，此时则需要设置独立的固定资产卡片。具体建立步骤如下：

（1）将固定资产卡片旁边的工作表重命名为“独立的固定资产卡片”（如图 6-36 所示）。

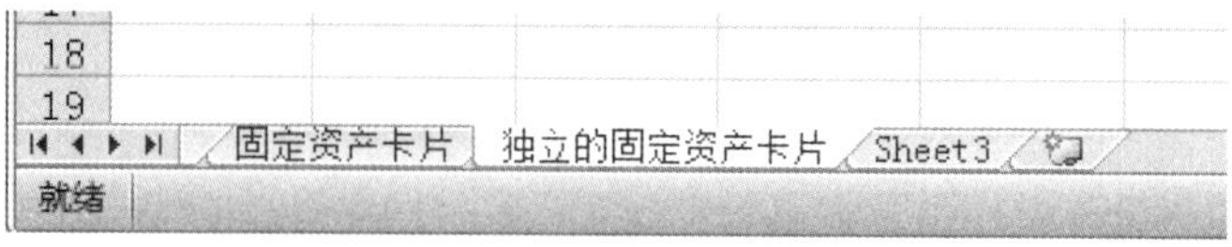

图 6-36 新建独立的固定资产卡片

（2）输入固定资产卡片的内容，布局如图 6-37 所示。

图 6-37 固定资产卡片项目录入

（3）在【开始】选项卡上的【单元格】组中单击【格式】选择【行高】，在弹出的对话框中输入合适的行高（如图 6-38 所示）。如果选择“自动调整行高”，则 Excel 将自动帮用户设置出该行文字最合适的行高。

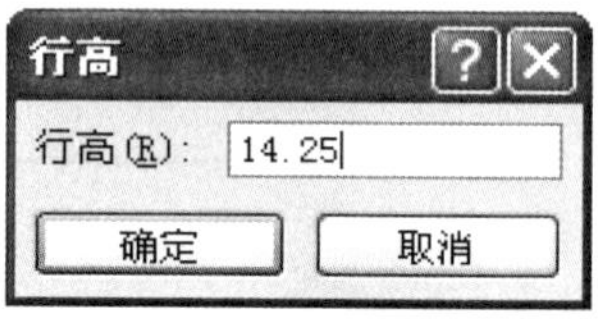

图 6-38 输入合适的行高

（4）用同样的方法设置其他单元格的行高和列宽，最后的结果如图 6-39 所示。

用鼠标调整行高、列宽方便快捷，往往成为用户的首选。例如，要改变图 6-39 中 A 列的列宽，将鼠标指针移到 A、B 列的分隔线处，当鼠标指针变成黑色的↔时，按住鼠标左键，向右拖动则增加列宽，向左拖动则减少列宽，宽度适合时释放鼠标即可。

（5）选择要求对齐的单元格区域 C5 : C18、G5 : G18、J5 : J18（连续选择时按住 Ctrl 键），在【开始】选项卡上的【对齐方式】组中单击旁边的【对话框启动器】，弹出【设置单元格格式】对话框，选择“水平对齐” – “靠右（缩进）”，“垂直对齐” – “居中”，其他默认不变，单击【确定】按钮（如图 6-40 所示）。该设置使得这三列数据的对齐方式均为水平靠右，垂直居中。

图 6-39　设置合适的行列

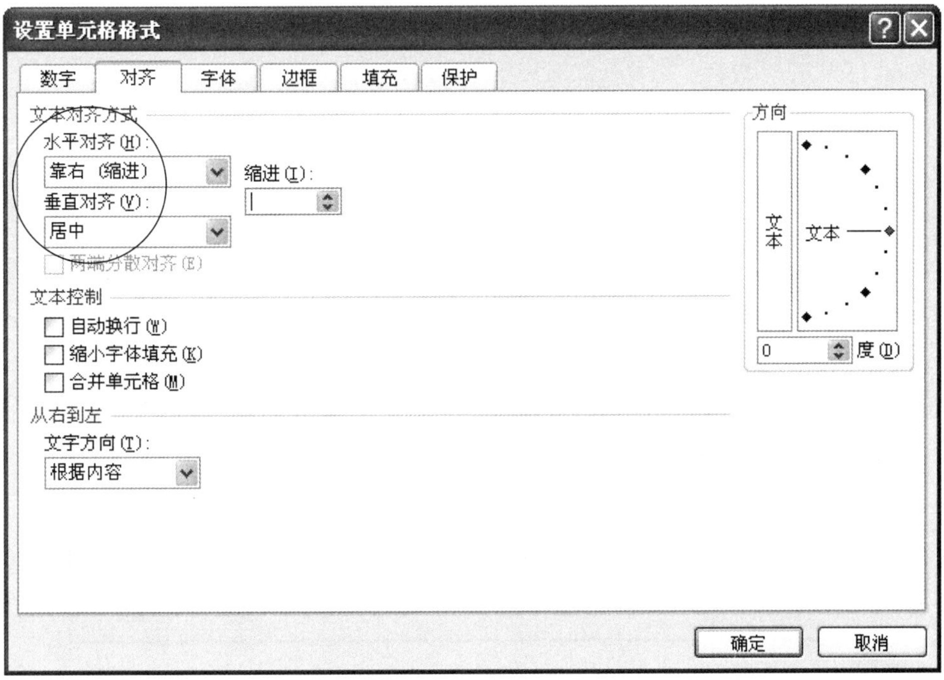

图 6-40　单元格文本对齐设置

（6）选择单元格区域 A1 : J1，单击【对齐方式】组旁边的【设置单元格格式】，在弹出的对话框中在“合并单元格”前的方框打钩，同时设置文本对齐方式，单击【确定】按钮（如图 6-41 所示）。

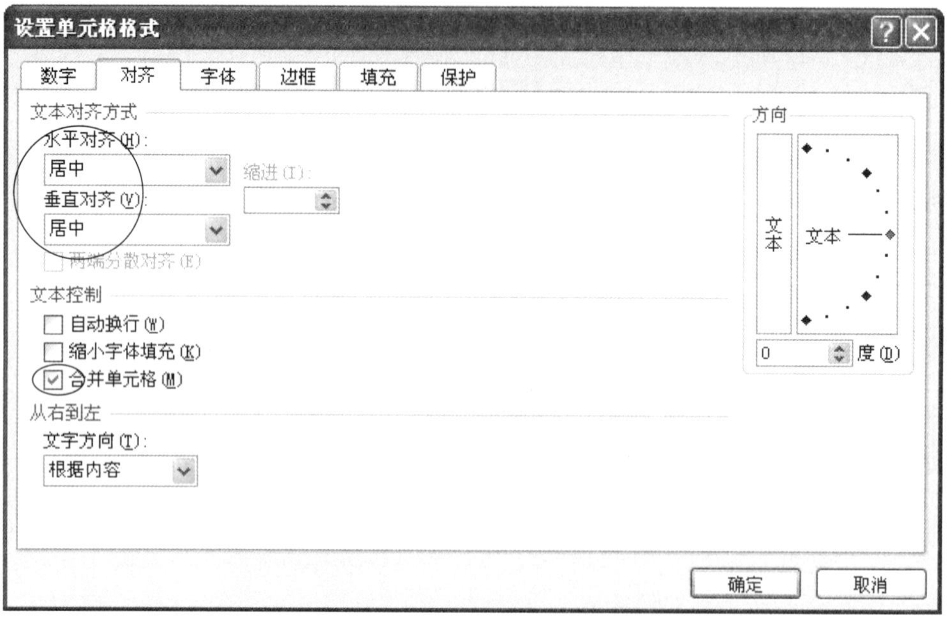

图 6-41 单元格合并

（7）单击 C5 单元格，在【单元格】组中单击【格式】，选择【设置单元格格式】，在弹出的对话框中选择【边框】选项卡，在“线条”–“样式”中选择实线，在“边框”中选择下边框（如图 6-42 所示）。同样，对其他需要加边框的单元格加实线下边框。

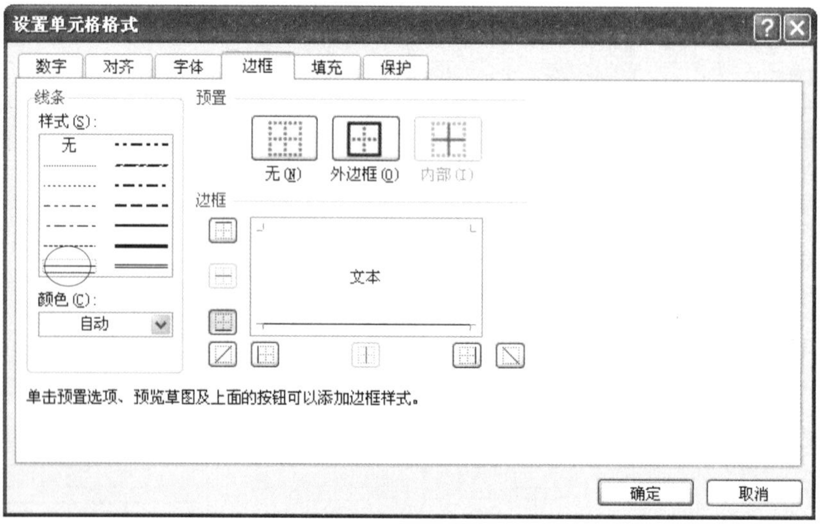

图 6-42 单元格画线设置

（8）单击 E1 单元格，单击【字体】组旁边的【设置单元格格式】，在弹出的对话框中，设置“字体”–“黑体”，“字形”–“加粗”，“字号”–“16”。最后结果如图 6-43 所示。

（9）单击“固定资产卡片”工作表，选择单元格区域 A4 : R15。

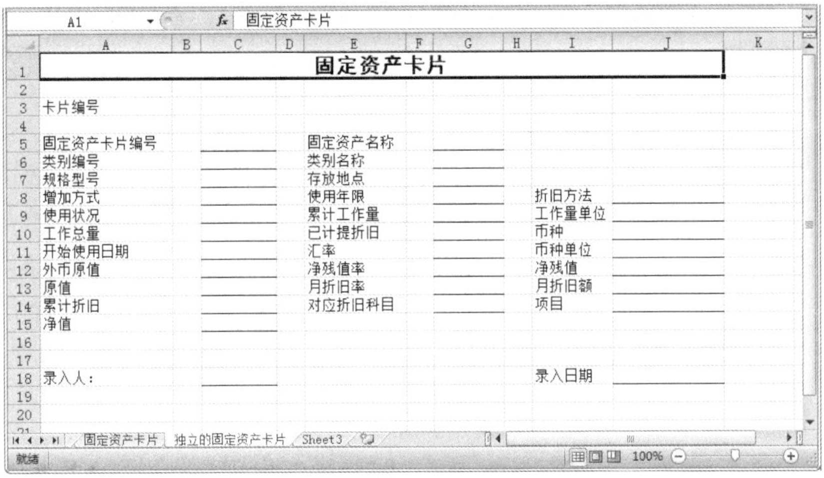

图 6-43　格式设置

（10）在【公式】选项卡上的【定义的名称】组中单击【定义名称】，弹出【新建名称】对话框。

（11）在【名称】中输入“固定资产信息库”，再单击【确定】按钮（如图 6-44 所示）。在工作任务一中建立的“固定资产卡片”相当于此处的固定资产的信息库，通过这个信息库，可以利用函数将数据导入到独立的固定资产卡片中。

（12）在“独立的固定资产卡片”工作表中单击 C5 单元格，在【公式】选项卡上的【函数库】组中单击【选定参数】，在弹出的【选定参数】对话框中，选择“LOOKUP”函数，单击【确定】按钮，然后按如图 6-45 所示选定参数。

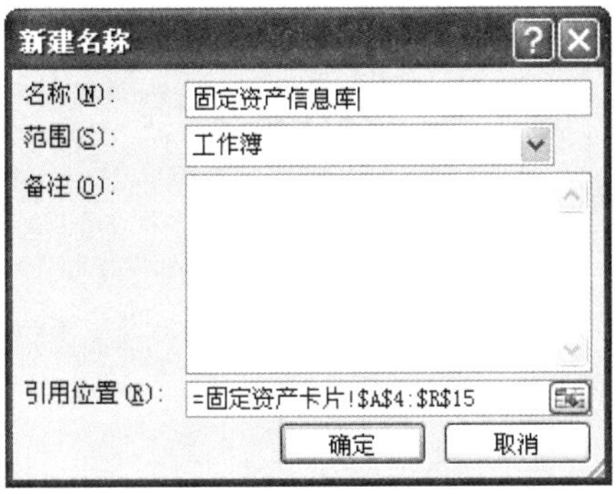

图 6-44　定义“固定资产信息库”名称

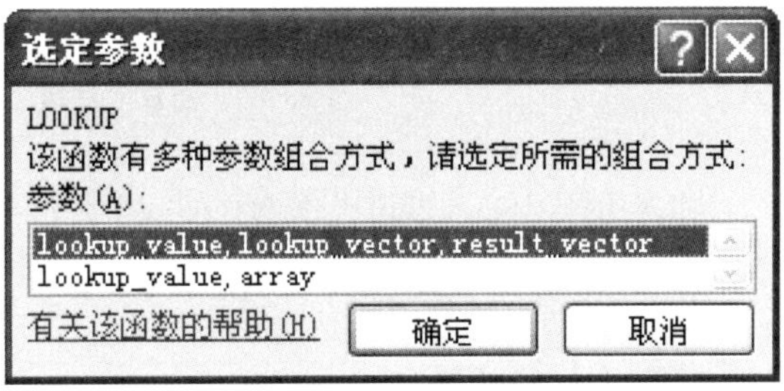

图 6-45　选定参数

（13）在【函数参数】对话框中，做如图 6-46 的设置。该设置的含义是，在 C5 单元格中显示“固定资产信息库”中 B4:B15 单元格区域中数字与 C3 单元格内数字一致的值。此时，在 C3 单元格内还没有输入数值，因此，设置完毕后，只要在 C3 单元格内输入任意一个卡片编号的值，相对应于该编号的固定资产就立即显示出来。

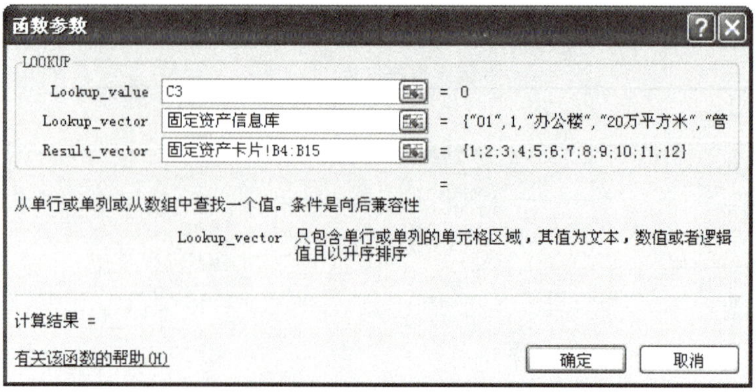

图 6-46　函数参数

（14）用同样的方法，设置其他项目单元格的函数。

（15）在 C3 单元格输入卡片编号，查看固定资产（如图 6-47 所示）。

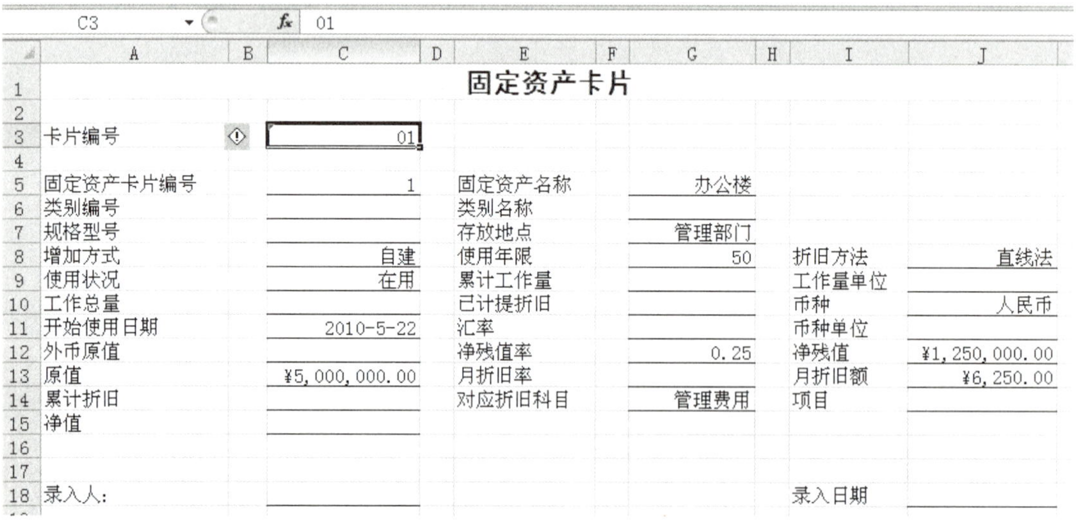

图 6-47　查看卡片编号 01 的固定资产内容

只需改变卡片编号就可以查询其他固定资产的内容。

项目总结

经过本项目的学习，要求学生从整体上掌握企业固定资产管理系统的建立思路和方法，通过操作，熟练掌握固定资产卡片账的建立方法，固定资产变动的管理方法，固定资产折旧计算表的编制方法，固定资产折旧费用分配表的建立方法和独立的固定资产卡片的编制方法；培养学生自我学习、信息处理和数字运用等能力，并在学习过程中提高独立解决问题的能力和培养创新的意识。

学习评价

▲专业能力测评表

（在□中打√，A 掌握，B 基本掌握，C 未掌握）

业务能力	评价指标	自测结果	备注
固定资产卡片的建立	固定资产卡片的建议	□A　□B　□C	
固定资产变动情况的管理	固定资产增加的管理 固定资产调拨的管理 固定资产减少的管理	□A　□B　□C □A　□B　□C □A　□B　□C	
固定资产折旧计算表的编制	平均年限法计提折旧 双倍余额递减法计提折旧 年数总和法计提折旧	□A　□B　□C □A　□B　□C □A　□B　□C	
固定资产折旧费用分配表的编制	按所属会计科目分配折旧费用 按使用部门分配折旧费用	□A　□B　□C □A　□B　□C	
建立独立的固定资产卡片	建立独立的固定资产卡片	□A　□B　□C	
教师评语：			
成绩		教师签字	

07 项目七 往来账款管理实务

【工作目标】

往来账款是企业在经济业务活动中发生的应收、应付、暂收、暂付款，往来账款是企业资产、负债的一个组成部分。往来账款在单位会计核算中涉及的内容多、项目杂、往来客户繁多而且变化大，要快速了解往来账款的情况比较困难。运用Excel就可以系统地、有序地、快速地开展工作，而且具有易于保存、工作效率高的优点。

通过完成本项目的六个工作任务，学习者能够利用Excel进行往来账款管理系统工作簿的制作，并从中学习掌握有关函数的应用以及不同类型图表的制作和编辑，回顾数据名称的定义等基本操作方法。

【工作思路】

本项目的工作思路是建立往来业务管理系统工作簿，创建完成各种基本表页，如“往来客户表”、“供应商往来表”等；编制完成应收款项表和应付款项表；对应收、应付账款进行账龄分析；建立有关图表、图形进行分析。

其中，应收款项管理流程如图7-1所示。

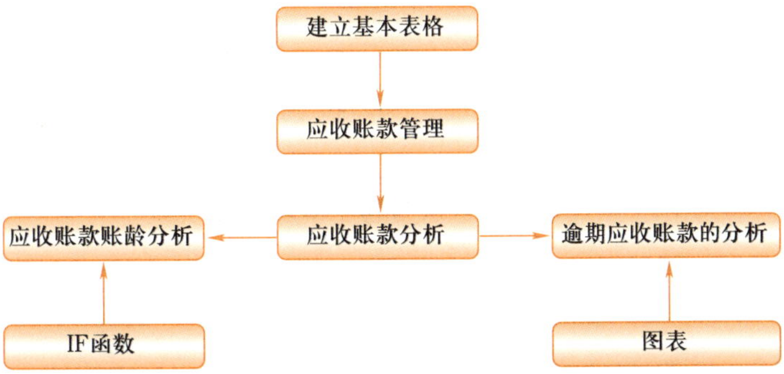

图7-1　应收款项管理流程图

应付款项管理流程如图 7-2 所示。

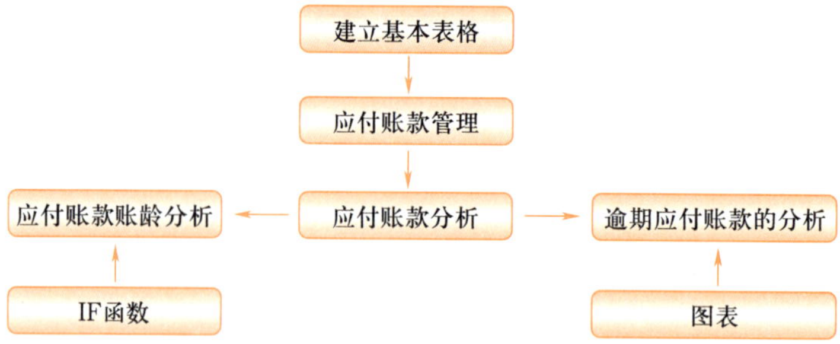

图 7-2 应付款项管理流程图

【背景资料】

某企业为生产型中小企业，现欲构建一个企业的往来账款管理系统，该企业迄今有关往来款的基本资料如下：

【资料 1】客户及应收款信息，如表 7-1 所示。

表 7-1 客户及应收账款信息表

客户代码	客户名称	期初余额	发票号码	开票日期	收款期限（天）
k01	新飞科技	¥20 000	A3012	2012-11-11	90
k02	康域实业	¥5 000	D6498	2010-10-13	80
k03	河南实业	¥5 000	B5019	2011-1-2	30
k04	天美服饰	¥4 000	P5598	2011-12-24	30
k05	宝家商场	¥200 000	L2354	2012-6-23	20
k06	新兴大厦	¥10 000	N6346	2012-6-3	30
k07	宜家房产	¥1 000	H8879	2012-6-2	90
k08	快乐超市	¥500	T8967	2012-8-1	90

【资料 2】供应商及应付款信息，如表 7-2 所示。

表 7-2 供应商及应付账款信息表

客户代码	供应商名称	应付金额	已付金额	发票号码	开票日期	付款期（天）
G01	诺亚电脑	¥50 000	¥3 000	B3321	2012-7-11	120

续表

客户代码	供应商名称	应付金额	已付金额	发票号码	开票日期	付款期（天）
G02	历程电路	¥3 000	0	H3554	2012-10-13	90
G03	正大机电	¥12 000	¥6 000	L2345	2012-1-2	50
G04	民生百货	¥8 000	¥2 000	N2542	2012-6-4	100
G05	天天实业	¥100 000	¥30 000	T9834	2012-12-2	30
G06	立新百货	¥40 000	¥10 000	A9436	2012-8-3	60
G07	南方集团	¥11 000	0	D6583	2012-5-4	120
G08	利民实业	¥4 300	¥3 000	T2773	2012-2-10	90

【工作准备】

首先建立一个名字为“项目七往来账款管理实务”的工作簿，在此工作簿中建立“往来客户表”、“应收款项表”、“供应商往来表”、“应付款项表”等工作表，各工作表分别完成相应的工作任务。根据这些表格再对应收款项和应付款项进行账龄分析。下面分别介绍各工作表的设计方法和步骤。

工作任务一　应收款项表的创建

项目活动一　应收款项表的建立

应收账款是指企业因销售商品、产品或提供劳务等原因，应向购货客户或接受劳务的客户收取的款项或代垫的运杂费等。在会计上，应收账款应于收入实现时予以确认。在市场经济发达的今天，对于企业应收账款的管理是至关重要的，它关系到企业能否及时收回资金，能否有效地利用资金。因此，应收账款的管理是企业管理的一个重要方面。具体建立步骤如下：

（1）新建“项目七往来账款管理实务”工作簿，双击 Sheet1，将其重命名为“往来客户表”，根据【资料 1】中的内容输入相应的内容（如图 7-3 所示）。

（2）根据【资料 1】中的内容输入相应的客户代码、客户名称和期初余额（如图 7-4 所示）。

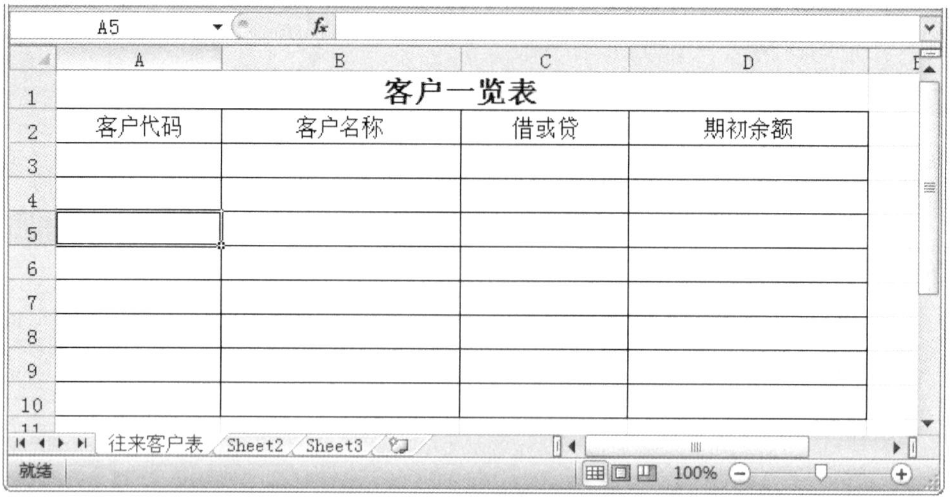

客户一览表			
客户代码	客户名称	借或贷	期初余额

图 7-3　创建往来客户一览表

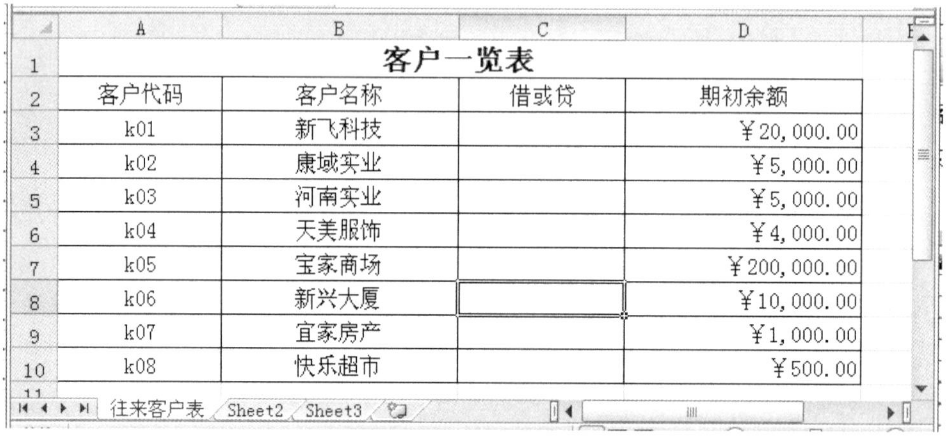

客户一览表			
客户代码	客户名称	借或贷	期初余额
k01	新飞科技		￥20, 000. 00
k02	康域实业		￥5, 000. 00
k03	河南实业		￥5, 000. 00
k04	天美服饰		￥4, 000. 00
k05	宝家商场		￥200, 000. 00
k06	新兴大厦		￥10, 000. 00
k07	宜家房产		￥1, 000. 00
k08	快乐超市		￥500. 00

图 7-4　输入相应的内容

（3）单击 C3 单元格，在公式输入栏中输入 “= IF（D3 = 0，" "，" 借 "）”，显示相应的计算结果后用 Excel 的自动填充功能自动填充 C 列（如图 7-5 所示）。

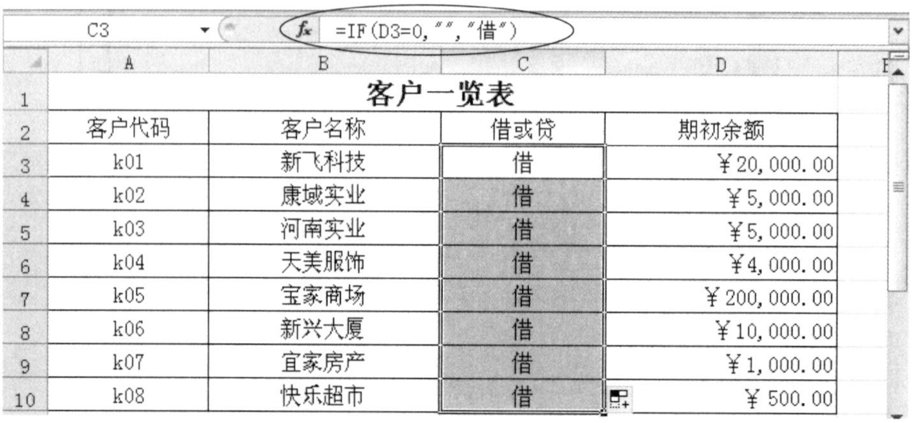

=IF(D3=0,"","借")

客户一览表			
客户代码	客户名称	借或贷	期初余额
k01	新飞科技	借	￥20, 000. 00
k02	康域实业	借	￥5, 000. 00
k03	河南实业	借	￥5, 000. 00
k04	天美服饰	借	￥4, 000. 00
k05	宝家商场	借	￥200, 000. 00
k06	新兴大厦	借	￥10, 000. 00
k07	宜家房产	借	￥1, 000. 00
k08	快乐超市	借	￥500. 00

图 7-5　输入借贷栏公式

（4）单击“往来客户表”工作表，选择单元格区域 A3 : D10。

（5）在【公式】选项卡上的【定义的名称】组中单击【定义名称】，在弹出的【新建名称】对话框中，在“名称”中输入“往来客户表”，单击【确定】按钮（如图 7−6 所示）。

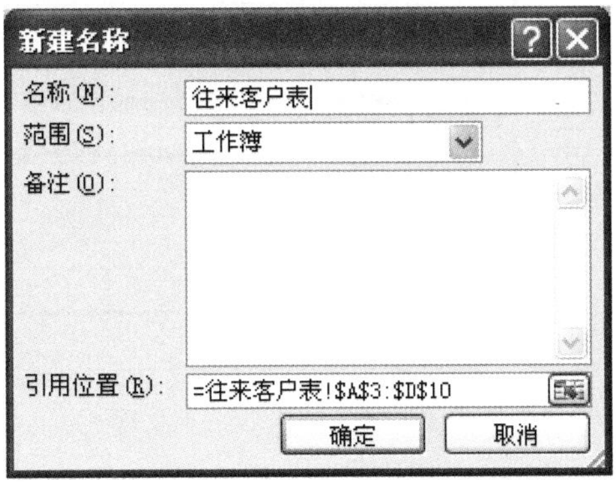

图 7−6　定义往来客户表名称

（6）在“项目七往来账款管理实务”工作簿中，双击 Sheet2，将其重命名为“应收款项表”，输入【资料 1】中的相应内容（如图 7−7 所示）。

图 7−7　应收款项表设置

（7）根据【资料 1】在 A 列输入客户代码。

（8）单击 B3 单元格，应用 Vlookup () 函数，提取“往来客户表”中的客户名称，函数参数选择如图 7−8 所示，单击【确定】按钮。

（9）利用自动填充功能将 B 列其他单元格的数据引入。

（10）根据【资料 1】中所给的数据，输入“应收款项表”的其他内容（如图 7−9 所示）。

如要修改日期格式，则单击 E3 单元格，在【开始】选项卡上单击【数字】组旁边的【设置单元格格式】，在弹出的【设置单元格格式】对话框中选择“日期”，在右侧的类型中可以任意选择需要的日期格式（如图 7−10 所示）。

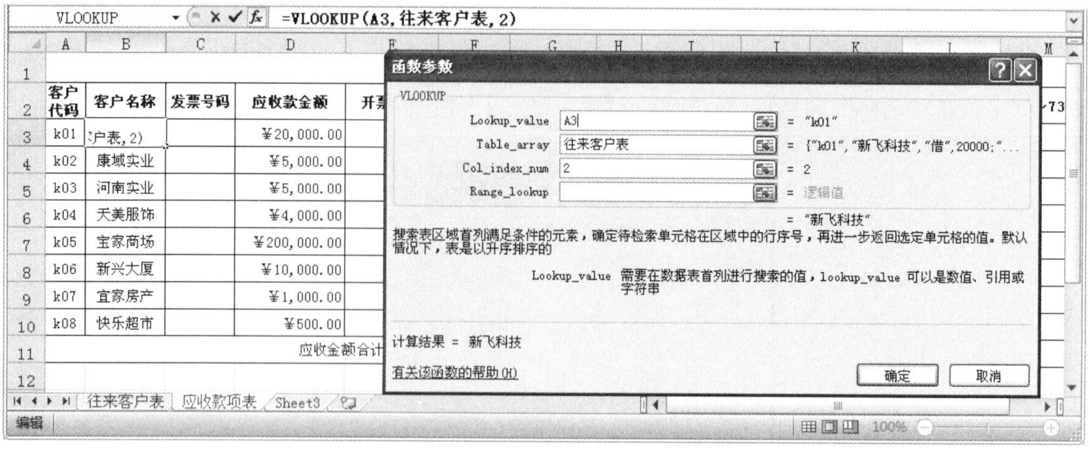

图 7-8　提取往来客户表数据

图 7-9　应收款项表数据录入

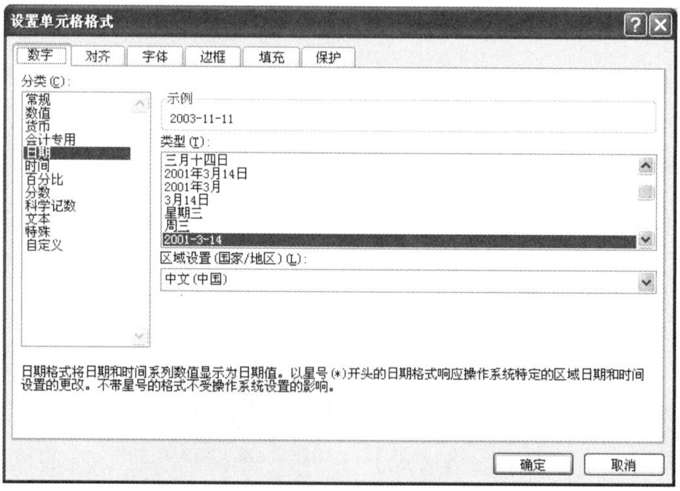

图 7-10　修改日期格式

（11）单击 G3 单元格，在公式编辑栏中输入公式“= E3 + F3”（到期日 = 开票日期 + 收款期限），按回车键，则 G3 单元格便显示到期日期。

（12）使用自动填充功能输入 G 列的所有客户应收款项的到期日（如图 7-11 所示）。

G3　　f_x　=E3+F3

	A	B	C	D	E	F	G	H	I	J	K
1	应收款项表										
2	客户代码	客户名称	发票号码	应收款金额	开票日期	收款期限（天）	到期日	是否到期	未到期	0～60天	61～120天
3	k01	新飞科技		¥20,000.00	2012-11-11	90	2013-2-9				
4	k02	康城实业		¥5,000.00	2010-10-13	80	2011-1-1				
5	k03	河南实业		¥5,000.00	2011-1-2	30	2011-2-1				
6	k04	天美服饰		¥4,000.00	2011-12-24	30	2012-1-23				
7	k05	宝家商场		¥200,000.00	2012-6-23	20	2012-7-13				
8	k06	新兴大厦		¥10,000.00	2012-6-3	30	2012-7-3				
9	k07	宜家房产		¥1,000.00	2012-6-2	90	2012-8-31				
10	k08	快乐超市		¥500.00	2012-8-1	90	2012-10-30				
11	应收金额合计										

图 7-11　应收款到期日输入

项目活动二　判断应收款项是否到期

假设当前日期为 2012 年 12 月 11 日（I12 单元格），利用 IF 函数，判断各个客户的应收款是否到期。如果到期日小于当前日期，则说明该应收账款已经到期；如果到期日大于当前日期，则说明该应收账款还未到期。具体步骤如下：

（1）单击 H3 单元格，在公式编辑栏中输入“= IF（G3 < I12，"是"，"否"）”，按回车键后显示是否到期。

（2）利用同样的方法判断 H 列各个客户的应收款项是否到期（如图 7-12 所示）。

H3　　f_x　=IF(G3<I12,"是","否")

	A	B	C	D	E	F	G	H	I	J
1	应收款项表									
2	客户代码	客户名称	发票号码	应收款金额	开票日期	收款期限（天）	到期日	是否到期	未到期	0～60天
3	k01	新飞科技		¥20,000.00	2012-11-11	90	2013-2-9	否		
4	k02	康城实业		¥5,000.00	2010-10-13	80	2011-1-1	是		
5	k03	河南实业		¥5,000.00	2011-1-2	30	2011-2-1	是		
6	k04	天美服饰		¥4,000.00	2011-12-24	30	2012-1-23	是		
7	k05	宝家商场		¥200,000.00	2012-6-23	20	2012-7-13	是		
8	k06	新兴大厦		¥10,000.00	2012-6-3	30	2012-7-3	是		
9	k07	宜家房产		¥1,000.00	2012-6-2	90	2012-8-31	是		
10	k08	快乐超市		¥500.00	2012-8-1	90	2012-10-30	是		
11	应收金额合计									
12							今天日期:		2012-12-11	

图 7-12　应收款项到期判断

工作任务二 应收账款账龄分析表

项目活动一 应收账款账龄设置

应收账款账龄分析是依据企业每一笔应收账款的账龄划分账龄组的，那么，当不同顾客拖欠的多笔应收账款中存在多种账龄时，则所拖欠的应收账款就可能会被划分为不同的账龄组。具体设置步骤如下：

（1）选择“应收款项表”，分别在 I2 : M2 等单元格输入天数界限（如图 7-13 所示）。假设企业应收账款的账龄区间分为“未到期”、“0～60 天”、“61～120 天”、“121～365 天”、“366～730 天”等几个时间区间。

H3 =IF(G3<I12,"是","否")

	A	B	C	D	E	F	G	H	I	J	K	L	M
1	应收款项表												
2	客户代码	客户名称	发票号码	应收款金额	开票日期	收款期限（天）	到期日	是否到期	未到期	0～60天	61～120天	121～365天	366～730天
3	k01	新飞科技		¥20,000.00	2012-11-11	90	2013-2-9	否					
4	k02	康城实业		¥5,000.00	2010-10-13	80	2011-1-1	是					
5	k03	河南实业		¥5,000.00	2011-1-2	30	2011-2-1	是					
6	k04	天美服饰		¥4,000.00	2011-12-24	30	2012-1-23	是					
7	k05	宝家商场		¥200,000.00	2012-6-23	20	2012-7-13	是					
8	k06	新兴大厦		¥10,000.00	2012-6-3	30	2012-7-3	是					
9	k07	宜家房产		¥1,000.00	2012-6-2	90	2012-8-31	是					
10	k08	快乐超市		¥500.00	2012-8-1	90	2012-10-30	是					
11	应收金额合计												
12							今天日期:		2012-12-11				

图 7-13 应收账款按账龄分类

（2）单击 I3 单元格，在公式编辑栏内输入公式“=IF（I12－G3<0，D3，"—"）”。

（3）单击 J3 单元格，在公式编辑栏内输入公式“=IF（AND（I12-G3>0，I12－G3<=60），D3，"—"）”。

（4）单击 K3 单元格，在公式编辑栏内输入公式“=IF（AND（I12－G3>61，I12－G3<=120），D3，"—"）”。

（5）单击 L3 单元格，在公式编辑栏内输入公式“=IF（AND（I12－G3>121，I12－G3<=365），D3，"—"）”。

（6）单击 M3 单元格，在公式编辑栏内输入公式“=IF（AND（I12－G3>366，I12－G3<=730），D3，"—"）”。

IF 函数的含义在于，若满足账龄判断条件，则返回值为该笔应收款的金额，若不满足条件则返回值为“—”。

（7）利用 IF 函数将其他应收账款分别进行账龄的分类，并设置显示货币符号（如图 7-14 所示）。

I3　=IF(I12-G3<0,D3,"—")

行	A	B	C	D	E	F	G	H	I	J	K	L	M
1	应收款项表												
2	客户代码	客户名称	发票号码	应收款金额	开票日期	收款期限（天）	到期日	是否到期	未到期	0～60天	61～120天	121～365天	366～730天
3	k01	新飞科技		¥20,000.00	2012-11-11	90	2013-2-9	否	¥20,000.00	—	—	—	—
4	k02	康城实业		¥5,000.00	2010-10-13	80	2011-1-1	是	—	—	—	—	¥5,000.00
5	k03	河南实业		¥5,000.00	2011-1-2	30	2011-2-1	是	—	—	—	—	¥5,000.00
6	k04	天美服饰		¥4,000.00	2011-12-24	30	2012-1-23	是	—	—	—	¥4,000.00	—
7	k05	宝家商场		¥200,000.00	2012-6-23	20	2012-7-13	是	—	—	—	¥200,000.00	—
8	k06	新兴大厦		¥10,000.00	2012-6-3	30	2012-7-3	是	—	—	—	¥10,000.00	—
9	k07	宜家房产		¥1,000.00	2012-6-2	90	2012-8-31	是	—	—	¥1,000.00	—	—
10	k08	快乐超市		¥500.00	2012-8-1	90	2012-10-30	是	—	¥500.00	—	—	—
11	应收金额合计												
12							今天日期:		2012-12-11				

图 7-14　应收款金额按账龄分类

（8）单击 I11 单元格，在公式编辑栏输入公式“= SUM（I3 : I10）”后按回车键，在 I11 单元格即显示为未到期的应收款相加。

（9）利用自动填充功能将公式复制到 J11、K11、L11、M11，将各个不同账龄区间的应收款相加填入这几个单元格（如图 7-15 所示）。

I11　=SUM(I3:I10)

行	A	B	C	D	E	F	G	H	I	J	K	L	M
1	应收款项表												
2	客户代码	客户名称	发票号码	应收款金额	开票日期	收款期限（天）	到期日	是否到期	未到期	0～60天	61～120天	121～365天	366～730天
3	k01	新飞科技		¥20,000.00	2012-11-11	90	2013-2-9	否	¥20,000.00	—	—	—	—
4	k02	康城实业		¥5,000.00	2010-10-13	80	2011-1-1	是	—	—	—	—	¥5,000.00
5	k03	河南实业		¥5,000.00	2011-1-2	30	2011-2-1	是	—	—	—	—	¥5,000.00
6	k04	天美服饰		¥4,000.00	2011-12-24	30	2012-1-23	是	—	—	—	¥4,000.00	—
7	k05	宝家商场		¥200,000.00	2012-6-23	20	2012-7-13	是	—	—	—	¥200,000.00	—
8	k06	新兴大厦		¥10,000.00	2012-6-3	30	2012-7-3	是	—	—	—	¥10,000.00	—
9	k07	宜家房产		¥1,000.00	2012-6-2	90	2012-8-31	是	—	—	¥1,000.00	—	—
10	k08	快乐超市		¥500.00	2012-8-1	90	2012-10-30	是	—	¥500.00	—	—	—
11	应收金额合计								¥20,000.00	¥500.00	¥1,000.00	¥214,000.00	¥10,000.00
12							今天日期:		2012-12-11				

图 7-15　统计逾期的应收账款

项目活动二　应收账款账龄分析表的创建

应收账款账龄分析是在应收账款的日常管理中，企业通过掌握的每个客户的应收账款的账龄，并依据账龄的长短来合理制定应收账款的催收制度和进行坏账准备提取，具体分析步骤如下：

（1）双击 Sheet3，将 Sheet3 重命名为“应收款账龄分析表”，并输入相关内容。

（2）选择“应收款项表”工作表中 I2 : M2 区域，单击右键复制。

（3）单击“应收款账龄分析表”工作表中 A4 单元格，单击右键选择【选择性粘贴】，在弹出的对话框中选择“粘贴” - “数值”、“运算” - “无”、“转置”前的方框内打钩，这样就将账龄区域垂直复制到 A4 : A8 区域（如图 7-16 所示）。

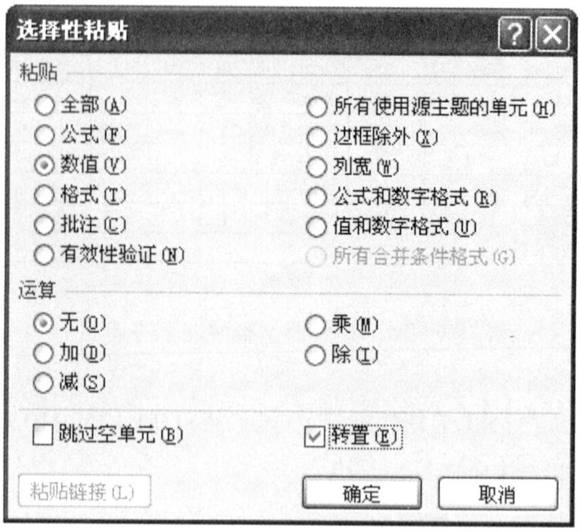

图 7-16　选择性粘贴账龄

（4）输入应收款金额，方法同账龄输入方法，在 B9 单元格运用 SUM 函数计算应收款金额合计，最后的结果如图 7-17 所示。

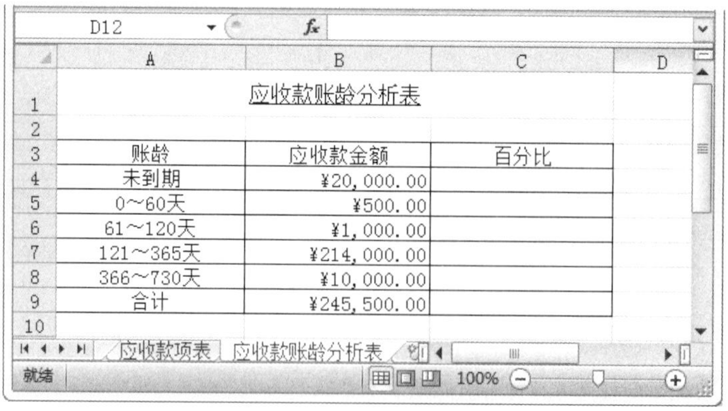

应收款账龄分析表

账龄	应收款金额	百分比
未到期	¥20,000.00	
0～60天	¥500.00	
61～120天	¥1,000.00	
121～365天	¥214,000.00	
366～730天	¥10,000.00	
合计	¥245,500.00	

图 7-17　应收款账龄分析表设置

（5）单击 C4 单元格，在公式编辑栏内输入公式“= B4/B9”，按回车键后即显示结果。

应收款账龄分析主要是分析不同账龄的应收款在总应收款中所占的比例，因此，在应收款账龄分析表内的“百分比”一栏中为不同账龄区内的应收款占应收款合计的比例。

（6）在【开始】选项卡上单击【数字】组旁边的【设置单元格格式】，在弹出的【设置单元格格式】对话框中，“分类”选择“百分比”，“小数位数”选择“2”。

（7）将整个 C 列各个账龄按此方法计算相应的百分比（如图 7-18 所示）。

C4　=B4/B9

应收款账龄分析表

账龄	应收款金额	百分比
未到期	¥20,000.00	8.15%
0～60天	¥500.00	0.20%
61～120天	¥1,000.00	0.41%
121～365天	¥214,000.00	87.17%
366～730天	¥10,000.00	4.07%
合计	¥245,500.00	100.00%

应收款项表　应收款账龄分析表

平均值: 33.33%　计数: 6　求和: 200.00%　100%

图 7-18　应收款账龄分析表

项目活动三　坏账准备计提

坏账准备的核算方法一般有两种：直接转销法和备抵法。我国《企业会计制度》规定，企业只能采用备抵法核算坏账准备。备抵法是按期估计坏账损失，形成坏账准备。当某一应收账款全部或部分被确认为坏账时，应根据金额冲减坏账准备，同时转销相应的应收账款金额。

使用备抵法对坏账损失进行估计的方法有余额百分比法、账龄分析法、赊销百分比法和个别认定法四种方法。假设该企业 2012 年 12 月 11 日“坏账准备”科目余额为贷方金额 4 023 元，使用账龄分析法对坏账损失进行估计，具体步骤如下：

（1）插入新的工作表，重命名为“坏账准备计提表”，并将应收款的账龄和应收款金额录入（如图 7-19 所示）。

（2）录入估计损失比率（如图 7-19 所示）。

D2　=B2*C2

账龄	应收款金额	估计损失	估计损失金额
未到期	20000	0.50%	¥100.00
0～60	500	1.00%	¥5.00
61～120	1000	2.00%	¥20.00
121～365	214000	3.00%	¥6,420.00
366～730	10000	5.00%	¥500.00
合计	245500		¥7,045.00

往来客户表　应收款项表　应收款账龄分析表

选定目标区域，然后按 ENTER 或选择“粘贴”　100%

图 7-19　坏账准备计提表

（3）单击 D2 单元格，在公式编辑栏内输入公式“=B2*C2”（估计损失金额 = 应收款金额 × 估计损失比率），按回车键后即显示结果。

（4）利用自动填充功能计算不同账龄应收款的估计损失金额（如图 7-19 所示）。

（5）如图 7-19 所示，企业计算出的 2012 年 12 月 11 日“坏账准备”的账面金额应为 7 045 元，企业要根据前期“坏账准备”科目的账面余额来计算本期应入账金额。原有坏账准备贷方余额为 4 023 元，所以本期调整分录的金额为 7 035－4 023＝3 012（元）。企业应做如下调整分录：

借：资产减值损失　　3 012

　　贷：坏账准备　　3 012

工作任务三　建立应收票据账期金额分析图

票据是由出票人无条件地承诺由自己或委托他人支付一定金额的有价证券。按照票据法的规定，票据包括汇票、本票和支票三种。随着市场经济的迅速发展和社会竞争的加剧，越来越多的企业已经采取通过票据实现应收、应付款的商业往来，因此，对票据实行管理就越发显得重要。

应收票据是指企业在采用商业汇票结算方式时，因销售商品、产品或提供劳务而收到的商业汇票。对应收票据实施管理的第一步就是建立应收票据账期数据。假设在工作任务三中的应收款都由商业汇票支付，对应收票据金额分析的步骤如下：

（1）选择“应收款项表”中需要分析的单元格区域 I2 : M2 和 I11 : M11，在【插入】选项卡上【图表】组中单击【柱形图】选择【三维堆积柱形图】，将鼠标指针停留在图表类型或图表子类型上时，屏幕提示将显示图表类型的名称（如图 7-20 所示）。生成的效果图如图 7-21 所示。

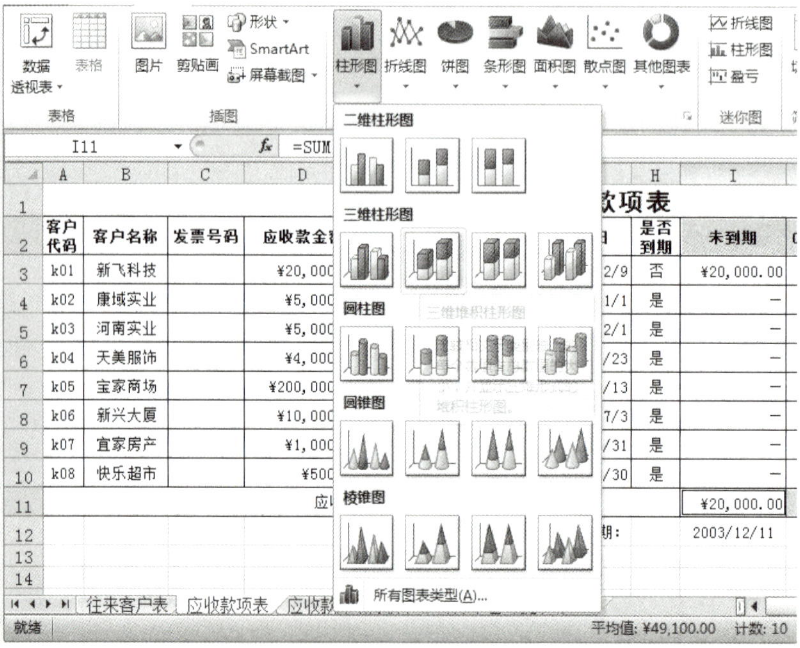

图 7-20　选择图表类型

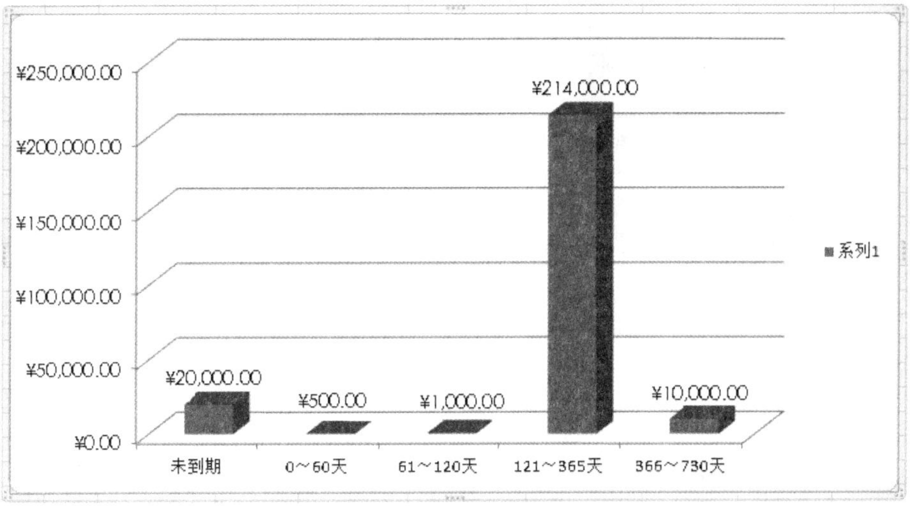

图 7-21　插入图表

（2）单击图表中的任意位置，将显示【图表工具】，其中包含【设计】、【布局】和【格式】选项卡，在【布局】选项卡上【标签】组中单击【图表标题】，选择“居中覆盖标题”或“图表上方”，为图表添加标题“应收票据账期分析图”；单击“坐标轴标题”为图表添加横坐标轴标题为“到期天数”，纵坐标轴标题为“应收金额”；单击“数据标签”选择“显示”标签（如图 7-22 所示）。

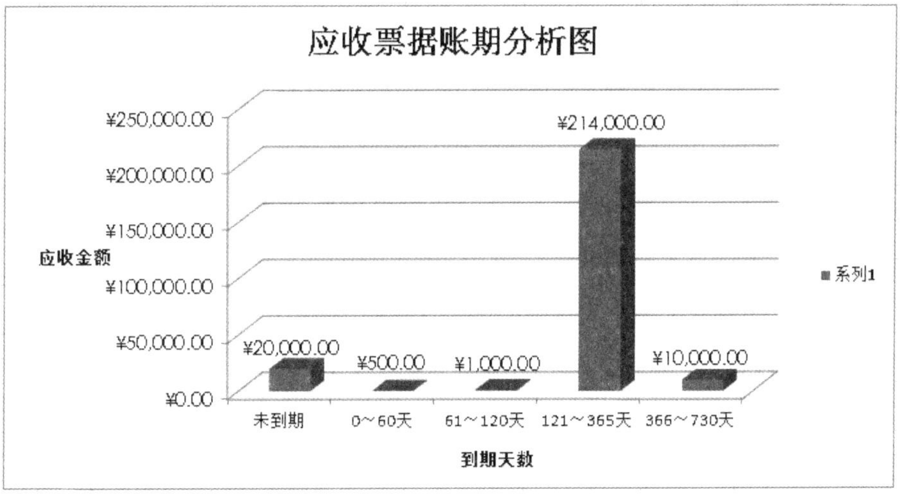

图 7-22　添加标题、坐标轴、数据标签信息

（3）在图表工具【格式】选项卡上【形状样式】组中可以为图表选择各种边框颜色以及背景填充效果等，也可以单击【形状样式】旁边的对话框启动器弹出【设置图表区格式】对话框，按需要设置图表格式（如图 7-23、图 7-24 所示）。

图 7-23 图表格式

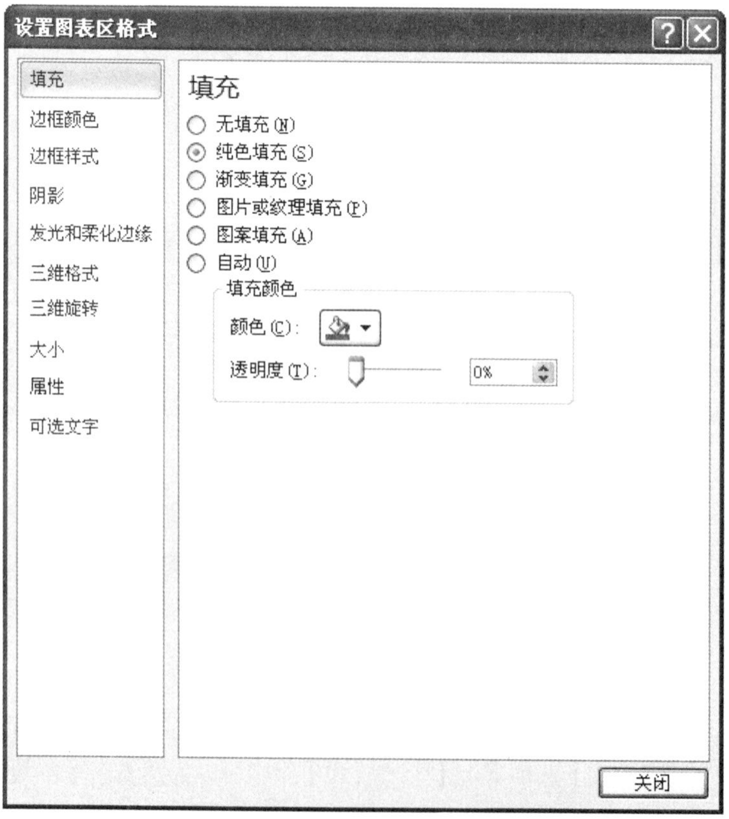

图 7-24 设置图表区格式

（4）单击【关闭】后效果如图 7–25 所示。

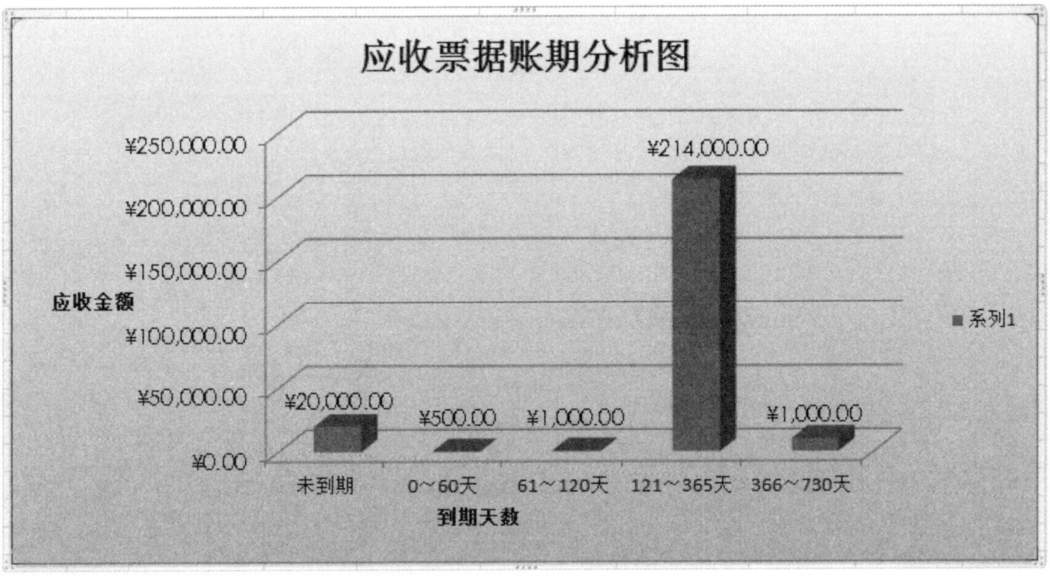

图 7–25　边框、背景设置

（5）双击图表中的任意柱形，在弹出的【设置数据点格式】对话框中进行柱形颜色、边框等设置（如图 7–26 所示）。

图 7–26　设置数据点格式

（6）设置完毕后单击【关闭】，并对其他柱形图进行设置，效果如图 7-27 所示。

图 7-27　柱形图设置

（7）默认情况下，图表作为嵌入图表（内嵌图表：置于工作表中而不是单独的图表工作表中的图表。当要在一个工作表中查看或打印图表或数据透视图及其源数据或其他信息时，内嵌图表非常有用）放入工作表。如果要将图表放在单独的图表工作表（图表工作表：工作簿中只包含图表的工作表。当希望单独查看图表或数据透视图（独立于工作表数据或数据透视表）时，图表工作表非常有用）中，则可以通过【图表工具】中【设计】选项卡上【位置】组中单击【移动图表】，在弹出的对话框中选择“新工作表”，输入新工作表名称“应收票据分析”（如图 7-28 所示）。

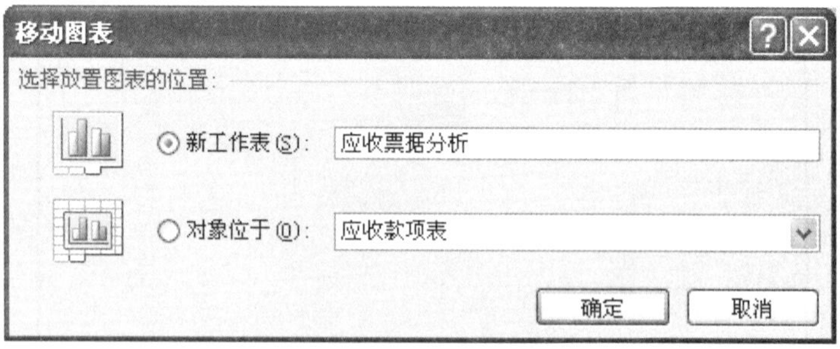

图 7-28　移动图表

（8）单击【确定】后效果如图 7-29 所示。

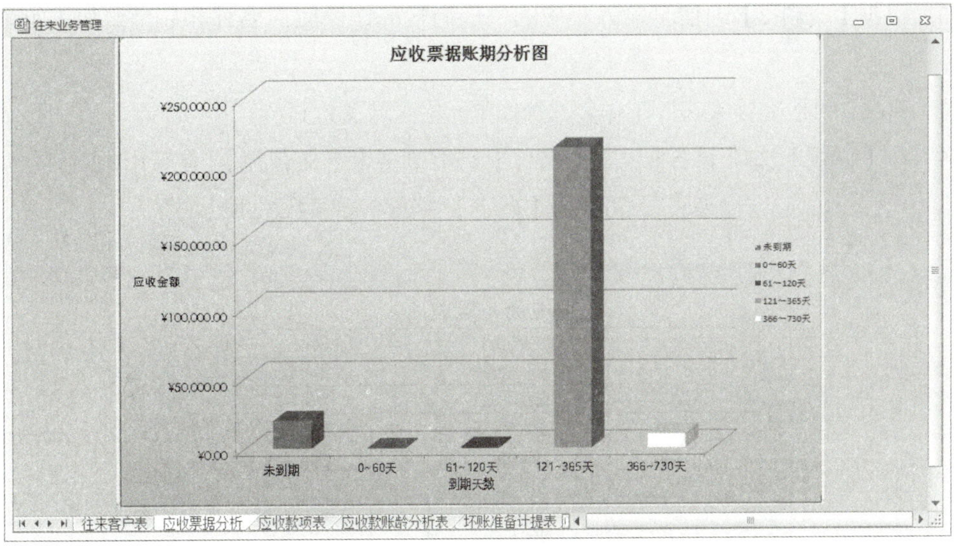

图 7-29　建立应收票据账期分析表

工作任务四　应付款项表的创建

项目活动一　应付款项表的建立

应付账款是指企业因购买材料、商品或接受劳务等应当支付给货物提供者或劳务提供者的款项，是在商品交易中买方先取货后付款时发生的一种信用形式。企业要避免财务危机、维护企业信誉，就一定要加强应付账款的管理。建立步骤如下：

（1）在“项目七往来账款管理实务”工作簿中插入一张新的工作表，将其调整到合适的位置并重命名为“供应商往来表”。

（2）根据【资料 2】中应付账款情况表的内容输入相应的内容（如图 7-30 所示）。

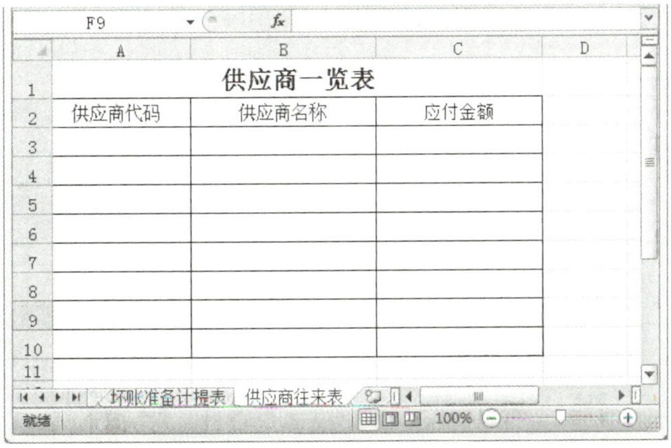

图 7-30　创建供应商一览表

（3）根据【资料2】的信息输入相应的供应商代码、供应商名称和应付金额（如图7-31所示）。

（4）单击“供应商往来表”工作表，选择单元格区域A3：C10。

（5）在【公式】选项卡上【定义的名称】组中单击【定义名称】，在弹出的对话框中，在“名称”中输入“供应商往来表”，再单击【确定】按钮（如图7-32所示）。

供应商代码	供应商名称	应付金额
G01	诺亚电脑	¥50,000
G02	历程电路	¥3,000
G03	正大机电	¥12,000
G04	民生百货	¥8,000
G05	天天实业	¥100,000
G06	立新百货	¥40,000
G07	南方集团	¥11,000
G08	利民实业	¥4,300

图7-31 输入相应的内容

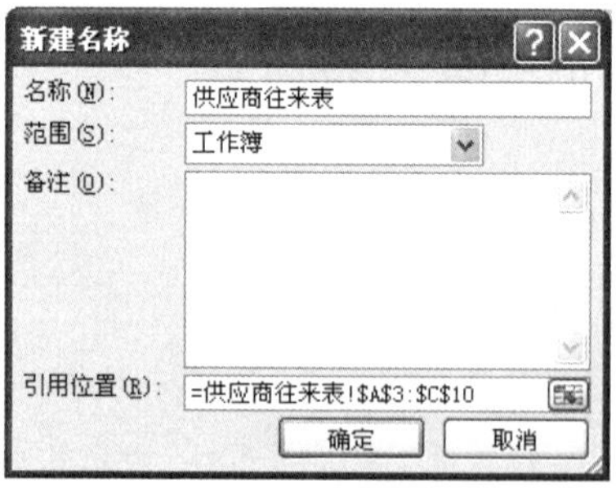

图7-32 定义往来客户表名称

（6）在“项目七往来账款管理实务”工作簿中插入一张新的工作表，将其调整到合适的位置并重命名为“应付款项表”，输入【资料2】中的相应内容（如图7-33所示）。

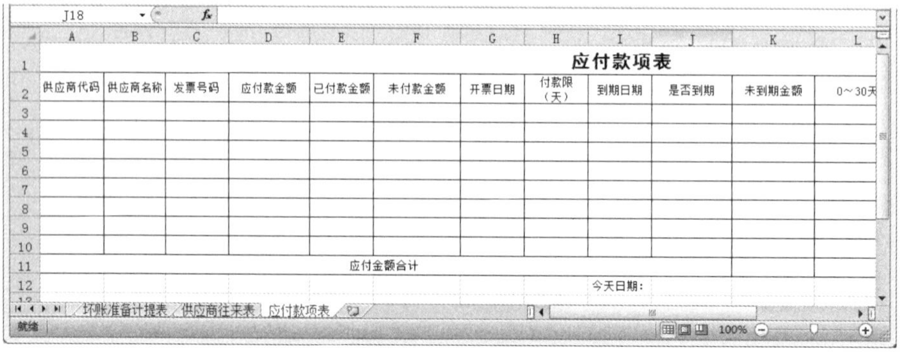

图7-33 应付款项表设置

（7）单击 B3 单元格，应用 Vlookup 函数，提取“供应商往来表”中的供应商名称和应付款金额，函数参数选择如图 7-34、图 7-35 所示。再使用自动填充功能录入其他单元格的数字。

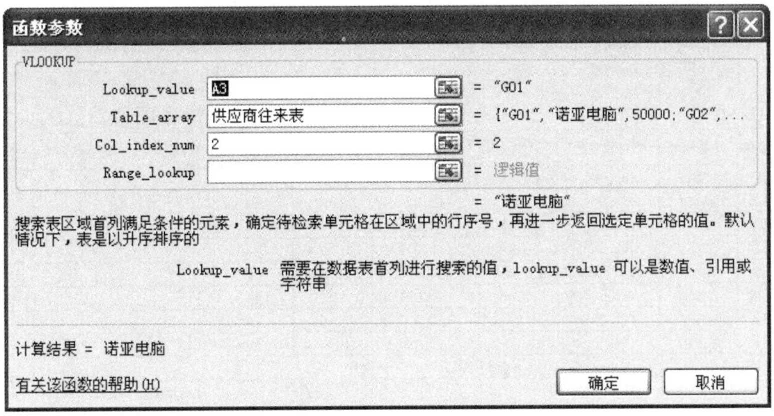

图 7-34　提取供应商往来表中的供应商名称

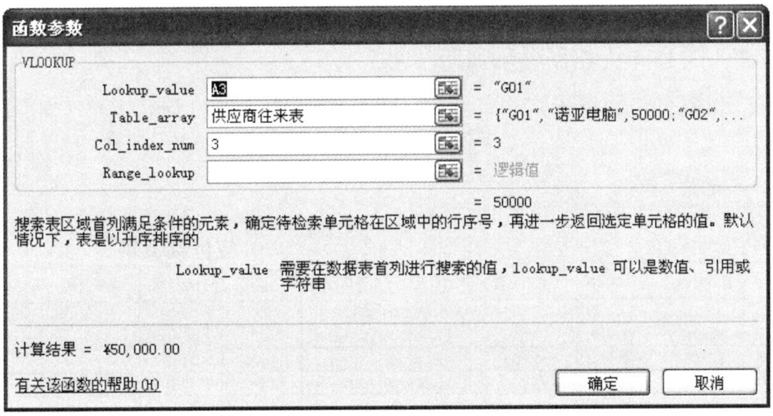

图 7-35　提取供应商往来表中的应付款金额

（8）根据【资料 2】所给的数据输入“应付款项表”的其他内容（如图 7-36 所示）。

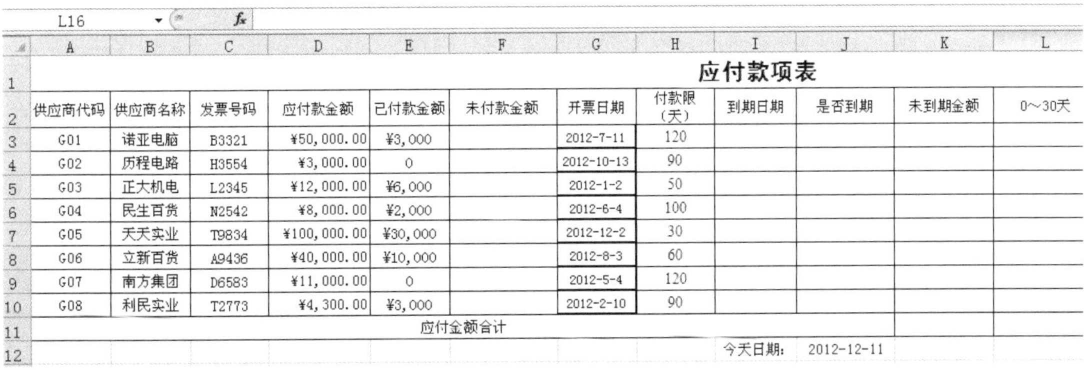

	A	B	C	D	E	F	G	H	I	J	K	L
1								应付款项表				
2	供应商代码	供应商名称	发票号码	应付款金额	已付款金额	未付款金额	开票日期	付款限（天）	到期日期	是否到期	未到期金额	0～30天
3	G01	诺亚电脑	B3321	¥50,000.00	¥3,000		2012-7-11	120				
4	G02	历程电路	H3554	¥3,000.00	0		2012-10-13	90				
5	G03	正大机电	L2345	¥12,000.00	¥6,000		2012-1-2	50				
6	G04	民生百货	N2542	¥8,000.00	¥2,000		2012-6-4	100				
7	G05	天天实业	T9834	¥100,000.00	¥30,000		2012-12-2	30				
8	G06	立新百货	A9436	¥40,000.00	¥10,000		2012-8-3	60				
9	G07	南方集团	D6583	¥11,000.00	0		2012-5-4	120				
10	G08	利民实业	T2773	¥4,300.00	¥3,000		2012-2-10	90				
11						应付金额合计						
12									今天日期：	2012-12-11		

图 7-36　应付款项表数据录入

（9）单击F3单元格，在公式编辑栏输入公式“=D3－E3”（未付款金额=应付款金额－已付款金额），单击回车键，则在F3单元格计算出未付款金额。

（10）利用自动填充功能将该列其他供应商的未付款金额计算出来（如图7-37所示）。

F3 fx =D3-E3

	A	B	C	D	E	F	G	H	I	J	K	L
1									未付款项表			
2	供应商代码	供应商名称	发票号码	应付款金额	已付款金额	未付款金额	开票日期	付款限（天）	到期日期	是否到期	未到期金额	0～30天
3	G01	诺亚电脑	B3321	¥50,000.00	¥3,000	¥47,000.00	2012-7-11	120				
4	G02	历程电路	H3554	¥3,000.00	0	¥3,000.00	2012-10-13	90				
5	G03	正大机电	L2345	¥12,000.00	¥6,000	¥6,000.00	2012-1-2	50				
6	G04	民生百货	N2542	¥8,000.00	¥2,000	¥6,000.00	2012-6-4	100				
7	G05	天天实业	T9834	¥100,000.00	¥30,000	¥70,000.00	2012-12-2	30				
8	G06	立新百货	A9436	¥40,000.00	¥10,000	¥30,000.00	2012-8-3	60				
9	G07	南方集团	D6583	¥11,000.00	0	¥11,000.00	2012-5-4	120				
10	G08	利民实业	T2773	¥4,300.00	¥3,000	¥1,300.00	2012-2-10	90				
11					未付金额合计		(Ctrl)					
12									今天日期：	2012-12-11		

图7-37 计算未付款金额

（11）单击I3单元格，在公式编辑栏中输入公式“=G3+H3”（到期日期=开票日期+付款期），按回车键，则I3单元格便显示到期日期。

（12）使用自动填充功能将该列的其他供应商应付款项到期日计算出来（如图7-38所示）。

I3 fx =G3+H3

	A	B	C	D	E	F	G	H	I	J	K	L
1									应付款项表			
2	供应商代码	供应商名称	发票号码	应付款金额	已付款金额	未付款金额	开票日期	付款限（天）	到期日期	是否到期	未到期金额	0～30天
3	G01	诺亚电脑	B3321	¥50,000.00	¥3,000	¥47,000.00	2012-7-11	120	2012-11-8			
4	G02	历程电路	H3554	¥3,000.00	0	¥3,000.00	2012-10-13	90	2013-1-11			
5	G03	正大机电	L2345	¥12,000.00	¥6,000	¥6,000.00	2012-1-2	50	2012-2-21			
6	G04	民生百货	N2542	¥8,000.00	¥2,000	¥6,000.00	2012-6-4	100	2012-9-12			
7	G05	天天实业	T9834	¥100,000.00	¥30,000	¥70,000.00	2012-12-2	30	2013-1-1			
8	G06	立新百货	A9436	¥40,000.00	¥10,000	¥30,000.00	2012-8-3	60	2012-10-2			
9	G07	南方集团	D6583	¥11,000.00	0	¥11,000.00	2012-5-4	120	2012-9-1			
10	G08	利民实业	T2773	¥4,300.00	¥3,000	¥1,300.00	2012-2-10	90	2012-5-10			
11					应付金额合计							
12									今天日期：	2012-12-11		

图7-38 计算应付款到期日

项目活动二 判断应付款项是否到期

假设当前日期为2012年12月11日（J12单元格），利用IF函数，判断各个客户的应付款是否到期，如果I列的日期小于当前日期，则该应付账款到期；如果I列的日期大于当前日期，则该应付账款未到期。具体步骤如下：

（1）单击J3单元格，在公式编辑栏中输入“=IF（I3<J12，"是"，"否"）”，按回车键后显示是否到期。

（2）运用同样的方法判断 J 列各个供应商的应付款项是否到期（如图 7-39 所示）。

J3　fx =IF(I3<J12,"是","否")

	A	B	C	D	E	F	G	H	I	J	K	L
1									应付款项表			
2	供应商代码	供应商名称	发票号码	应付款金额	已付款金额	未付款金额	开票日期	付款限（天）	到期日期	是否到期	未到期金额	0～30天
3	G01	诺亚电脑	B3321	¥50,000.00	¥3,000	¥47,000.00	2012-7-11	120	2012-11-8	是		
4	G02	历程电路	H3554	¥3,000.00	0	¥3,000.00	2012-10-13	90	2013-1-11	否		
5	G03	正大机电	L2345	¥12,000.00	¥6,000	¥6,000.00	2012-1-2	50	2012-2-21	是		
6	G04	民生百货	N2542	¥8,000.00	¥2,000	¥6,000.00	2012-6-4	100	2012-9-12	是		
7	G05	天天实业	T9834	¥100,000.00	¥30,000	¥70,000.00	2012-12-2	30	2013-1-1	否		
8	G06	立新百货	A9436	¥40,000.00	¥10,000	¥30,000.00	2012-8-3	60	2012-10-2	是		
9	G07	南方集团	D6583	¥11,000.00	0	¥11,000.00	2012-5-4	120	2012-9-1	是		
10	G08	利民实业	T2773	¥4,300.00	¥3,000	¥1,300.00	2012-2-10	90	2012-5-10	是		
11						应付金额合计						
12									今天日期：	2012-12-11		

图 7-39　应付款项到期判断

工作任务五　应付账款账龄分析表

项目活动一　应付账款账龄设置

应付账款账龄分析是依据企业每一笔应付账款的账龄划分账龄组的，那么，当企业拖欠不同供应商多笔应付账款中存在多种账龄时，所拖欠的应付而未付的账款就可能会被划分为不同的账龄组。具体设置步骤如下：

（1）在 K2 : O2 等单元格输入企业应付账款的账龄区间，分为“未到期金额”、“0～30 天”、“31～60 天”、“61～90 天”、“90 天以上”等几个时间区间（如图 7-40 所示）。

H	I	J	K	L	M	N	O
应付款项表							
付款限（天）	到期日期	是否到期	未到期金额	0～30天	31～60天	61～90天	90天以上
120	2012-11-8	是					
90	2013-1-11	否					
50	2012-2-21	是					
100	2012-9-12	是					
30	2013-1-1	否					
60	2012-10-2	是					
120	2012-9-1	是					
90	2012-5-10	是					
	今天日期：	2012-12-11					

图 7-40　应付账款按账龄分类

（2）单击 K3 单元格，在公式编辑栏内输入公式“=IF（I3−J12<0，"—"，F3）”。

（3）单击 L3 单元格，在公式编辑栏内输入公式“=IF（AND（J12−I3>0，J12−I3<=30），F3，"—"）”

（4）单击 M3 单元格，在公式编辑栏内输入公式“=IF（AND（J12−I3>30，J12−I3<=60），F3，"—"）”

（5）单击 N3 单元格，在公式编辑栏内输入公式“=IF（AND（J12−I3>60，J12−I3<=90），F3，"—"）”

（6）单击 O3 单元格，在公式编辑栏内输入公式“=IF（J12−I3>90，F3，"—"）”

IF 函数的含义在于，若满足账龄判断条件，则返回值为该笔应付款的未付款金额，若不满足条件则返回值为“—”。

（7）运用同样的方法设置其他供应商应付账款的不同账龄分类，并通过单元格格式设置显示货币符号（如图 7-41 所示）。

K3 =IF(I3-J12<0,"—",F3)

应付款项表

供应商代码	供应商名称	发票号码	应付款金额	已付款金额	未付款金额	开票日期	付款限（天）	到期日期	是否到期	未到期金额	0～30天	31～60天	61～90天	90天以上
G01	诺亚电脑	B3321	¥50,000.00	¥3,000	¥47,000.00	2012-7-11	120	2012-11-8	是	—	—	¥47,000.00	—	—
G02	历程电路	H3554	¥3,000.00	0	¥3,000.00	2012-10-13	90	2013-1-11	否	¥3,000.00	—	—	—	—
G03	正大机电	L2345	¥12,000.00	¥6,000	¥6,000.00	2012-1-2	50	2012-2-21	是	—	—	—	—	¥6,000.00
G04	民生百货	N2542	¥8,000.00	¥2,000	¥6,000.00	2012-6-4	100	2012-9-12	是	—	—	—	¥6,000.00	—
G05	天天实业	T9834	¥100,000.00	¥30,000	¥70,000.00	2012-12-2	30	2013-1-1	否	¥70,000.00	—	—	—	—
G06	立新百货	A9436	¥40,000.00	¥10,000	¥30,000.00	2012-8-3	60	2012-10-2	是	—	—	—	¥30,000.00	—
G07	南方集团	D6583	¥11,000.00	0	¥11,000.00	2012-5-4	120	2012-9-1	是	—	—	—	—	¥11,000.00
G08	利民实业	T2773	¥4,300.00	¥3,000	¥1,300.00	2012-2-10	90	2012-5-10	是	—	—	—	—	¥1,300.00
应付金额合计														
							今天日期：	2012-12-11						

图 7-41 应收款金额按账龄分类

（8）单击 K11 单元格，在公式编辑栏输入公式“=SUM（K3：K10）”后按回车键，在 K11 单元格即显示为将未到期的应付款金额相加。

（9）利用自动填充功能将公式复制到 L11、M11、N11、O11，将各个不同账龄区间的应付款相加填入这几个单元格，如图 7-42 所示。

K11 =SUM(K3:K10)

应付款项表

供应商代码	供应商名称	发票号码	应付款金额	已付款金额	未付款金额	开票日期	付款限（天）	到期日期	是否到期	未到期金额	0～30天	31～60天	61～90天	90天以上
G01	诺亚电脑	B3321	¥50,000.00	¥3,000	¥47,000.00	2012-7-11	120	2012-11-8	是	—	—	¥47,000.00	—	—
G02	历程电路	H3554	¥3,000.00	0	¥3,000.00	2012-10-13	90	2013-1-11	否	¥3,000.00	—	—	—	—
G03	正大机电	L2345	¥12,000.00	¥6,000	¥6,000.00	2012-1-2	50	2012-2-21	是	—	—	—	—	¥6,000.00
G04	民生百货	N2542	¥8,000.00	¥2,000	¥6,000.00	2012-6-4	100	2012-9-12	是	—	—	—	¥6,000.00	—
G05	天天实业	T9834	¥100,000.00	¥30,000	¥70,000.00	2012-12-2	30	2013-1-1	否	¥70,000.00	—	—	—	—
G06	立新百货	A9436	¥40,000.00	¥10,000	¥30,000.00	2012-8-3	60	2012-10-2	是	—	—	—	¥30,000.00	—
G07	南方集团	D6583	¥11,000.00	0	¥11,000.00	2012-5-4	120	2012-9-1	是	—	—	—	—	¥11,000.00
G08	利民实业	T2773	¥4,300.00	¥3,000	¥1,300.00	2012-2-10	90	2012-5-10	是	—	—	—	—	¥1,300.00
应付金额合计										¥73,000.00	¥0.00	¥47,000.00	¥36,000.00	¥18,300.00

图 7-42 统计逾期的应付账款未付款金额

项目活动二　应付账款账龄分析表的创建

应付款账龄分析主要是分析不同账龄的应付款未付金额在总应付款未付金额中所占的比例。因此，在“应付款账龄分析表”内的“百分比”一栏中为不同账龄区内的应付款未付金额占应付款未付金额合计的比例，具体操作步骤如下：

（1）在“项目七往来账款管理实务”工作簿中插入一张新的工作表，将其调整到合适的位置并重命名为“应付款账龄分析表”，并输入账龄分析表有关内容（如图 7-43 所示）。

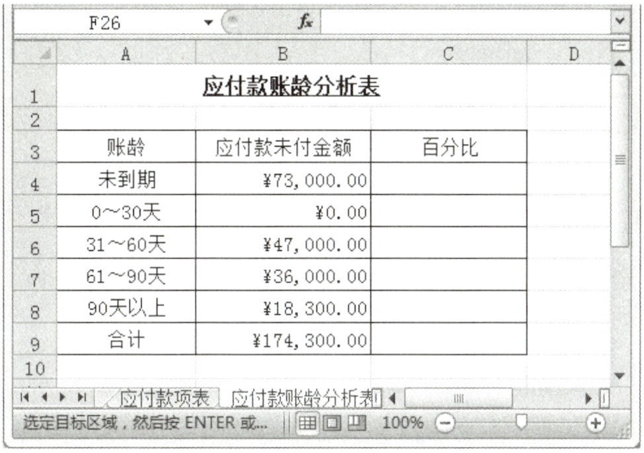

账龄	应付款未付金额	百分比
未到期	¥73,000.00	
0～30天	¥0.00	
31～60天	¥47,000.00	
61～90天	¥36,000.00	
90天以上	¥18,300.00	
合计	¥174,300.00	

图 7-43　应付款账龄分析表设置

（2）单击 C4 单元格，在公式编辑栏内输入公式“= B4/B9”，按回车键后即显示结果。此时显示的数据为小数，将其改为分数。修改方法在工作任务二中已做介绍，此处不作赘述。

（3）将整个 C 列其他各个账龄按此方法计算相应的百分比（如图 7-44 所示）。

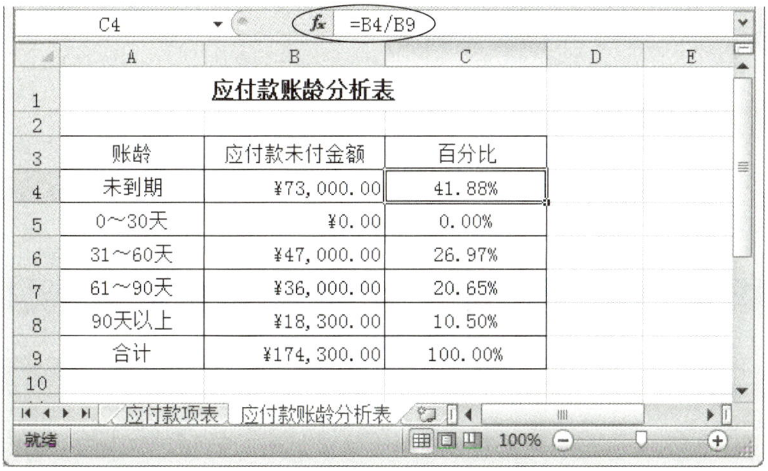

账龄	应付款未付金额	百分比
未到期	¥73,000.00	41.88%
0～30天	¥0.00	0.00%
31～60天	¥47,000.00	26.97%
61～90天	¥36,000.00	20.65%
90天以上	¥18,300.00	10.50%
合计	¥174,300.00	100.00%

图 7-44　应付款账龄分析表

工作任务六　建立应付账款账期金额分析图

在对应付款进行了详细的分析之后，为了能够更直观、清楚地了解应付款账期金额的分析情况，还需要创建一个应付款账期金额分析表，以图表的形式展现账期金额情况。具体建立步骤如下：

（1）选择“应付款项表”中需要分析的单元格区域 K2 : O2 和 K11 : O11，在【插入】选项卡上【图表】组中单击【条形图】选择【簇状条形图】，生成的效果图如图 7-45 所示。

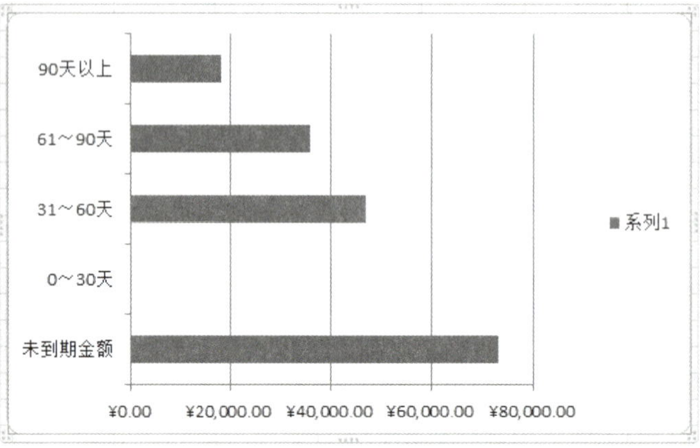

图 7-45　插入图表

（2）在图表工具【设计】选项卡上有【图表布局】、【图表样式】等组，可为图表选择合适的布局及样式，效果如图 7-46 所示。

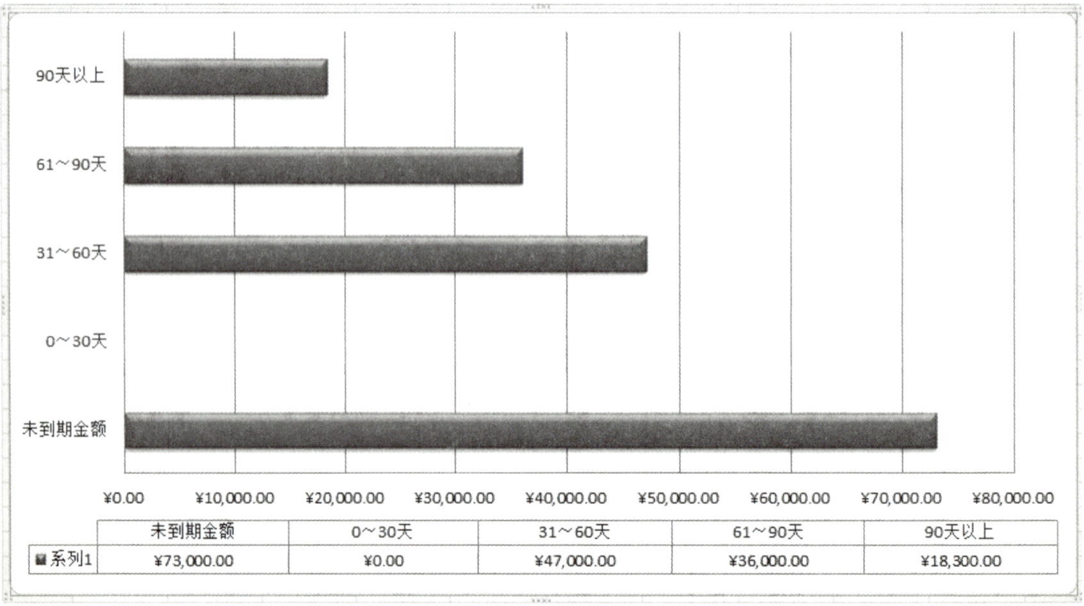

	未到期金额	0～30天	31～60天	61～90天	90天以上
系列1	¥73,000.00	¥0.00	¥47,000.00	¥36,000.00	¥18,300.00

图 7-46　选择图表布局、图表样式

（3）在图表工具【布局】选项卡上为图表添加标题“应付款账龄分析图”，横坐标轴标题为“应付款未付金额”，纵坐标轴标题为“账龄期间”，并按需要类型显示“数据标签”（如图 7-47 所示）。

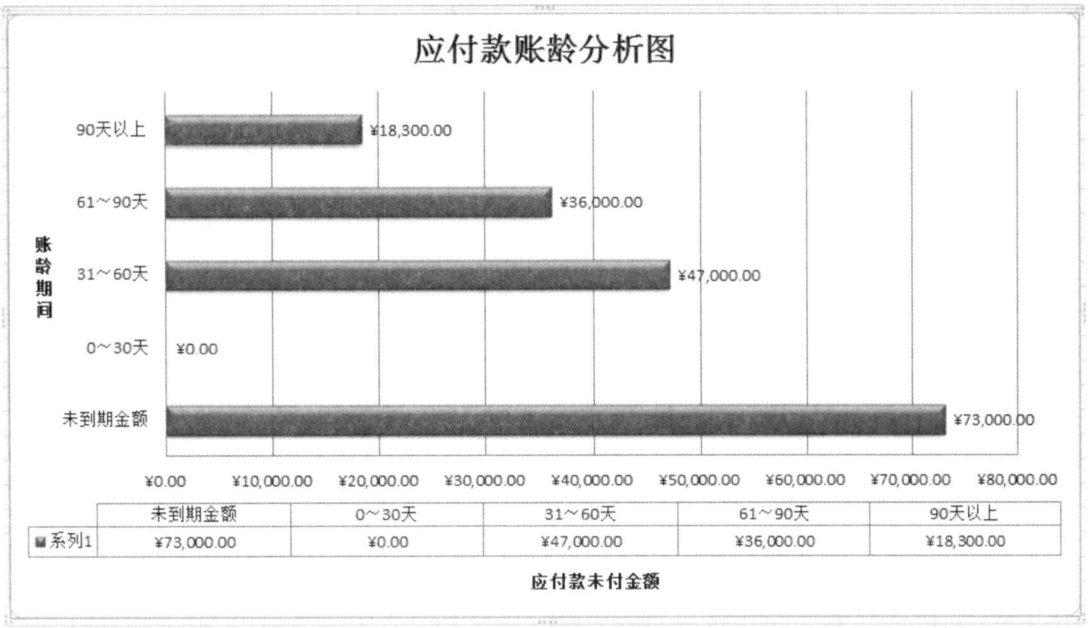

图 7-47　添加标题、坐标轴、数据标签信息

（4）在图表工具【格式】选项卡上为图表设置合适的边框、背景颜色等，效果如图 7-48 所示。

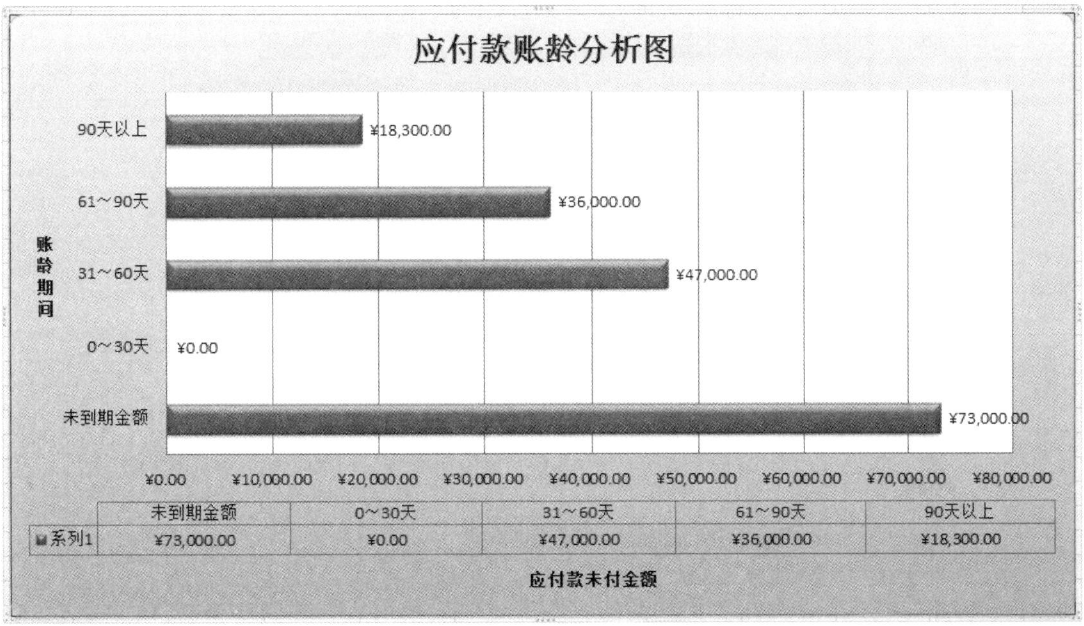

图 7-48　设置图表格式

（5）在图表工具【设计】选项卡上【位置】组中单击【移动图表】，在出现的对话框中选择【新工作表】，输入新工作表名称“应付款分析”，将图表移到新的工作表中（如图 7-49 所示）。

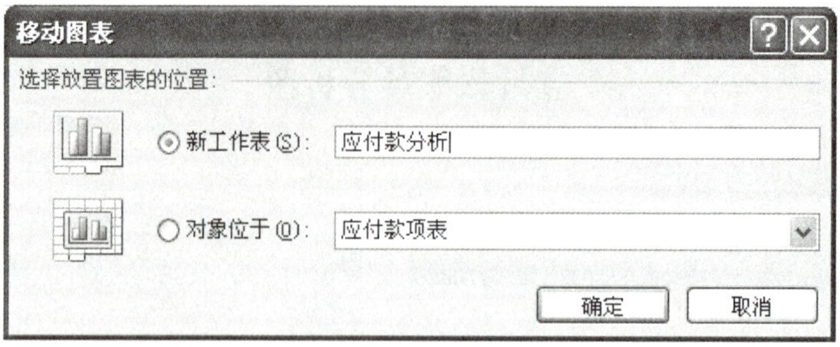

图 7-49　移动图表

（6）单击【确定】后效果如图 7-50 所示。

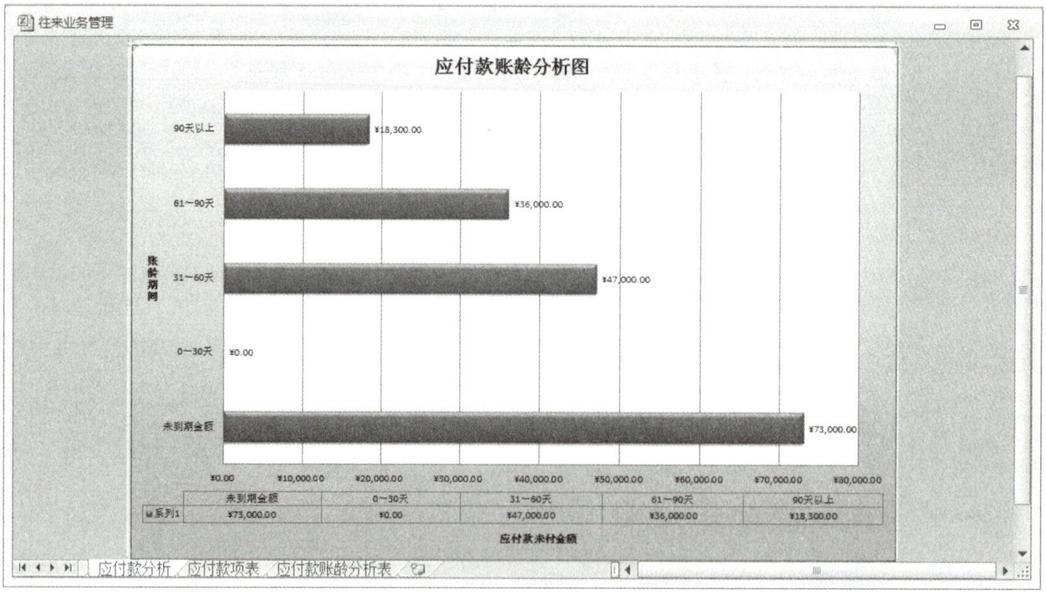

图 7-50　建立应付款分析表

项目总结

经过本项目的学习，要求学生从整体上掌握企业往来账款管理系统的建立思路和方法，通过操作，熟练掌握应收款项表的创建方法，应收账款账龄分析表的编制方法，应收票据账期金额分析图的建立方法，应付款项表的创建方法，应付账款账龄分析表的编制方法，应付账款账期金额分析图的建立方法；培养学生自我学习、信息处理和数字运用等能力，并在学习过程中提高独立解决问题的能力和培养创新的意识。

学习评价

▲专业能力测评表

（在□中打√，A 掌握，B 基本掌握，C 未掌握）

业务能力	评价指标	自测结果	备注
应收款项表的建立	1. 应收款项表的建立 2. 应收款项是否到期的判断	□A　□B　□C □A　□B　□C	
应收款项账龄分析表的建立	1. 应收款项账龄设置 2. 应收款项账龄分析表的创建 3. 坏账准备的计提	□A　□B　□C □A　□B　□C □A　□B　□C	
应收票据账期金额分析图的建立	应收票据账期金额分析图的创建	□A　□B　□C	
应付款项表的建立	1. 应付款项表的建立 2. 应付款项是否到期的判断	□A　□B　□C □A　□B　□C	
应付款项账龄分析表的建立	1. 应付款项账龄设置 2. 应付款项账龄分析表的创建	□A　□B　□C □A　□B　□C	
应付账款账期金额分析图的建立	应付账款账期金额分析图的建立	□A　□B　□C	
教师评语：			
成绩		教师签字	

08

项 目 八

财务分析实务

【工作目标】

财务分析是指在财务报表及相关资料的基础上，通过一定的方法和手段，对财务报表提供的数据进行系统和深入的分析研究，揭示有关指标变动情况及指标间的关系，并进一步分析其形成原因，从而对企业过去的财务状况和经营成果以及未来发展前景作出评价，向报表使用者作出相关决策提供有用的信息。财务分析的方法有很多，本项目的主要内容就是介绍利用 Excel 对企业的财务状况和经营成果进行分析和评价的方法和步骤。

通过完成本项目的四个工作任务，学习者能够进行财务分析系统工作簿的制作，并从中学习掌握 Excel 图表制作与分析、利用公式与函数的基本操作方法。

【工作思路】

本项目的工作思路是建立财务分析系统工作簿，根据某企业的连续几个会计期间的资产负债表和利润表，编制财务状况趋势分析表、结构分析表、财务比率分析表、综合分析表等工作表来达到分析和评价的目的。项目八工作思路如图 8-1 所示。

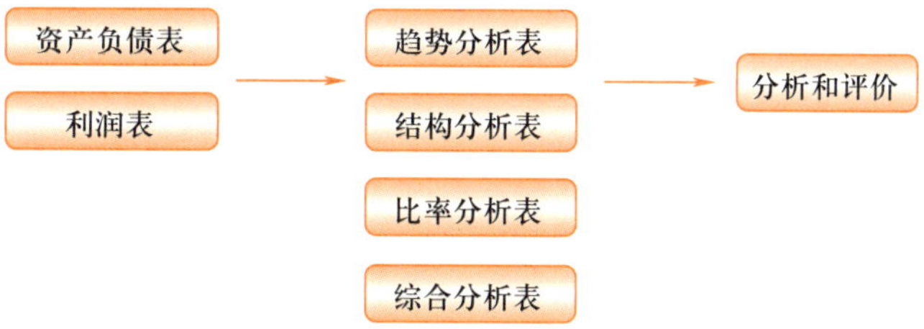

图 8-1　项目八工作思路图示

【背景资料】

某企业为一家中小型工业企业，为进行相应的财务状况与经营成果情况的分析，将企业五年的有关数据提供如下。

【资料 1】2008 年至 2012 年该企业的营业利润如表 8-1 所示。

表 8-1　　2008 年至 2012 年营业利润

年度	2008年	2009年	2010年	2011年	2012年
营业利润	1 000	1 050	1 200	1 085	1 050

【资料 2】2012 年的资产负债表如表 8-2 所示。

表 8-2　　资产负债表

编制单位：×× 企业　　2012 年 12 月 31 日　　单位：万元

资产	行次	期末数	期初数	负债和所有者权益（或股东权益）	行次	期末数	期初数
流动资产：	1			流动负债：	36		
货币资金	2	410	160	短期借款	37	300	225
交易性金融资产	3	30	60	交易性金融负债	38		
应收票据	4	40	55	应付票据	39	25	20
应收账款	5	1 990	995	应付账款	40	500	545
预付账款	6	110	20	预收账款	41	50	20
应收股利	7			应付职工薪酬	42	70	85
应收利息	8			应交税费	43	60	25
其他应收款	9	60	110	应付利息	44		
存货	10	595	1 630	应付股利	45	140	50
其中：消耗性生物资产	11			其他应付款	46	80	85
一年内到期的非流动资产	12	225	0	预计负债	47		
其他流动资产	13			一年内到期的非流动负债	48	250	0
流动资产合计	14	3 460	3 030	其他流动负债	49		
非流动资产：	15			流动负债合计	50	1 475	1 055
可供出售金融资产	16			非流动负债：	51		

续表

资产	行次	期末数	期初数	负债和所有者权益（或股东权益）	行次	期末数	期初数
持有至到期投资	17	150	225	长期借款	52	2 195	1 200
投资性房地产	18			应付债券	53	1 200	1 300
长期股权投资	19			长期应付款	54	250	300
长期应收款	20			专项应付款	55		
固定资产	21	6 190	4 775	递延所得税负债	56		
在建工程	22	50	125	其他非流动负债	57	100	75
工程物资	23			非流动负债合计	58	3 745	2 875
固定资产清理	24	0	60	负债合计	59	5 220	3 930
生产性生物资产	25			所有者权益（或股东权益）：	60		
油气资产	26			实收资本（或股本）	61	500	500
无形资产	27	30	40	资本公积	62	80	50
开发支出	28			盈余公积	63	370	200
商誉	29			未分配利润	64	3 750	3 650
长摊待摊费用	30	25	75	减：库存股	65		
递延所得税资产	31			所有者权益（或股东权益）合计	66	4 700	4 400
其他非流动资产	32	15	0		67		
非流动资产合计	33	6 460	5 300		68		
资产总计	34	9 920	8 330	负债和所有者（或股东权益）合计	69	9 920	8 330

【资料 3】2012 年利润表如表 8-3 所示。

表 8-3　　利　润　表

编制单位：×× 企业　　2012 年 12 月 31 日　　单位：万元

项目	行次	本年金额	上年金额
一、营业收入	1	15 500	14 650
减：营业成本	2	13 620	12 765
营业税费	3	140	140
销售费用	4	110	100

续表

项目	行次	本年金额	上年金额
管理费用	5	230	200
财务费用（收益以“—”号填列）	6	550	480
资产减值损失	7	0	
加：公允价值变动净收益（净损失以“—”号填列）	8		
投资净收益（净损失以“—”号填列）	9	200	120
二、营业利润（亏损以“—”号填列）	10	1 050	1 085
加：营业外收入	11	50	85
减：营业外支出	12	100	25
其中：非流动资产处置净损失（净收益以“—”号填列）	13		
三、利润总额（亏损总额以“—”号填列）	14	1 000	1 145
减：所得税	15	320	375
四、净利润（净亏损以“—”号填列）	16	680	770
五、每股收益：	17		
（一）基本每股收益	18		
（二）稀释每股收益	19		

【工作准备】

首先建立一个名为“项目八财务分析实务”的工作簿，在此工作簿中建立“首页”、“趋势分析表”、“构成结构分析表”、“结构变化分析表”、“财务比率分析表”、“标准财务比率分析表”、“财务比率综合评分表”、“杜邦分析表”等工作表，各工作表分别完成相应的工作任务。“首页”工作表的建立方法在前面“项目一”中已作介绍，这里不做赘述，下面分别介绍其他各工作表的设计方法和步骤。

工作任务一 趋势分析

在作财务分析时，只对一个会计期间的财务数据进行分析往往不够全面，因为一个会计年度中可能存在一些偶然的现象或事项，这些事项不具备代表性。但如果对若干个会计期间的财务数据按时间作为序列进行分析，一般来说就能够判断其发展趋势，有助于分析存在的问题，从而正确地决策和较好地规划未来，这就是趋势分析。我们可以将其分为财务状况的趋势分析和财务成果的趋势分析，财务状况主要指资产负债表中资产、负债和所有者权益等指标或其中具体指标；财务成果主要指利润表中营业收入、营业成本、营业利润等指标。下面以某企业营业利润数据为例介绍利用 Excel 进行趋势分析的方法和步骤。

项目活动一　实例数据的输入

将背景资料企业 2008—2012 年营业利润的数据输入“项目八财务分析实务”工作簿中的“趋势分析表”工作表（如图 8-2 所示）。

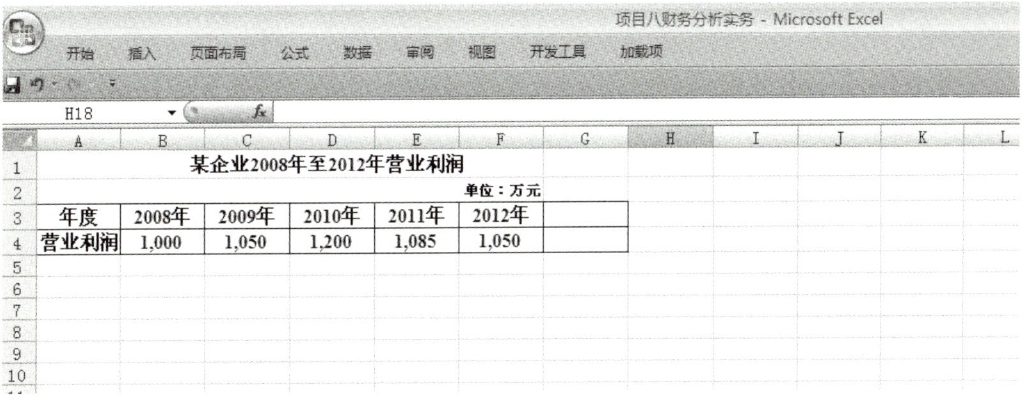

某企业2008年至2012年营业利润

单位：万元

年度	2008年	2009年	2010年	2011年	2012年
营业利润	1,000	1,050	1,200	1,085	1,050

图 8-2　营业利润数据

项目活动二　运用图表法进行趋势分析图的编制

图表法是将企业连续几个会计期间的财务数据或财务指标绘制成图，并根据图形走势来判断企业财务状况及其变化趋势。这种方法能清晰、简单地反映出企业财务状况及财务成果的发展趋势。具体的实现步骤如下：

（1）在【插入】选项卡上，【图表】组中单击【折线图】，图表类型选择【带数据标记的折线图】（如图 8-3 所示）。

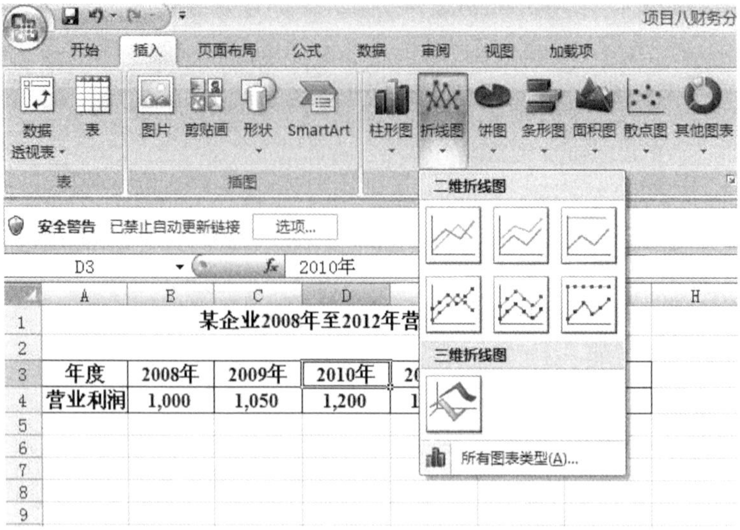

图 8-3　选择【图表类型】

（2）生成空白图表框如图 8-4 所示。

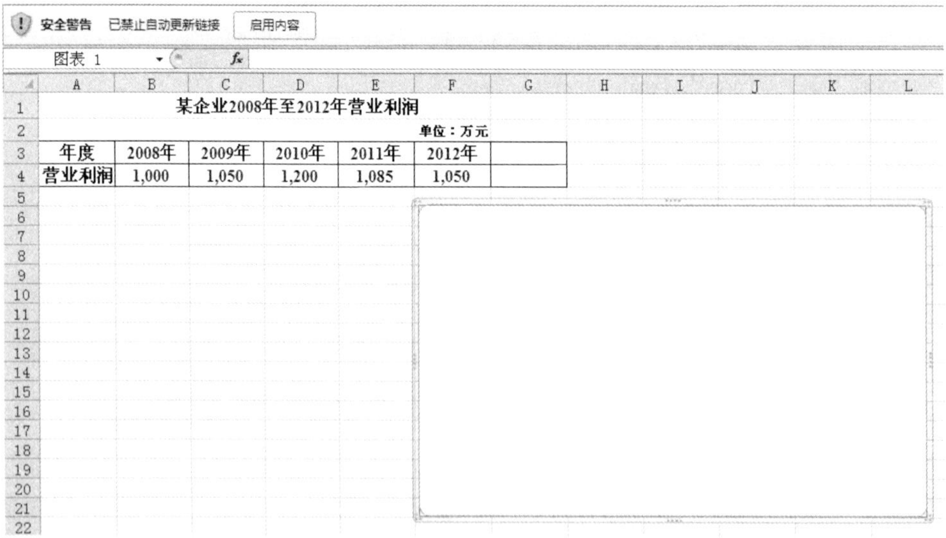

图 8-4　生成“空白图表”

（3）单击【空白图表】任意位置，表上方将出现【图表工具】，其中包含【设计】、【布局】、【格式】选项卡（如图 8-5 所示）。

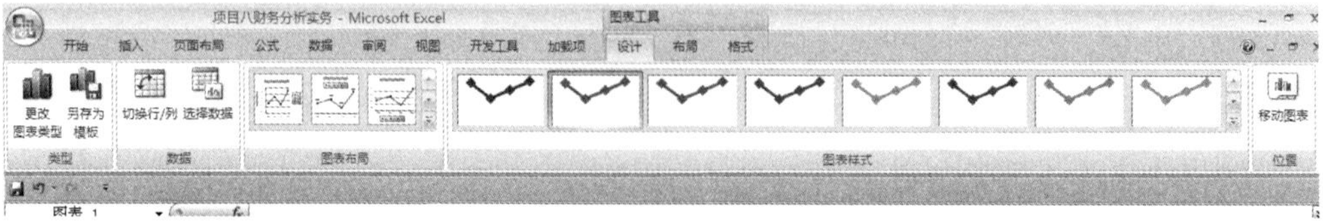

图 8-5　图表工具

（4）在图表工具【设计】选项卡上，【数据】组中，单击【选择数据】，在弹出的【选择数据源】对话框中单击，在原表中选择数据区域$A$3∶$F$4，单击返回，按【确定】退出（如图8-6所示）。

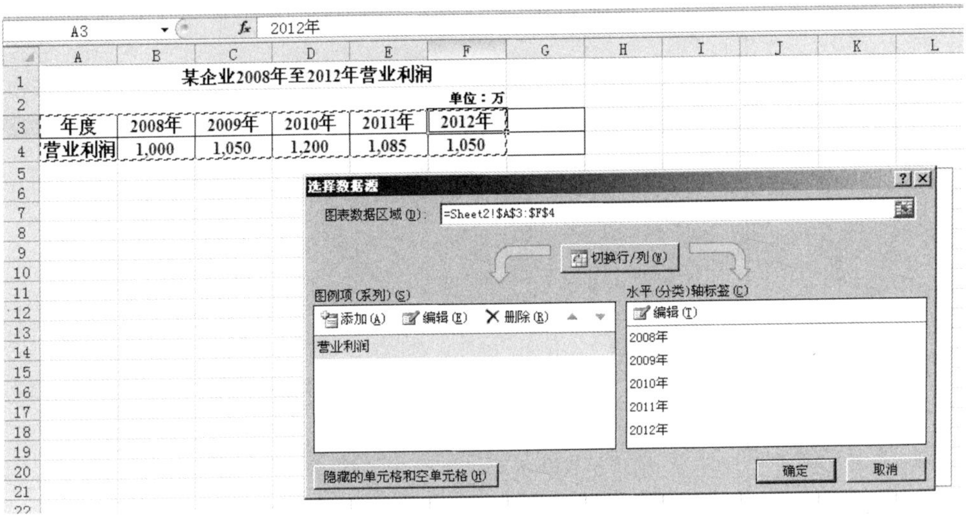

图8-6　选择数据源

（5）在图表工具【布局】选项卡上，【标签】组中，单击【图表标题】，标题类型选择“图表上方”，给图表输入标题；单击“坐标轴标题”分别给图表设置横、纵坐标轴标题；再单击“数据标签”，选择“上方”显示数据标签，设置完成后如图8-7所示。

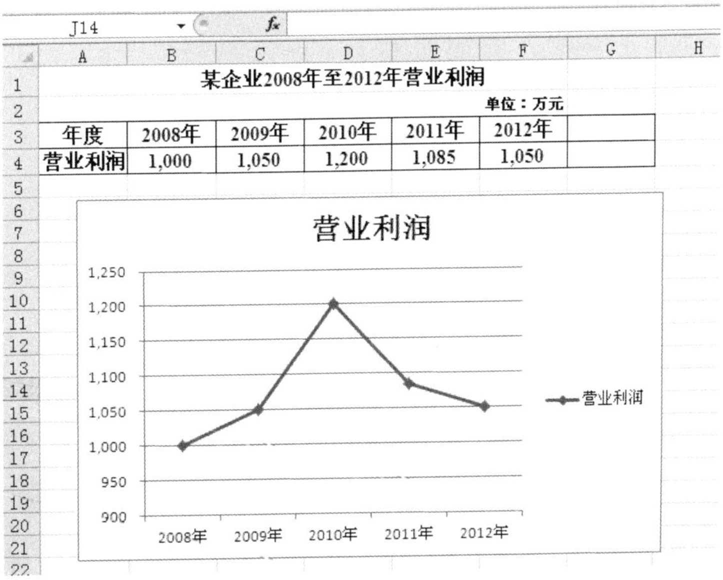

图8-7　设置图表标题、坐标轴

（6）鼠标右键单击图表区任意位置，选择“设置图表区格式”，将弹出【设置图表区格式】对话框，可以对图表区设置各种合适的格式（如图8-8所示）。

图8-8 设置图表区格式

（7）单击绘图区任意位置，对话框变成【设置绘图区格式】对话框，可以对绘图区设置各种合适的格式（如图8-9所示）。

图8-9 设置绘图区格式

（8）单击折线图任意位置，对话框变成【设置数据系列格式】对话框，可以对折线图设置各种合适的格式（如图 8-10 所示）。

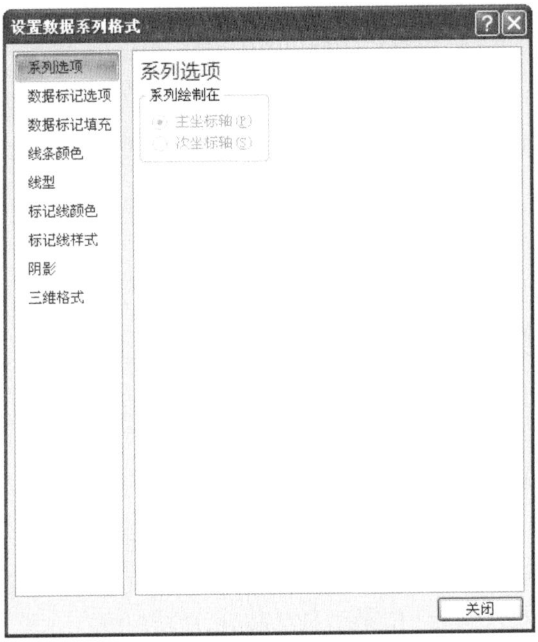

图 8-10　设置数据系列格式

（9）最终完成创建的图表如图 8-11 所示。

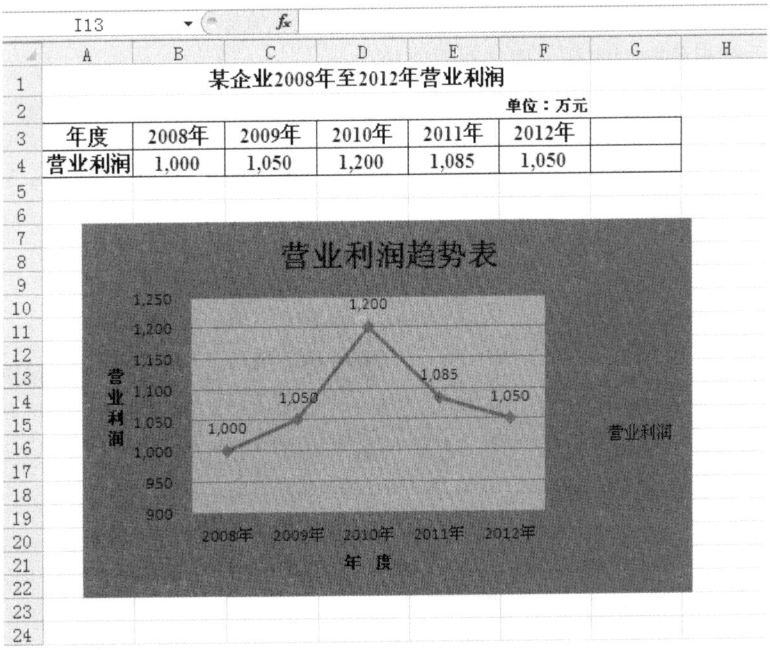

图 8-11　营业利润趋势图

项目活动三 根据趋势图表进行分析

从该企业 2008 年至 2012 年营业利润折线图中可以看出，该企业的营业利润一直呈上升趋势，2010 年达到高峰，2011 年出现下降趋势。因此，企业应该寻找 2011 年至 2012 年两年间营业利润发生趋势变动的原因，从而采取措施尽量提高营业利润率，或至少维持营业利润率不再继续下跌。

工作任务二 结构分析

结构分析是对企业某一特定会计期间财务数据的构成情况进行分析，进一步揭示其中可能存在的一些问题。一般说来，通过结构分析能够判断出问题的所在，从而进行深入的分析，提出解决具体问题的方法。可以将其分为构成情况结构分析与结构变化分析。构成结构分析是指对企业一个会计期间的资产、负债和所有者权益等主要财务指标的构成情况进行分析；结构变化分析是对企业某一个财务指标的不同会计期间的构成情况进行分析。现以某企业的财务数据为例，介绍利用 Excel 进行结构分析的方法和步骤。

项目活动一 实例数据的选取

选取要进行分析的数据资料，现将背景资料中企业 2012 年资产负债表期末数数据选入“项目八财务分析实务”工作簿中的“结构构成分析表”工作表中，作为进行总资产构成结构分析的数据源（如图 8-12 所示）。

J11

资产负债表

编制单位： XX企业

资产	行次	期末数	负债和所有者权益（或股东权益）	行次	期末数
流动资产：	1		流动负债：	36	
货币资金	2	410	短期借款	37	300
交易性金融资产	3	30	交易性金融负债	38	
应收票据	4	40	应付票据	39	25
应收账款	5	1990	应付账款	40	500
预付账款	6	110	预收账款	41	50
应收股利	7		应付职工薪酬	42	70
应收利息	8		应交税费	43	60
其他应收款	9	60	应付利息	44	
存货	10	595	应付股利	45	140

图 8-12 构成结构分析实例数据的选取

项目活动二　构成结构分析

根据选取的数据，利用公式和图表进行构成结构的分析，具体实现步骤如下：

（1）激活“构成结构分析表”工作表，在 2012 年期末数右面插入一列（如图 8-13 所示）。

（2）在“构成结构分析表”工作表中，单击单元格 E5，输入计算公式“= D5/$D$37”，并且向下拖动光标，复制公式到单元格 D37（如图 8-14 所示）。

I5　fx

	A	B	C	D	E	F	G	H	I
1		资产负债表							
2		编制单位： XX企业							
3		资产	行次	期末数		负债和所有者权益（或股东权益）	行次	期末数	
4		流动资产：	1			流动负债：	36		
5		货币资金	2	410		短期借款	37	300	
6		交易性金融资产	3	30		交易性金融负债	38		
7		应收票据	4	40		应付票据	39	25	
8		应收账款	5	1990		应付账款	40	500	
9		预付账款	6	110		预收账款	41	50	
10		应收股利	7			应付职工薪酬	42	70	
11		应收利息	8			应交税费	43	60	
12		其他应收款	9	60		应付利息	44		
13		存货	10	595		应付股利	45	140	
14		其中：消耗性生物资产	11			其他应付款	46	80	
		一年内到期的非流动							

图 8-13　新建构成结构分析表

E5　fx　=D5/$D$37

	A	B	C	D	E	F	G	H	I
1		资产负债表							
2		编制单位： XX企业							
3		资产	行次	期末数		负债和所有者权益（或股东权益）	行次	期末数	
4		流动资产：	1			流动负债：	36		
5		货币资金	2	410	0.0413	短期借款	37	300	
6		交易性金融资产	3	30	0.0030	交易性金融负债	38		
7		应收票据	4	40	0.0040	应付票据	39	25	
8		应收账款	5	1990	0.2006	应付账款	40	500	
9		预付账款	6	110	0.0111	预收账款	41	50	
10		应收股利	7		0.0000	应付职工薪酬	42	70	
11		应收利息	8		0.0000	应交税费	43	60	
12		其他应收款	9	60	0.0060	应付利息	44		
13		存货	10	595	0.0600	应付股利	45	140	
14		其中：消耗性生物资产	11		0.0000	其他应付款	46	80	

图 8-14　每一项资产在总资产中所占比重的计算

（3）选择整个 E 列，将该列单元格数字显示格式设置为百分比、小数点后两位，生成百分比数据（如图 8-15 所示）。

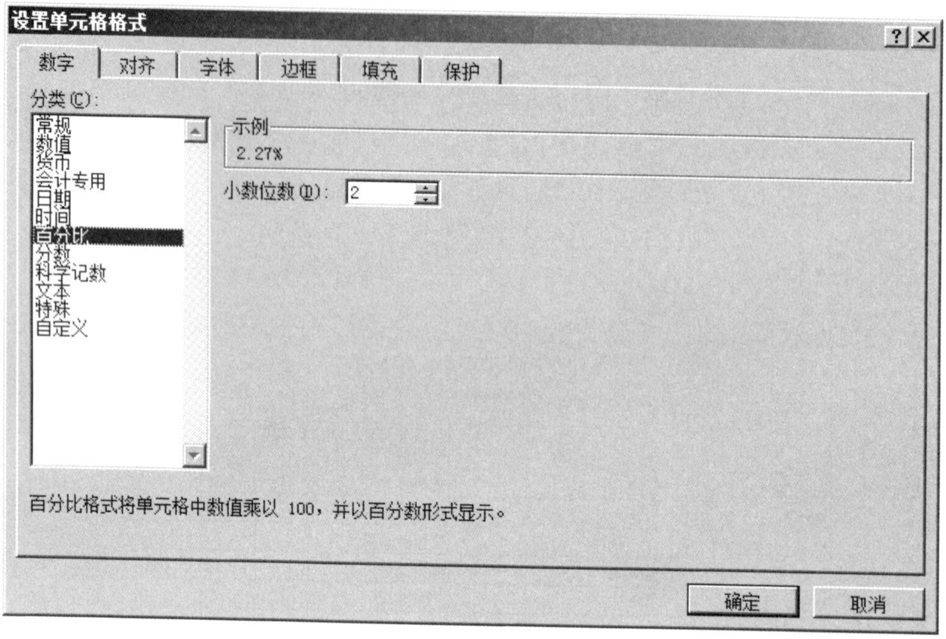

图 8-15 设置百分比的数字格式

（4）同样，将每一项负债或所有者权益占总计的比重进行设置，完成构成结构分析表的编制（如图 8-16 所示）。

K34

	A	B	C	D	E	F	G	H	I
1		资产负债表							
2		编制单位： XX企业							
3		资产	行次	期末数		负债和所有者权益（或股东权益）	行次	期末数	
4		流动资产：	1			流动负债：	36		
5		货币资金	2	410	4.13%	短期借款	37	300	3.02%
6		交易性金融资产	3	30	0.30%	交易性金融负债	38		0.00%
7		应收票据	4	40	0.40%	应付票据	39	25	0.25%
8		应收账款	5	1990	20.06%	应付账款	40	500	5.04%
9		预付账款	6	110	1.11%	预收账款	41	50	0.50%
10		应收股利	7		0.00%	应付职工薪酬	42	70	0.71%
11		应收利息	8		0.00%	应交税费	43	60	0.60%
12		其他应收款	9	60	0.60%	应付利息	44		0.00%
13		存货	10	595	6.00%	应付股利	45	140	1.41%
		其中：消耗性生物资							

图 8-16 编制完成的构成结构分析表

（5）单击【插入】选项卡上,【图表】组中的【饼图】，选择一个饼图逐步进行设置（在前面折线图中已介绍，在此不再赘述），生成总资产结构饼形图（如图 8-17 所示）。

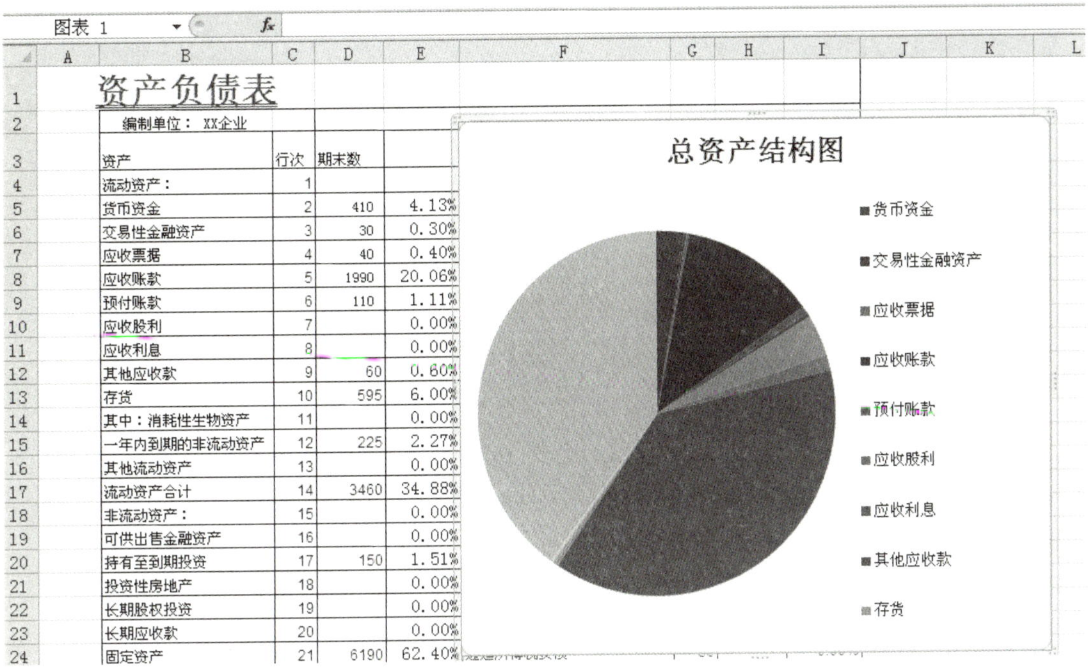

资产负债表

编制单位： XX企业

资产	行次	期末数	
流动资产：	1		
货币资金	2	410	4.13%
交易性金融资产	3	30	0.30%
应收票据	4	40	0.40%
应收账款	5	1990	20.06%
预付账款	6	110	1.11%
应收股利	7		0.00%
应收利息	8		0.00%
其他应收款	9	60	0.60%
存货	10	595	6.00%
其中：消耗性生物资产	11		0.00%
一年内到期的非流动资产	12	225	2.27%
其他流动资产	13		0.00%
流动资产合计	14	3460	34.88%
非流动资产：	15		0.00%
可供出售金融资产	16		0.00%
持有至到期投资	17	150	1.51%
投资性房地产	18		0.00%
长期股权投资	19		0.00%
长期应收款	20		0.00%
固定资产	21	6190	62.40%

图 8-17　生成总资产构成结构饼图

（6）其余构成结构分析比照进行。

项目活动三　构成结构图表的分析

从该企业 2012 年总资产结构饼图中可以看出，该企业的总资产中固定资产占比重最大，比率为 62.40%；其次为应收账款，所占比重为 20.06%，之后分别为存货、货币资金、一年内到期的流动资产、持有至到期投资等。而企业目前的资产结构是否合理应该与以前年度情况进行比较并进一步分析产生原因，当然还要结合各种财务比率进行进一步分析和判断。

项目活动四　结构变化分析数据源的选取

将背景资料中企业 2012 年利润表数据输入“项目八财务分析实务 .xlsx”工作簿中的“结构变化分析表”工作表中，作为进行利润结构变化分析的数据源（如图 8-18 所示）。

利　　润　　表

会企02表

编制单位：XX企业　　2012.12.31　　单位：万元

项　　目	行次	本年金额	上年金额
一、营业收入	1	15500	14650
减：营业成本	2	13620	12765
营业税费	3	140	140
销售费用	4	110	100
管理费用	5	230	200
财务费用（收益以"—"号填列）	6	550	480
资产减值损失	7	0	

图8-18　结构变化分析数据源

项目活动五　结构变化分析

根据实例所给出的资料，利用公式和图表进行结构变化分析，具体实现步骤如下：

（1）激活"结构变化分析"工作表，在每年的数据右面插入一列。

（2）在插入的列中，利用公式进行每个项目与营业收入的结构百分比分析，设置完成的结构变化分析表（如图8-19所示）。

利　　润　　表

会企02表

编制单位：XX企业　　2012.12.31　　单位：万元

项目	行次	本年金额		上年金额	
营业收入	1	15500	100.00%	14650	100.00%
营业成本	2	13620	87.87%	12765	87.13%
营业税费	3	140	0.90%	140	0.96%
销售费用	4	110	0.71%	100	0.68%
管理费用	5	230	1.48%	200	1.37%
财务费用	6	550	3.55%	480	3.28%

图8-19　编制完成的结构变化分析表

（3）单击【插入】选项卡上，【图表】组中的【柱形图】，选择一个柱形图逐步进行设置，生成营业收入结构变化柱形图（如图 8-20 所示）。

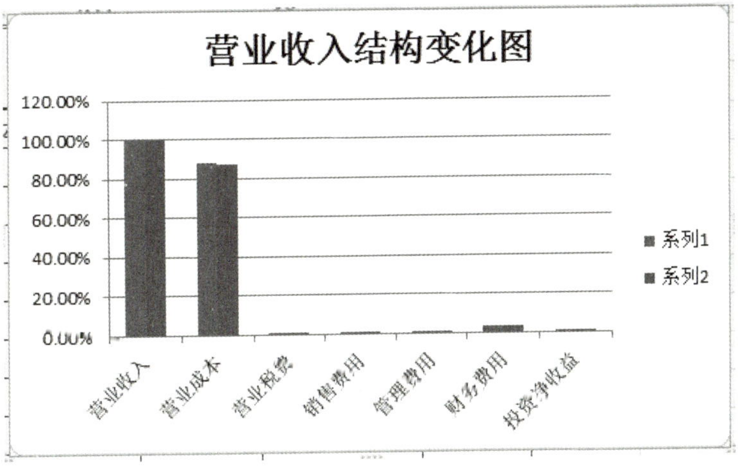

图 8-20　生成结构变化柱形图

项目活动六　结构变化结果的分析

从该企业 2011—2012 年营业收入结构变化图中可以看出，该企业两年的营业收入中营业成本、营业税费、销售费用、管理费用、财务费用等项目构成情况的变化。因此，企业应该寻找 2011 年至 2012 年间营业收入结构发生变动的原因，从而采取措施尽量提高营业利润率。

工作任务三　比率分析

财务比率分析是指将财务报表中的有关项目进行对比，通过得出的各种财务比率揭示企业财务状况与经营成果的一种方法。常用的财务比率可以分为偿债能力、营运能力和盈利能力三类，每一类中又包括若干具体指标。下面介绍利用 Excel 进行比率分析的方法和步骤。

项目活动一　比率分析数据源的选取

以背景资料企业 2012 年的资产负债表和利润表数据作为比率分析数据源（如图 8-21 和图 8-22）。

L11

资产负债表

编制单位：XX企业				2012年12月31日			单位：万元
资产	行次	期末数	期初数	负债和所有者权益（或股东权益）	行次	期末数	期初数
流动资产：	1			流动负债：	36		
货币资金	2	410	160	短期借款	37	300	225
交易性金融资产	3	30	60	交易性金融负债	38		
应收票据	4	40	55	应付票据	39	25	20
应收账款	5	1990	995	应付账款	40	500	545
预付账款	6	110	20	预收账款	41	50	20
应收股利	7			应付职工薪酬	42	70	85
应收利息	8			应交税费	43	60	25
其他应收款	9	60	110	应付利息	44		

图 8-21　资产负债表实例

G13

利　　润　　表

会企 02表

编制单位：XX企业　　2012.12.31　　单位：万元

项　　目	行次	本年金额	上年金额
一、营业收入	1	15500	14650
减：营业成本	2	13620	12765
营业税费	3	140	140
销售费用	4	110	100
管理费用	5	230	200
财务费用（收益以“－”号填列）	6	550	480
资产减值损失	7	0	
加：公允价值变动净收益（净			

图 8-22　利润表实例

项目活动二　财务比率的计算

利用 Excel 进行各财务比率的计算，可以根据已有财务报表中的原始数据、在相应的单元格中输入公式来完成。具体实现步骤如下：

（1）首先打开“项目八财务分析实务”工作簿，复制实例企业的资产负债表和利润表。

（2）激活“财务比率分析表”，在工作表 A 列输入财务指标的名称，在 B 列列出该财务比率的计算公式（如图 8-23 所示）。

（3）在“财务比率分析表”工作表的 C 列和 D 列中根据财务比率的计算公式引用相应的数据，以计算 2011 年和 2012 年财务比率（如图 8-24 所示）。

	A	B
1	财务指标	
2	一、偿债能力指标	
3	（一)短期偿债能力指标	
4	流动比率	流动资产/流动负债
5	速动比率	（流动资产-存货）/流动负债
6		
7	（二）长期负债指标	
8	资产负债率：	负债总额/资产总额
9	产权比率：	负债总额/股东权益
10	有形资产债务率：	负债总额/（股东权益-无形资产净值）
11	已获利息倍数：	息税前利润/利息费用
12		
13	二、运营能力指标	
14	存货周转率	销售成本/平均存货
15	应收账款周转率	销售收入/平均应收账款
16	流动资产周转率	销售收入/平均流动资产
17	总资产周转率	销售收入/平均资产总额
18		
19	三、盈利能力指标	
20	销售净利率	净利润/销售收入
21	销售毛利率	（销售收入-销售成本）/销售收入
22	资产净利率	净利润/平均资产总额
23	净资产收益率	净利润/平均净资产
24		
25		

图 8-23　财务比率分析表

B	C	D
	2011	2012
流动资产/流动负债	=资产负债表!E17/资产负债表!I18	=资产负债表!D17/资产负债表!H18
（流动资产-存货）/流动负债	=(资产负债表!E17-资产负债表!E13)/资产负债表!I18	=(资产负债表!D17-资产负债表!D13)/资产负债表!H18
负债总额/资产总额	=资产负债表!I27/资产负债表!E37	=资产负债表!H27/资产负债表!D37
负债总额/股东权益	=资产负债表!I27/资产负债表!I34	=资产负债表!H27/资产负债表!H34
负债总额/（股东权益-无形资产净值）	=资产负债表!I27/(资产负债表!I34-资产负债表!E30)	=资产负债表!H27/(资产负债表!H34-资产负债表!D30)
息税前利润/利息费用	=(利润表!E18+利润表!E10)/利润表!E10	=(利润表!D18+利润表!D10)/利润表!D10
销售成本/平均存货	=利润表!E6/资产负债表!E13	=利润表!D6/((资产负债表!D13+资产负债表!E13)/2)
销售收入/平均应收账款	=利润表!E5/资产负债表!E8	=利润表!E5/((资产负债表!D8+资产负债表!E8)/2)
销售收入/平均流动资产	=利润表!E5/资产负债表!E17	=利润表!D5/((资产负债表!D17+资产负债表!E17)/2)
销售收入/平均资产总额	=利润表!E5/资产负债表!E37	=利润表!D5/((资产负债表!D37+资产负债表!E37)/2)
净利润/销售收入	=利润表!E20/利润表!E5	=利润表!D20/利润表!D5
（销售收入-销售成本）/销售收入	=(利润表!E5-利润表!E6)/利润表!E5	=(利润表!D5-利润表!D6)/利润表!D5
净利润/平均资产总额	=利润表!E20/资产负债表!E37	=利润表!D20/((资产负债表!D37+资产负债表!E37)/2)
净利润/平均净资产	=利润表!E20/资产负债表!I34	=利润表!D20/((资产负债表!H34+资产负债表!I34)/2)

图 8-24　财务比率的公式编辑

（4）在【公式】选项卡上，【公式审核】组中取消【显示公式】命令（如图 8-25 所示）。

（5）2011 年及 2012 年的各项财务比率全部显示出来（如图 8-26 所示）。

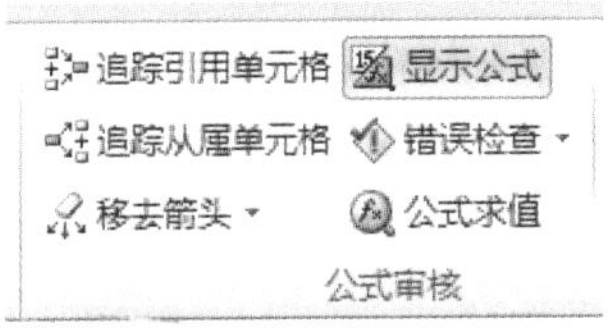

图 8-25　设置公式的显示选项

	A	B	C	D
1	财务指标		2011	2012
2	一、偿债能力指标			
3	（一）短期偿债能力指标			
4	流动比率	流动资产/流动负债	2.87	2.35
5	速动比率	（流动资产-存货）/流动负债	1.33	1.94
6				
7	（二）长期负债指标			
8	资产负债率：	负债总额/资产总额	0.47	0.53
9	产权比率：	负债总额/股东权益	0.89	1.11
10	有形资产债务率：	负债总额/（股东权益-无形资产净值）	0.90	1.12
11	已获利息倍数：	息税前利润/利息费用	3.39	2.82
12				
13	二、运营能力指标			
14	存货周转率	销售成本/平均存货	7.83	12.24
15	应收账款周转率	销售收入/平均应收账款	14.72	9.82
16	流动资产周转率	销售收入/平均流动资产	4.83	4.78
17	总资产周转率	销售收入/平均资产总额	1.76	1.70
18				
19	三、盈利能力指标			
20	销售净利率	净利润/销售收入	0.05	0.04
21	销售毛利率	（销售收入-销售成本）/销售收入	0.13	0.12
22	资产净利率	净利润/平均资产总额	0.09	0.07
23	净资产收益率	净利润/平均净资产	0.18	0.15
24				

图 8-26　财务比率分析计算结果

项目活动三　财务比率的比较与分析

将计算得出的本企业两个会计年度的财务比率进行比较可以发现和揭示一些问题，但只能看出自身的变化，无法知道与同行业、同规模的其他企业相比，比率偏高还是偏低。因此，需要将行业平均水平（即标准财务比率）作为参照，从而对企业的财务状况和经营成果进行科学的评价。现给出一个简单的标准财务比率（如图 8-27 所示），以项目活动二计算出的 2011 年度财务比率数据，简单介绍比较分析的方法，具体操作步骤如下：

B13

	A	B
1	项目	标准财务比率
2	流动比率	2.58
3	速动比率	1.75
4	资产负债率	0.48
5	已获利息倍数	2.46
6	应收账款周转率	8.58
7	总资产周转率	1.43
8	销售净利率	0.07
9	资产净利率	0.06

图 8-27　标准财务比率指标

（1）打开“项目八财务分析实务”工作簿，激活“标准财务比率分析表”。

（2）在“标准财务比率分析表”中复制标准财务比率指标。

（3）在“标准财务比率分析表”中“本企业财务比率”一列中选取时，根据需要，直接链接“财务比率分析工作表”中相应的数据（如图 8-28 所示）。

（4）在单元格 D2 中输入公式“=C2-B2”，计算出流动比率与标准比率的差异，将 D2 单元格的公式，向下复制，完成其他比率指标差异的计算（如图 8-29 所示）。完成的标准财务比率分析表，比较清晰地反映出存在的差异，应进一步分析原因，提出改进措施。

F20

	A	B	C	D
1	项目	标准财务比率	本企业财务比率	差异
2	流动比率	2.58	2.87	
3	速动比率	1.75	1.33	
4	资产负债率	0.48	0.47	
5	已获利息倍数	2.46	3.39	
6	应收账款周转率	8.58	14.72	
7	总资产周转率	1.43	1.76	
8	销售净利率	0.07	0.05	
9	资产净利率	0.06	0.09	
10				

图 8-28　将本企业数据进行链接

D2　=C2-B2

	A	B	C	D	E
1	项目	标准财务比率	本企业财务比率	差异	
2	流动比率	2.58	2.87	0.29	
3	速动比率	1.75	1.33	-0.42	
4	资产负债率	0.48	0.47	-0.01	
5	已获利息倍数	2.46	3.39	0.93	
6	应收账款周转率	8.58	14.72	6.14	
7	总资产周转率	1.43	1.76	0.33	
8	销售净利率	0.07	0.05	-0.02	
9	资产净利率	0.06	0.09	0.03	
10					

图 8-29　编制完成的标准财务比率分析表

工作任务四　综合分析

综合分析是指对各种财务指标进行系统、综合的分析。各种财务指标只能反映企业一方面的情况，且各种财务指标之间也存在着相互关系，因此应将各种指标结合起来，从而对企业财务状况与经营成果作出全面的、合理的评价。下面介绍利用 Excel 进行综合分析的方法与步骤。

项目活动一　沃尔财务比率综合评价法

现以沃尔的财务状况综合评价理论为依据，选取 7 种财务指标进行综合评分，具体分析步骤如下：

（1）打开“项目八财务分析实务”工作簿，插入一个新的工作表，命名为“财务比率综合评分表”。

（2）选定评价企业财务状况的财务指标，确定为“流动比率、净资产 / 负债、资产 / 固定资产、销售成本 / 存货、销售额 / 应收账款、销售额 / 固定资产、销售额 / 净资产七项（如图 8-30 所示）。

财务比率	评分值	标准值	实际值	关系比率	实际得分
流动比率					
净资产/负债					
资产/固定资产					
销售成本/存货					
销售额/应收账款					
销售额/固定资产					
销售额/净资产					

图 8-30　选取综合评价指标

（3）根据选取的各项财务指标的重要程度设定评分值，并分别输入相应的单元格中（如图 8-31 所示）。

（4）根据同行业的平均水平设定标准值以确定各项财务比率的标准值，并分别将标准值输入相应的单元格中（如图 8-32 所示）。

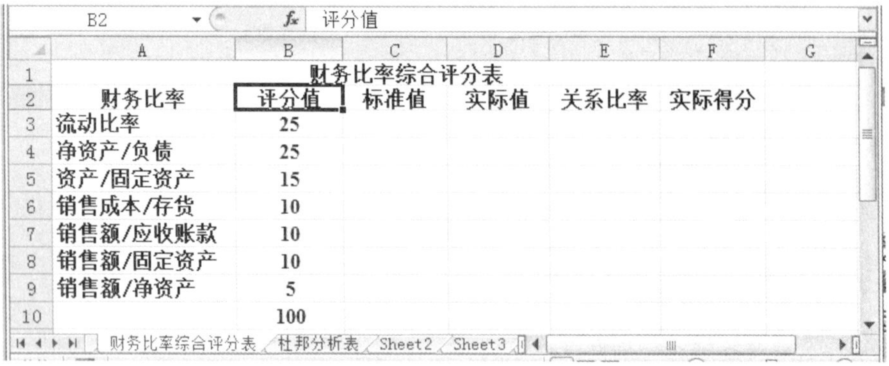

财务比率	评分值	标准值	实际值	关系比率	实际得分
流动比率	25				
净资产/负债	25				
资产/固定资产	15				
销售成本/存货	10				
销售额/应收账款	10				
销售额/固定资产	10				
销售额/净资产	5				
	100				

图 8-31　设定每项财务指标的评分值

财务比率	评分值	标准值	实际值	关系比率	实际得分
流动比率	25	2			
净资产/负债	25	1.5			
资产/固定资产	15	2.5			
销售成本/存货	10	8			
销售额/应收账款	10	6			
销售额/固定资产	10	4			
销售额/净资产	5	3			
	100				

图 8-32　确定每项财务指标的标准值

（5）以“工作任务三”中实例企业 2012 年度的数据计算各项财务比率的实际值。采用数据链接的方式，每个财务比率计算所引用的公式及单元格位置如图 8–33 所示。

（6）计算企业各项财务比率实际值与标准值之比，单击单元格 E3，输入计算公式“=D3/C3”。利用 Excel 的公式复制功能，将单元格 E3 中所采用的公式复制并粘贴到单元格区域 E4 至 E9 中（如图 8–34 所示）。

D9　　fx　=利润表!D5/资产负债表!H35

	A	B	C	D	E	F	G
1	财务比率综合评分表						
2	财务比率	评分值	标准值	实际值	关系比率	实际得分	
3	流动比率	25	2	2.35			
4	净资产/负债	25	1.5	0.90			
5	资产/固定资产	15	2.5	1.60			
6	销售成本/存货	10	8	22.89			
7	销售额/应收账款	10	6	7.79			
8	销售额/固定资产	10	4	2.50			
9	销售额/净资产	5	3	3.30			
10		100					

财务比率综合评分表 / 杜邦分析表 / Sheet2 / Sheet3

图 8–33　计算企业财务指标实际值

E3　　fx　=D3/C3

	A	B	C	D	E	F	G
1	财务比率综合评分表						
2	财务比率	评分值	标准值	实际值	关系比率	实际得分	
3	流动比率	25	2	2.35	1.17		
4	净资产/负债	25	1.5	0.90	0.60		
5	资产/固定资产	15	2.5	1.60	0.64		
6	销售成本/存货	10	8	22.89	2.86		
7	销售额/应收账款	10	6	7.79	1.30		
8	销售额/固定资产	10	4	2.50	0.63		
9	销售额/净资产	5	3	3.30	1.10		
10		100					

财务比率综合评分表 / 杜邦分析表 / Sheet2 / Sheet3

图 8–34　计算财务指标关系比率

（7）利用关系比率和评分值的乘积计算出各项财务比率的实际得分，在单元格 F3 输入计算公式“= E3*B3”。利用 Excel 的公式复制功能，将单元格 F3 中的公式复制并粘贴到单元格区域 F4 至 F9 中（如图 8–35 所示）。

F3　　fx　=E3*B3

	A	B	C	D	E	F	G
1	财务比率综合评分表						
2	财务比率	评分值	标准值	实际值	关系比率	实际得分	
3	流动比率	25	2	2.35	1.17	29.32	
4	净资产/负债	25	1.5	0.90	0.60	15.01	
5	资产/固定资产	15	2.5	1.60	0.64	9.62	
6	销售成本/存货	10	8	22.89	2.86	28.61	
7	销售额/应收账款	10	6	7.79	1.30	12.98	
8	销售额/固定资产	10	4	2.50	0.63	6.26	
9	销售额/净资产	5	3	3.30	1.10	5.50	
10		100					

财务比率综合评分表 / 杜邦分析表 / Sheet2 / Sheet3

图 8–35　计算企业财务指标的实际得分

（8）利用 SUM 函数计算总得分，在 F10 单元格输入公式“= SUM (F3 : F9)”，按 Enter 键，则显示出财务指标的总得分（如图 8-36 所示）。

F10　=SUM(F3:F9)

财务比率综合评分表					
财务比率	评分值	标准值	实际值	关系比率	实际得分
流动比率	25	2	2.35	1.17	29.32
净资产/负债	25	1.5	0.90	0.60	15.01
资产/固定资产	15	2.5	1.60	0.64	9.62
销售成本/存货	10	8	22.89	2.86	28.61
销售额/应收账款	10	6	7.79	1.30	12.98
销售额/固定资产	10	4	2.50	0.63	6.26
销售额/净资产	5	3	3.30	1.10	5.50
	100				107.30

财务比率综合评分表　杜邦分析表　Sheet2　Sheet3

图 8-36　设置完成的沃尔财务比率综合评分表

沃尔财务比率综合评价法认为，如果综合得分等于或接近 100 分，说明其财务状况良好；如果综合得分过低，说明其财务状况较差；如果综合得分超过 100 分，说明财务状况较为理想。

项目活动二　杜邦分析法

杜邦分析法主要分析财务指标及其之间的关系，利用杜邦分析图直观、明晰地反映企业财务综合状况。下面以工作任务三中的实例企业 2012 年度的数据为例，建立杜邦分析图进行分析，具体分析步骤如下：

（1）打开“项目八财务分析实务 .xlsx”工作簿，插入一个新工作表，命名为“杜邦分析表”。

（2）根据杜邦分析法的结构在“杜邦分析表”工作表中输入相关比率的名称（如图 8-37 所示）。

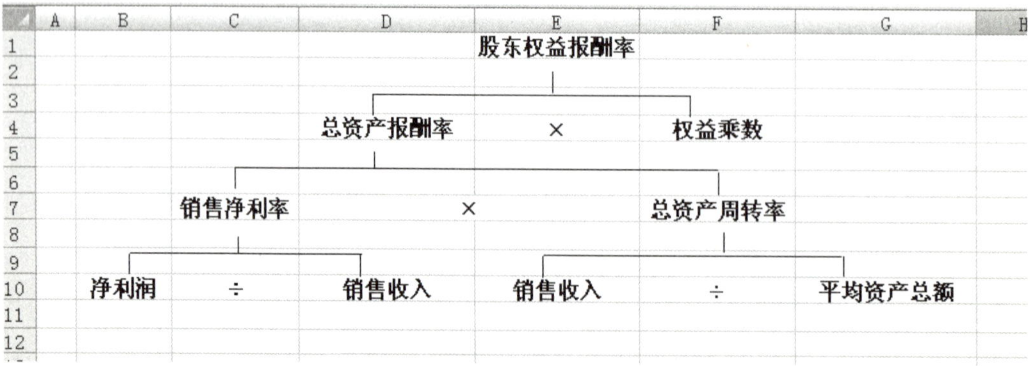

图 8-37　杜邦分析法财务比率结构图

（3）在“杜邦分析表”工作表的相应位置输入相关比率的计算公式，并显示计算结果（如图 8–38 所示）。

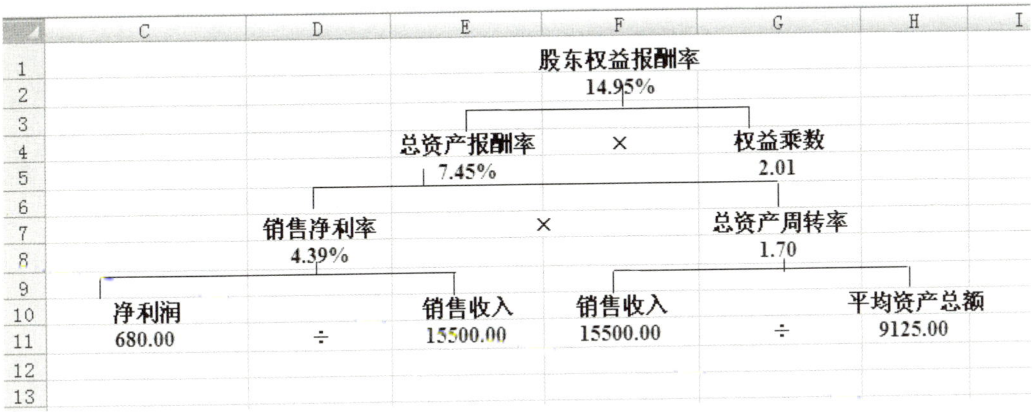

图 8–38　杜邦分析法财务比率数据之间的关系

通过建立杜邦分析图可以将各个财务比率之间的关系明确地表示出来，在分析每一项财务指标时能够很快地找到影响该项指标的全部因素，这样层层深入地寻找问题的所在，从而能够更有针对性地解决问题。

项目总结

经过本项目的学习，要求学生从整体上掌握企业财务分析管理系统的建立思路和方法，通过操作，熟练掌握趋势分析的方法、结构分析的方法、比率分析的方法及综合分析的方法；培养学生自我学习、信息处理和数字运用等能力，并在学习过程中提高独立解决问题的能力和培养创新的意识。

学习评价

▲专业能力测评表

（在□中打√，A 掌握，B 基本掌握，C 未掌握）

业务能力	评价指标	自测结果	备注
趋势分析	1. 实例数据的输入 2. 利用图表法进行趋势分析图的形成 3. 根据趋势分析图表进行分析	□A　□B　□C □A　□B　□C □A　□B　□C	

续表

业务能力	评价指标	自测结果	备注
结构分析	1. 实例数据的选取 2. 构成结构分析图的形成 3. 构成结构图表的分析 4. 结构变化分析数据源的选取 5. 结构变化分析图的形成 6. 结构变化结果的分析	□A □B □C □A □B □C □A □B □C □A □B □C □A □B □C □A □B □C	
比率分析	1. 实例数据源的选取 2. 财务比率的计算 3. 财务比率的比较与分析	□A □B □C □A □B □C □A □B □C	
综合分析	1. 沃尔财务比率综合评价法 2. 杜邦分析法	□A □B □C □A □B □C	
教师评语：			
成绩		教师签字	

参 考 文 献

[1] 吴辉，任晨煜. Excel在财务会计与管理会计中的应用 [M]. 北京：清华大学出版社，2005.

[2] 崔婕，葛畅，姬昂. Excel在会计和财务中的应用 [M]. 北京：清华大学出版社，2006.

[3] 世诘资讯，王成春，萧雅云. Excel在财务会计中的应用解析 [M]. 北京：中国铁道出版社，2005.

[4] 关振宇，王凡林. 基础会计 [M]. 北京：清华大学出版社，2007.

[5] 潘上永，戴桂荣. 财务会计学 [M]. 北京：高等教育出版社，2007.

[6] 戴桂荣，潘上永. 财务会计学习指导、习题与实训 [M]. 北京：高等教育出版社，2007.

[7] 高跃勋. Excel在会计核算实务中的应用 [M]. 北京：人民邮电出版社，2006.

[8] Chandan Sengupta. 巧学巧用Excel2003与VBA财务建模 [M]. 王健，译. 北京：电子工业出版社，2006.

[9] 韩小良. Excel会计应用范例精解 [M]. 北京：电子工业出版社，2005.

[10] 孙惠民. Excel在财务会计中的应用 [M]. 北京：清华大学出版社，2006.

[11] 赵志东. Excel在会计日常工作中的应用 [M]. 北京：人民邮电出版社，2006.

[12] Excel Home. Excel高效办公——会计实务 [M]. 北京：人民邮电出版社，2008.

[13] 王兴莲，刘小伟，蒙评. Excel财会应用范例 [M]. 北京：机械工业出版社，2008.

[14] 赵俊卉，岳境，马红光. Excel在财务软件中的应用 [M]. 北京：清华大学出版社，2007.

[15] 赛贝尔资讯. Excel在财务管理中的典型应用 [M]. 北京：清华大学出版社，2008.

[16] 李宗民，李金花. Excel与财务应用 [M]. 北京：中国电力出版社，2006.

作者简介

伊娜　浙江金融职业学院会计系副教授、会计师，主要研究方向为财务与会计领域。多年来一直从事财务与会计教学，主讲“成本核算与管理”“Excel 在会计中的应用”“银行会计”“基础会计”等课程。主编及参编多本教材，主持及参与多项课题，公开发表论文多篇。

增值服务使用说明

资源服务电子邮箱：songchen@hep.com.cn 咨询电话：（010）58581854

欢迎加入高教社高职会计研讨资源服务QQ群：229393181